暨南文库·新闻传播学

JINAN Series in Journalism & Communication

编 委 会

学术顾问 林如鹏 范以锦 杨兴锋

主　　编 支庭荣 刘 涛

编　　委（按姓氏音序排列）

陈伟军　甘险峰　林爱珺　罗　昕　申启武

汤景泰　王玉玮　星　亮　杨先顺　曾一果

张晋升　赵建国　郑　亮

暨南文库·新闻传播学 **2**

JINAN Series in Journalism & Communication

技术的应许

残障群体的新媒体实践

林仲轩 等 著

瞭望者 J

暨南大学出版社
JINAN UNIVERSITY PRESS

中国·广州

图书在版编目（CIP）数据

技术的应许：残障群体的新媒体实践 / 林仲轩等著. —广州：暨南大学
出版社，2022.10
（暨南文库. 新闻传播学）
ISBN 978 - 7 - 5668 - 3389 - 1

Ⅰ. ①技…　Ⅱ. ①林…　Ⅲ. ①传播媒介—应用—残疾人—社会工作—
研究—中国　Ⅳ. ①D669.69

中国版本图书馆 CIP 数据核字（2022）第 051510 号

技术的应许：残障群体的新媒体实践
JISHU DE YINGXU：CANZHANG QUNTI DE XINMEITI SHIJIAN
著　者：林仲轩　等

出 版 人：张晋升
项目统筹：黄圣英
责任编辑：颜　彦
责任校对：刘舜怡　陈皓琳　刘小雯
责任印制：周一丹　郑玉婷

出版发行：暨南大学出版社（511443）
电　　话：总编室（8620）37332601
　　　　　营销部（8620）37332680　37332681　37332682　37332683
传　　真：（8620）37332660（办公室）　37332684（营销部）
网　　址：http：//www.jnupress.com
排　　版：广州尚文数码科技有限公司
印　　刷：深圳市新联美术印刷有限公司
开　　本：787mm×1092mm　1/16
印　　张：19
字　　数：335 千
版　　次：2022 年 10 月第 1 版
印　　次：2022 年 10 月第 1 次
定　　价：78.00 元

（暨大版图书如有印装质量问题，请与出版社总编室联系调换）

总　序

……

　　如果从口语传播追溯起，新闻传播的历史至少与人类的历史一样久远。古人"尝恨天下无书以广新闻"，这大约是中国新闻传播活动走向制度化的一次比较早的觉醒。

　　消息、传闻、故事、新闻、报道，乃至愈来愈切近的信息、传播、大数据，它们或者与人们的生活特别相关、比较相关、不那么相关、一点也不相干，或者被视为一道道桥上的风景、一缕缕窗边的闲情抑或一粒粒天际的尘埃，转眼消失在风里。微观地看，除了极少数的场景外，新闻多一点还是少一点，未必会造成实质性的差别；本质地看，人类作为社会性的动物，莫不以社会交往，包括新闻传播的存在和丰富化为前提。

　　这也恰好是新闻传播生存样态的一种写照——人人心中有，大多笔下无。它的作用机制和内在规律究竟为何，它的边界究竟如何界定，每每人见人殊。要而言之，新闻传播学界其实永远不乏至为坚定、至为执着的务求寻根问底的一群人。

　　因此人们经常欣喜于新闻传播学啼声的清脆、交流的隽永，以及辩驳诘难的偶尔露峥嵘。重要的也许不是发现本身，而是有越来越多的研究者参与其中，或披荆斩棘，或整理修茸。走的人多了，便有了豁然开朗。倘若去粗取精，总会雁过留声；倘若去伪存真，总会人过留名。

　　走的人多了，我们就要成为真正的学术共同体，不囿于门户之见，又不息于学术的竞争。走的人多了，我们也要不避于小心地求证、深邃地思考，学而不思则罔。走的人多了，我们还要努力站在前人、今人的肩膀上，站得更高一些，看得更远一些。

　　这里的"我们"，所指的首先是暨南大学的新闻传播学人。自 1946 年起，创系先贤、中国第一位新闻学博士、毕业于德国慕尼黑大学的冯列山先生，以及上海《新闻报》总经理詹文浒先生等以启山林，至今弦歌不辍。求学问道的同好相互砥砺，相互激发，始有本文库的问世。

"我们"，也是沧海之一粟。小我终究要融入大我，我们的心血结晶不仅要接受全国同一学科学术共同体的检验，还要接受来自新闻、视听、广告、舆情、公共传播、跨文化传播等领域的更多读者的批评。重要的不完全是结果，更多的是过程。在这一过程中我们特别关注以下剖面：

第一，特定经验与全球视野的结合。文库的选题有时是从一斑窥起，主要目标仍然是研究中国全豹，当然，我们也偶或关注印度豹、非洲豹和美洲豹。在全球化时代，我们的研究总体会自觉不自觉地增添一些国际元素。

第二，理论思辨与贴近现实的结合。犹太谚语云"人类一思考，上帝就发笑"，或许指的是人力有时而穷，另外一种解释是万一我们脱离现实太远，也有可能会堕入五里雾中。理论联系实际，不仅是哲学的或革命的词句，也是科学的进路。

第三，新闻传播与科学技术的结合。作为一个极具公共性的学术领域，新闻传播的工具属于拿来主义的为多。而今，更是越来越频繁地跨界，直指5G、云计算、人工智能等自然科学的地盘。虽然并非试图攻城拔寨，但是新兴媒体始终是交叉学科的前沿地带之一。

归根结底，伟大的时代是投鞭击鼓的出卷人，我们是新闻传播学某一个年级某一个班级的以勤补拙的答卷人，广大的同行们、读者们是挑剔犀利的阅卷人。我们期望更多的人加入我们，我们期望为知识的积累和进步贡献绵薄的力量，我们期望不辜负于这一前所未有的气势磅礴的新时代！

编委会

2019 年 12 月

技术的应许：残障群体的新媒体实践

目 录
contents

绪　论

长期以来，党和国家格外关心残疾人，高度重视残疾人事业，以及残障群体的权利权益问题和社会融合问题。党的十九大报告明确提出"发展残疾人事业，加强残疾康复服务"，习近平总书记也对残疾人事业作出一系列重要指示批示。2020年9月，习近平总书记在湖南考察并在主持召开的基层代表座谈会上表示，"不断满足人民群众对美好生活的需要，必须保护好残疾人权益，残疾人事业一定要继续推动"，特别是针对无障碍建设也指出，"无障碍设施建设问题，是一个国家和社会文明的标志，我们要高度重视"。

一、研究背景与特色

互联网等新兴信息通信技术（information communication technologies，ICTs）的迅猛发展，使信息无障碍（information accessibility）成为社会无障碍建设的重要组成部分，形成残障群体和老年人群体等平等参与社会生活和共享改革发展成果的重要基础，更是关乎残障群体能否自由、平等、无障碍地获取和使用信息技术，[①] 以及残障群体能否更好地融入社会的重要影响因素。[②]《中华人民共和国国民经济和社会发展第十四个五年规划和2035年远景目标纲要》明确提出要"加快信息无障碍建设""加强无障碍环境建设"。《广东省"十四五"残疾人保障和发展规划》也强调要"加快发展信息无障碍""将信息无障碍作为数字社会、数字政府建设的重要组成部分，推动纳入全省文明城市评比指标"

[①] 李东晓，熊梦琪."可及"之后：新媒体的无障碍传播研究与反思［J］. 浙江学刊，2017（6）：201-208.

[②] 赵英. 针对残障人士的信息无障碍影响因素研究［J］. 四川大学学报（哲学社会科学版），2018（5）：84-93.

"推进'互联网＋残疾人服务'""按照数字社会、数字政府建设的统一部署，加强智慧残联建设，提升残疾人服务数字化和智能化水平"。正是在这一现实背景下，本书聚焦信息化时代特别是新媒体时代残障群体的新媒体实践问题，并且侧重突显以下三个特色：

第一，突显残障研究与新媒体研究的交叉。从残障研究领域来看，随着残障者、残障权益人士以及残障研究学者长期的斗争和倡议，残障研究已经日渐成为一个成熟的研究领域，并将"残障"发展成为继"种族、阶级、性别"研究三重轴之后的第四轴。① 但是，传统残障研究领域主要基于经典的残障"社会模型"（social model）理论，更侧重于传统的话语批判分析，对新近的新媒体等还缺乏充分的重视。② 从新媒体研究领域来看，ICTs 等新媒体技术的迅猛发展，对包括残障者在内的个人和公众日常生活产生了深远的影响。然而，传统 ICTs 研究特别是互联网研究大都忽视了或至少边缘化了残障者及其体验；对此，Ellcessor（伊莎贝拉·埃尔塞瑟）直接批评道，"互联网研究对残障的忽略是显而易见的"，这在某种程度上甚至造成了这一研究领域本身的"残障化"。③ 本书期望着眼于这一研究领域本身的"残障化"。

第二，突显中国视角和中国经验。传统残障研究主要聚焦于欧美主流国家，对非欧美地区的残障问题缺乏必要的观照；而具体到中国的残障问题研究更是寥寥无几，不仅国际学者鲜有关注，国内学者也少有发声。④ 而现实是，中国有超过 8 500 万残障人士（这数字超过了整个德国人口总数），这样一个庞大的人口数量是绝不应该被忽视的，这不仅是中国政府要面对的重大现实问题，也是学界需要面对的重要学术问题。因此，本书立足于中国语境，并定位于残障研究和新媒体研究的交叉领域，尝试在"残障—互联网—中国"这三个重要但又彼此有一定隔阂的研究领域搭建一条可能的接合路径。

---

① DAVIS L J. Enforcing normalcy：disability, deafness, and the body ［M］. New York：Verso Books，1995；THOMSON R G. Extraordinary bodies：figuring physical disability in American culture and literature ［M］. New York：Columbia University Press，2017.

② FLYNN S. Engaging with materialism and material reality：critical disability studies and economic recession ［J］. Disability & society，2017，32（2）：143 - 159.

③ ELLCESSOR E. Cyborg hoaxes：disability, deception, and critical studies of digital media ［J］. New media & society，2017，19（11）：1761 - 1777，1736.

④ LIN Z，YANG L，ZHANG Z. To include, or not to include, that is the question：disability digital inclusion and exclusion in China ［J］. New media & society，2018，20（12）：4436 - 4452.

　　第三，突显残障群体的主观体验和主体地位。国际残障研究一直有"nothing about us without us"（没有我们的参与，不要作关于我们的决定）的原则，即要求尽量让残障人士发出自己的声音，或者尽量多地吸纳（involve）残障人士参与到残障研究之中，尽量让残障人士发出自己的声音。[①] 但是，由于"残障"本身的限制以及其他种种局限，这一原则在实际研究中很难被很好地践行。而本书吸纳了近两百名残联者参与到我们的研究中来，这样的"参与度"即使在国际残障研究领域也是极其少见和难得的。有了这个厚重的根基，才可能挖掘创新性的理论阐释、理论框架和理论概念，也才可能解释切实性的现实困境、现实症结和现实问题。

二、残障研究脉络

　　长久以来，残障被认为是"有缺陷的"，在历史上受到了歧视、污名化和压迫。[②] 因此，传统社会对待残障发展出了一种"医学模型"，即将残障单纯地视为个体的外在或内在医学问题，包括医学疾病意义上的生理缺陷、心理偏差、身体损伤或功能障碍，完全是一种个体生理、心理、精神上的疾病或者残缺，[③] 或者是一种"慈善模型"，即将残障者看作需要同情、被施舍、被照料、被求助、被动的可怜的弱势群体。[④] 在这些传统模型视角下，残障者的命运并非由他们自己控制，完全处于劣势地位，[⑤] 甚至作为人类缺陷的代表，对比衬托出

① CHARLTON J I. Nothing about us without us［M］. London：University of California Press，1998.

② DARUWALLA P，DARCY S. Personal and societal attitudes to disability［J］. Annals of tourism research，2005，32（3）：549－570；BULK L Y，EASTERBROOK A，ROBERTS E，et al. "We are not anything alike"：marginalization of health professionals with disabilities［J］. Disability & society，2017，32（5）：615－634.

③ SWAIN J，FRENCH S，CAMERON C. Controversial issues in a disabling society［M］. New York：McGraw-Hill Education，2003.

④ SYMEONIDOU S. A critical consideration of current values on the education of disabled children［J］. International journal of inclusive education，2002，6（3）：217－229；SMITH L，FOLEY P F，CHANEY M P. Addressing classism，ableism，and heterosexism in counselor education［J］. Journal of counseling & development，2008，86（3）：303－309.

⑤ DAVIS L J. Enforcing normalcy：disability，deafness，and the body［M］. New York：Verso Books，1995.

标准和理想的人类。① 从这个意义上说，残障者完全处于被边缘化的弱势地位，"系统地被排除在社区有意义的经济、社会、政治、文化和其他形式的人类活动之外，也因此被剥夺了实现自我的机会"②。

20 世纪 70 年代以来，随着残障运动和残障政治的高涨，③ 残障已逐渐成为形成权力和话语争夺的特定领域，进而也发展成为一个可帮助我们更好地了解世界的研究领域。④ 从那以后，残障研究的学者们将注意力从个体的损伤、疾病、功能障碍或心理偏差，转移到"残障社会"（disabling society）如何给残障者造成实质性障碍。⑤ 正如 Goggin 和 Newell 所指出的，"残障可以被看作是一个构建的社会政治空间，是由主导规范、技术系统中的价值观以及他们的社会背景决定的"⑥。从这个意义上讲，采用这种批判进路的学者试图将残障作为种族、阶级和性别三位一体的缺失术语，主张残障人进入社会和政治少数群体的研究领域。⑦

倡导这种新的批判取向的学者已经发展出一种新的理论框架，即"社会模型"（social model），提倡将残障研究作为抵制"规范性社会"（normalizing society）中社会排斥的社会政治努力。⑧ 根据社会模型，残障不再是特定类型的

① TALEPOROS G, MCCABE M P. The impact of sexual esteem, body esteem, and sexual satisfaction on psychological well-being in people with physical disability [J]. Sexuality and disability, 2002, 20 (3): 177 - 183; WATERMEYER B. Towards a contextual psychology of disablism [M]. Abingdon: Routledge, 2012.

② RAO D B. Education for all: issues & trends [M]. New Delhi: APH Publishing, 2008: 223.

③ REINDAL S M. Redefining disability: a rejoinder to a critique [J]. Etikkipraksis-Nordic journal of applied ethics, 2010 (1): 125 - 135.

④ OLIVER M. Understanding disability: from theory to practice [M]. Basingstoke: Macmillan Press, 1996: 40.

⑤ MERCER G. Emancipatory disability research [M] //BARNES C, OLIVER M, BARTON L. (eds) Disability studies today. Cambridge: Polity Press, 2002: 228 - 249.

⑥ GOGGIN G, NEWELL C. An end to disabling policies? Toward enlightened universal service [J]. The information society, 2000, 16 (2): 127 - 133.

⑦ DAVIS L J. Enforcing normalcy: disability, deafness, and the body [M]. New York: Verso Books, 1995; THOMSON R G. Extraordinary bodies: figuring physical disability in American culture and literature [M]. New York: Columbia University Press, 2017.

⑧ OLIVER M, BARNES C. The new politics of disablement [M]. New York: Palgrave Macmillan, 2012: 88; GOGGIN G, NEWELL C. An end to disabling policies? Toward enlightened universal service [J]. The information society, 2000, 16 (2): 127 - 133; OLIVER M. The social model of disability: thirty years on [J]. Disability & society, 2013, 28 (7): 1024 - 1026.

损伤或者疾病："只有当我们认为大多数个体身体/心智健全时（即使这种观念是很少受到质疑的，理所当然的存在），才有可能出现将残障视为个体病理的想法。"① 某种意义上，是"规范性社会"建立了一种残障霸权，将残障限定为异常的，因此也是需要被医治和矫正的："霸权往往成为理所当然的现实，资本主义社会明显已将残障视为个人悲剧。"② 为了打破规范性社会对于残障者的这种意识形态建构，残障批判学者提倡更重要的是关注残障是如何"由敌对的文化、社会和环境障碍造成的"③。正如 Oliver 所说的那样，"我们并没有因为损伤而残障，而是因为我们在社会中面临的障碍"④。换言之，"残障"不是因为身体机能障碍或缺陷，同时还受到生理、环境、社会、认知和情感因素的影响，并且是这种社会障碍实质性地阻碍了残障者参与和融入社会，导致残障者被系统地排斥在日常社会生活之外。⑤

　　自此之后，残障的社会模型在残障研究和残障者社区中得到了广泛的应用。这个领域的学者们认为，这一社会模型可以"更令人满意"地解释观察到的现象，⑥ 而且可以"确定残障研究方法"⑦。坚持社会模式视角的学者不仅将这种模式当作理论、观点或概念，而且试图将其作为改善残障者生活的实用工具。⑧他们认为，认真系统地将残障者有意义地纳入社会、经济、文化和政治关系之中，并解决其健康、教育、住房、交通运输和刑事司法等一系列问题，是一项

① OLIVER M, BARNES C. The new politics of disablement［M］. New York：Palgrave Macmillan, 2012：82.

② OLIVER M, BARNES C. The new politics of disablement［M］. New York：Palgrave Macmillan, 2012：79.

③ OLIVER M, BARNES C. Disability studies, disabled people and the struggle for inclusion ［J］. British journal of sociology of education, 2010, 31（5）：547 - 560.

④ OLIVER M. The social model of disability：thirty years on［J］. Disability & society, 2013, 28（7）：1024 - 1026.

⑤ MERCER G. Emancipatory disability research［J］. Disability studies today, 2002：228 - 249.

⑥ LEVITT J M. Integrating models of disability：a reply to Shakespeare and Watson［J］. Disability & society, 1997, 12（2）：307 - 310.

⑦ SHAKESPEARE T, WATSON N. Defending the social model［J］. Disability & society, 1997, 12（2）：293 - 300.

⑧ OLIVER M. The social model of disability：thirty years on［J］. Disability & society, 2013, 28（7）：1024 - 1026.

重要而紧迫的任务。① 正如 Barton 所指出的那样，"现在迫切需要进一步关注并发展一种政治分析，这种分析的灵感来源于对变革的渴望，以及在斗争中达成包容性的希望"②。从这个意义上说，残障的社会模型不仅是在话语层面上的一个发现，而且旨在实现转型变化，实现更加包容的社会，促进残障者进一步融入主流社会。③

尽管有这些很美好的理念和希望，社会模式依然被认为是较少被明确地用作产生社会变革的工具。④ 世界各地的许多学者发现，要实现残障的社会包容还有很多工作要做，因此，学术界在这个领域还有很大的空间。正如 Oliver 和 Barnes 所写的那样，"随着残障者要求被纳入生活的各个方面的声音变得越来越响亮，像残障研究这样的特定领域将不得不比以往更加具有系统性，从而解决这些问题"⑤。从这个意义上说，社会模型理论本身并不能真正成为"解放政治的充分理论基础"。⑥ 特别是在数字时代不断变化的新社会背景下，社会模型理论面临越来越多的批评。⑦ 甚至在 1983 年首次引入社会模式概念框架的 Oliver 本人也承认："尽管这种模式已经产生了影响，……现在是时候重振社会模式或者用其他方式取代它。"⑧ 其他学者也提出在不断变化的社会发展背景下，应重

① OLIVER M, BARNES C. Disability studies, disabled people and the struggle for inclusion [J]. British journal of sociology of education, 2010, 31 (5): 547 – 560.

② BARTON L. Sociology, disability studies and education: some observations [J]. The disability reader: social science perspectives, 1998: 53 – 64.

③ BARNES C. Disability, higher education and the inclusive society [J]. British journal of sociology of education, 2007, 28 (1): 135 – 145.

④ OLIVER M, BARNES C. Disability studies, disabled people and the struggle for inclusion [J]. British journal of sociology of education, 2010, 31 (5): 547 – 560.

⑤ OLIVER M, BARNES C. Current issues all we are saying is give disabled researchers a chance [J]. Disability & society, 1997, 12 (5): 811 – 814.

⑥ HUGHES B, PATERSON K. The social model of disability and the disappearing body: towards a sociology of impairment [J]. Disability & society, 1997, 12 (3): 325 – 340.

⑦ FEELY M. Disability studies after the ontological turn: a return to the material world and material bodies without a return to essentialism [J]. Disability & society, 2016, 31 (7): 863 – 883.

⑧ OLIVER M. The social model of disability: thirty years on [J]. Disability & society, 2013, 28 (7): 1024 – 1026.

新审视和重振社会模式。① 因此，下一节将进一步讨论在信息通信技术发展背景下对残障研究特别是残障社会模型的批判性研究和发展。

三、新媒体语境下技术的应许

传统关键残障研究尤其是社会模型研究存在的主要问题是，学者们主要关注残障话语，忽视了残障者身处的现实世界，尤其是新兴的信息社会。然而，在过去的三十年里，ICTs 的发展对残障者的影响越来越大，被认为是实现社会上残障者平等的根本途径之一。② 因此，越来越多的学者开始探索 ICTs 对残障者的影响，将其定义为"技术的应许"（promise of technology）。③

从乐观的角度来看，学者们认为，ICTs 等新媒体技术已经成为大多数人生活中不可或缺的一部分，因此应该被视为基本人权，对残障者来说，ICTs 应该是支援品而不是商品。④ 据此，数字包容已成为社会包容的一个重要方面，反映了关于公平、尊严、身份、社群、公民参与和社会参与机会的必要性。⑤ 在这种背景下，乐观的学者试图了解 ICTs 等新媒体技术与残障者之间的关系，特别是探讨数字融合如何为残障者应对社会排斥带来希望。⑥ 他们认为 ICTs 等新媒体技术能够有一系列方式使残障者受益，帮助他们克服残障问题并融入

---

① FLYNN S. Engaging with materialism and material reality: critical disability studies and economic recession [J]. Disability & society, 2017, 32 (2): 143 – 159; LEVITT J M. Exploring how the social model of disability can be re-invigorated: in response to Mike Oliver [J]. Disability & society, 2017, 32 (4): 589 – 594; LEVITT J M. Developing a model of disability that focuses on the actions of disabled people [J]. Disability & society, 2017, 32 (5): 735 – 747.

② EASTON C. An examination of the Internet's development as a disabling environment in the context of the social model of disability and anti-discrimination legislation in the UK and USA [J]. Universal access in the information society, 2013, 12 (1): 105 – 114.

③ ADKINS B, SUMMERVILLE J, KNOX M, et al. Digital technologies and musical participation for people with intellectual disabilities [J]. New media & society, 2013, 15 (4): 501 – 518.

④ BORG J, LARSSON S, ÖSTERGREN P O. The right to assistive technology: for whom, for what, and by whom? [J]. Disability & society, 2011, 26 (2): 151 – 167.

⑤ ALPER M, GOGGIN G. Digital technology and rights in the lives of children with disabilities [J]. New media & society, 2017, 19 (5): 726 – 740.

⑥ VICENTE M R, LÓPEZ A J. A multidimensional analysis of the disability digital divide: some evidence for Internet use [J]. The information society, 2010, 26 (1): 48 – 64.

社会：①

　　首先，残障者在传统上处于不利地位，属于受排斥的群体，无法很方便地获得信息，但随着ICTs的发展，他们可以相对更方便地获取到信息，克服以前的信息障碍，改变被支配的地位，增加他们的各种机会。② 特别是获得有关残障的信息，已被证明可改善残障者健康状况并提高残障者健康相关的生活质量。③ 其次，由于普通公众对残障的好奇心，现实世界中残障者通常会面临残障信息的泄露和耻辱。④ 网络的匿名性可以帮助残障人士以普通网民的身份融入网络社会，而不至于因为他们的身体特征而遭受刻板印象和判断。⑤ 正如Bowker和Tuffin所述，残障者有机会在不主动自我暴露身份、不被污名化的情况下进行互动。⑥ 因为可以在一定程度上避免被污名化，残障者可能会提高其在网络社会上的自尊感。⑦ 最后，如果缺乏有技巧的沟通的话，被传统社会排斥的残障者往往较难在现实社会中找到朋友、建立人际关系，因此处于社会区隔的孤独感和风险之中。⑧ 在ICTs尤其是社交媒体的帮助下，残障者可能会提升社交互动的频率和质量，拓宽社交网络，发展有意义的关系并减少消极情绪。⑨ 残障人士也可以在网上自行生产残障文化，在残障人士中创造一种独特

　　① MACDONALD S J, CLAYTON J. Back to the future, disability and the digital divide [J]. Disability & society, 2013, 28 (5)：702－718.

　　② DOBRANSKY K, HARGITTAI E. The disability divide in Internet access and use [J]. Information, communication & society, 2006, 9 (3)：313－334.

　　③ DRAINONI M B, HOULIHAN B, WILLIAMS S, et al. Patterns of Internet use by persons with spinal cord injuries and relationship to health-related quality of life [J]. Archives of physical medicine and rehabilitation, 2004, 85 (11)：1872－1879.

　　④ SEYMOUR W. LUPTON D. Holding the line online：exploring wired relationships for people with disabilities [J]. Disability & society, 2004, 19：291－305；THOREAU E. Ouch!：an examination of the self-representation of disabled people on the Internet [J]. Journal of computer-mediated communication, 2006, 11 (2)：442－468.

　　⑤ HUFFAKER D, CALVERT C. Gender, identity and language use in teenage blogs [J]. Journal of computer-mediated communication, 2005, 10 (2).

　　⑥ BOWKER N, TUFFIN K. Understanding positive subjectivities made possible online for disabled people [J]. New Zealand journal of psychology, 2007, 36 (2)：63－71.

　　⑦ MORENO M A, KOLB J. Social networking sites and adolescent health [J]. Pediatric clinics, 2012, 59 (3)：601－612.

　　⑧ SÖDERSTRÖM S. Offline social ties and online use of computers：a study of disabled youth and their use of ICT advances [J]. New media & society, 2009, 11 (5)：709－727.

　　⑨ CHADWICK D, WESSON C, FULLWOOD C. Internet access by people with intellectual disabilities：inequalities and opportunities [J]. Future Internet, 2013, 5 (3)：376－397.

的社群意识，并建立自己的身份认同。①

　　然而，这种乐观的观点也遭到了批评，因为他们过于浪漫化 ICTs 等新媒体技术的发展，放大了数字融合的潜在可能，但忽视了随之而来的给残障者造成的数字排斥问题。② 批判学者参考了经典的"数字鸿沟"理论，该理论假定"信息拥有者"和"无法拥有信息者"之间存在分界线；③ 他们进而认为，残障者在数字浪潮中处于更严重的不平等地位，因此容易陷入"不拥有信息"的最极端的一面，成为"数字鸿沟"中最为极端但常被忽视的部分。④

　　首先，大多数网站都对残障者不友好，不管是网络文字、音频、图形、视频还是动画等形式，都在一定程度上排斥了不同障别的残障人士，尤其是伴有听力和视力障碍的人士。⑤ 其次，由于残障者的学习障碍等，他们通常缺乏足够的连接和使用互联网的技能，他们通常被认为在"智力"和"适应能力"方面具有显著的局限性，如在概念、社会和实践适应能力上。⑥ 最后，残障者总体上比普通人更容易遭受到更大的网络风险，⑦ 因为残障者可能更容易遭受有害的、操纵性的和剥削性的内容影响，如有害的性内容、暴力内容，以及极端主义或种族主义的内容，从而遭受网络霸凌，非法下载和上传不合适文本，或

---

　　① GOGGIN G, NEWELL C. Digital disability: the social construction of disability in new media [M]. Washington DC: Rowman & Littlefield, 2003.

　　② EASTON C. An examination of the Internet's development as a disabling environment in the context of the social model of disability and anti-discrimination legislation in the UK and USA [J]. Universal access in the information society, 2013, 12 (1): 105 – 114; VICENTE M R, LÓPEZ A J. A multidimensional analysis of the disability digital divide: some evidence for Internet use [J]. The information society, 2010, 26 (1): 48 – 64.

　　③ SERVON L J. Bridging the digital divide: technology, community and public policy [M]. Malden, MA: Blackwell Publishing, 2008: 24.

　　④ DOBRANSKY K, HARGITTAI E. The disability divide in Internet access and use [J]. Information, communication & society, 2006, 9 (3): 313 – 334.

　　⑤ GOGGIN G, NEWELL C. Digital disability: the social construction of disability in new media [M]. Washington DC: Rowman & Littlefield, 2003; WILLIAMSON K, WRIGHT S, SCHAUDER D, et al. The Internet for the blind and visually impaired [J]. Journal of computer mediated communication, 2001, 7 (1).

　　⑥ CATION S, CHAPMAN M. The use of social media and people with intellectual disability: a systematic review and thematic analysis [J]. Journal of intellectual & developmental disability, 2016, 41 (2): 125 – 139; VICENTE M R, LÓPEZ A J. A multidimensional analysis of the disability digital divide: some evidence for Internet use [J]. The information society, 2010, 26 (1): 48 – 64.

　　⑦ CHADWICK D, WESSON C, FULLWOOD C. Internet access by people with intellectual disabilities: inequalities and opportunities [J]. Future Internet, 2013, 5 (3): 376 – 397.

者接受负面的在线联系，比如被欺负、被玩弄、被欺骗和被窃取个人信息等。①

不管是乐观视角还是悲观视角，都在一定程度上帮助我们理解了 ICTs 等新媒体技术与残障之间的关系，但之前双方的研究似乎都存在同样的问题，即过于强调将 ICTs 等新媒体技术视为改变残障的工具，有去脉络化、去情境化的不足，未能充分检视创造 ICTs 等新媒体技术和制约残障者的权力结构和日常生活实践。② 如果没有结合现实背景化，以前的研究只能说是"一切照旧的"，③ 只在复制针对残障的压迫性话语。因此，本书将在中国具体语境下，特别是在残障者的日常生活实践中，考察 ICTs 等新媒体技术与残障者之间的相对关系和互动意义，进而揭示技术与残障之间更复杂的关系。由于"残障人士"与"残疾人"含义相同，本研究中二者所指向的研究对象也是相同的。

四、内容简介

绪论介绍了本书的客观研究背景和特色，并梳理了残障研究的学术脉络，特别是残障社会模型的发展和挑战，继而讨论了新媒体语境下技术与残障之间的复杂关系。本书接下来将根据研究主题，分为"数字社会融入""社交媒体展演"与"互联网慈善公益"三大部分，每部分包含三个章节的专题研究。

第一章关注残障人士数字化就业问题。残障群体在有偿就业中的边缘化是一个长期存在的问题。传统经济中，残障人士主要从事入门级、低技能、低工资的工作。而互联网的普及与平台化的逐步深入，为残障人士提供了数字化媒介接触，越来越多的残障人士经由互联网赋能在互联网平台从事相关工作。同时，互联网社会资源也进行了整合与聚集，于是积攒了一定的互联网人脉资源、

---

① CHADWICK D, WESSON C. Digital inclusion and disability [M] //ATTRILL A, FULLWOOD C. Applied cyberpsychology: practical applications of cyberpsychological theory and research. Nottingham: Palgrave Macmillan, 2016: 1 – 23.

② ELLCESSOR E. Restricted access: media, disability, and the politics of participation [M]. New York: New York University Press, 2016; ELLIS K, KENT M. Disability and new media [M]. New York: Routledge, 2010; JAEGER P T. Disability and the Internet: confronting a digital divide [M]. Boulder, CO: Lynne Rienner Publishers, 2011; MOSER I. Disability and the promises of technology: technology, subjectivity and embodiment within an order of the normal [J]. Information, communication & society, 2006, 9 (3): 373 – 395.

③ GOGGIN G, NEWELL C. Disability, identity, and interdependence: ICTs and new social forms. Special issue [J]. Information, communication & society, 2006, 9 (3): 309 – 311.

人力资源与商业推广资源的残障数字就业培训孵化平台应运而生，改变了传统的有偿就业情境，派生出新的数字化就业情境。本章以"媒介情境论"为分析框架，通过参与式观察与深度访谈，以"媒介情境论"理论视角作为看待个体发展的基点，探索了在数字媒介的接触过程中，残障数字工作者如何通过不同的网络情境互动，在虚拟社群认同情境下形成集聚力量，继而进入从事互联网工作的数字化就业情境，并为该群体的有偿就业领域提供数字化与社会化的路径参考。

第二章是关于残障人士的网络亲密关系研究。进入 21 世纪以来，年轻人的恋爱场景越来越多地向线上转移，他们会通过网络媒介来寻求伴侣，使用即时通信工具培养感情。对于残障群体来说，在互联网和社交媒体普及之前，他们能够了解另一半的方式包括自由接触相识、参加以"媒人"为中介的相亲活动或者是参与相关政府部门和民间公益组织举办的相亲交友活动等。互联网出现之后，他们得以利用社交媒体拓宽自己的社会关系和社交范围，通过"网恋"这种新型爱情启动模式来满足个人的正常情感和生理需求。但是网恋这一形式是否帮助残障群体解决了现实生活中婚恋难的问题？本章通过对网络社区"知乎"和"贴吧"的观察以及对残障群体的深度访谈发现，残障群体在参与互联网数字约会的过程中展现出不可忽视的残酷乐观：一方面，他们可以通过互联网自我赋权，改变生活境遇；另一方面，当虚拟的亲密关系转变为现实亲密关系的时候，可能会延续甚至强化残障者所面对的结构性不平等和社会障碍。因此，本章引入了学者劳伦·勃朗特的"残酷乐观主义"这一概念来诠释残障群体的"数字约会"这一社会现象，即互联网社交媒体的发展带给残障群体对爱情的希冀，让他们对"数字约会"这一形式产生深深的迷恋和期盼，但实际上却又在现实层面打碎他们的美好憧憬，体现出一种无法避免的残酷乐观。

第三章是技术赋能视角下的听障青年新媒体使用与社会融入研究。移动互联网时代，新媒体成为个体生活中不可或缺的一部分，也是推动社会发展的重要力量。然而，在享受新媒体技术带来的发展成果的同时，仍有部分弱势群体处于社会生活的相对边缘化地带。本章以听障青年为研究对象，从技术赋能的视角入手，了解其社会生活现状及社会融入所面临的问题。研究发现，目前，听障青年在融入社会集体生活方面还面临着来自经济就业、社会交往、心理障碍等多方面的困境，亟须借助新媒体技术这一渠道来找到新的融入社会的突破口。具体而言，可从经济与就业发展情况、文化认知与接纳程度、社会参与及交流互动、身份认同与心理适应四个维度看新媒体技术如何为听障青年融入社会赋能。整体来说，新媒体技术能够为听障青年融入社会带来从心理态度、认知到行为各方面的利好；但也不能忽视听障青年没有真正融入社会的现状。未来需要联动国家与政府、社会企业、社会公益组织等各方力量，共同为听障青年创造表达与行动的空间，唤醒听障青年的社会意识，帮助他们更好地融入社会生活中。

第四章研究视觉传播时代残障女性在短视频平台中的身体展演和个体叙事。传统大众媒体对残障女性的表征通常呈现两极化，要么诉诸其身世经历之悲惨唤起观众同情，要么强调其坚韧品质以鼓励大众。数字视频平台的出现推动了残障女性视觉呈现的身体化转型。在此背景下，研究将短视频平台中的残障女性形象作为研究对象，考察残障女性在短视频中的身体展演。结合个体叙事，本章亦考察这其中媒介赋权的有效性。该章指出：作为"生产消费者"的残障女性，通过掌握短视频拍摄的主导权，得到空前的公共表达自由；然而，受到平台消费逻辑的规约，她们也展现了一定的自我消费化趋势。

第五章基于 B 站（哔哩哔哩）残障女性的实践经验展示残障群体认同展演的三种路径。短视频平台对残障女性的身份认同脱嵌具有重要现实意义。本章以 B 站上残障女性的短视频账号为主要研究对象，通过文本分析和深度访谈的质性研究方法，立足于中国本土语境，考察残障女性如何通过视觉化展演对现实空间主导的合法性、支配性身份进行认同抵抗并重建认同。研究发现，短视频平台为残障女性个性化身份认同的再嵌入开辟出一个可见的对话空间，让残障女性主体认同流动进现实社会成为可能。

第六章基于参与式观察和深度访谈的研究方法，展现残障群体如何通过视频直播等新形式创造性地展现其真实生活。同时，也探讨残障群体在现实生活中面临着怎样的社会排斥，而信息通信技术如何为其带来自我呈现的新机会以及技术可用性的新问题。这启示我们，信息通信技术不仅要解决基础的"可及性"问题，还要指向更深层次的"可用性"问题；不仅需要一个整体的"残障社会模式"，也需要各个具体的"不同障别社会模式"。

第七章研究互联网企业履行残障慈善责任的动因与路径。在经济全球化和信息传播技术蓬勃发展的大背景下，互联网企业越来越重视社会责任建设。本章以阿里巴巴、腾讯、百度、京东、蚂蚁金服、滴滴出行、美团、科大讯飞 8家互联网企业作为研究对象，采用深度访谈法和案例研究法，探讨残障慈善作为互联网企业社会责任的动因与路径。研究发现互联网企业履行残障慈善责任主要是作为"企业公民"义务的制度动力，基于综合社会契约的道德动力，以及基于内在驱动机制的经济动力，通过慈善捐赠、无障碍优化、创业就业以及员工志愿四种路径实现。不过，互联网企业残障慈善的路径既有共性也有个性，互联网综合、互联网金融、交通出行、O2O服务、人工智能等互联网企业，分别有不同的业务，结合自身业务去助残，最终才会达到经济效益和社会效益的平衡。

第八章延续上一章的研究，继续探讨慈善共治视角下的互联网企业助残慈善事业问题。助残慈善事业是慈善共治模式的重要组成。数字时代背景下，互联网企业肩负着更多的社会责任，也为助残慈善提供了更多的发展可能。本章通过对互联网企业及残障人士的深度访谈发现，当前互联网企业已经普遍参与到助残慈善行动中：大型互联网企业助残慈善方式多样但针对性较弱且受障别影响大；中小型互联网企业总体助残慈善参与度较低，无障碍技术类新兴助残企业兴起。基于此，本章从政府政策、大型互联网企业及中小型互联网企业角度出发，建议通过发挥"治理吸纳慈善"这一特征和互联网企业的独特优势来推动我国助残慈善事业的不断发展。

第九章基于具体案例研究互联网时代残障公益组织的动员机制。公益组织自21世纪以来发展迅猛数量激增，日益成为社会发展不可或缺的力量，在社会各个领域扮演着举足轻重的角色。本章回顾公益组织动员的相关研究，并选择"资源动员"与"情感动员"这两大经典理论作为理论基础，以"广州市合木残障公益创新中心"（以下简称"合木中心"）这一残障公益组织作为研究个案，搭建资源动员与情感动员的二元框架，对残障公益组织在这一框架下的动员机制进行探究。基于参与式观察、深度访谈、虚拟民族志等研究方法，本章具体分析"合木中心"所动员的资源要素及其互动方式，同时串联了其情感动员路径。在资源动员方面，"合木中心"动员资源的类型较多，包括官方资源、企业资源、媒体资源、网络资源、人力资源、其他公益组织资源共六大类，并对每一种资源都采取主动联结、积极沟通的策略，建立较好的联系与互动。在情感动员方面，"合木中心"采取"情感激发—情感互动—情感扩散—情感认同"的链路，打破残障与非残障的身体界限，最终完成其情感动员的动态路径。研究发现，残障公益组织在资源动员与情感动员上并非相互独立，而是彼此依托、相辅相成的。更进一步而言，资源其实是公益组织动员的目标，丰富、充足的资源支撑着组织的健康运转；而情感则是一种有力的动员手段，在动员活动中起到黏合剂的作用。

最后结语部分回顾总结各章节内容，并从"信息技术赋能"和"数字社会融合"的角度继续延展我们在绪论部分就开始的思考与反思。

第一部分

数字社会融入

……

第一章

"媒介情境论"视域下残障群体的数字化就业[*]

新一轮科技革命和产业革命正在席卷全球,以互联网为代表的信息通信技术深刻影响着个体的工作和生活,人类社会正在迅速进入"互联网+"时代,残障群体也被裹挟着卷入"互联网+"的浪潮。然而,残疾人在有偿就业中的边缘化一直是一个长期存在的问题。尽管随着全球立法的改进,人们普遍认为残疾人享有平等的工作权利,但残疾人仍然被明显排除在工作之外,世界各地的残疾人比非残疾人的同龄人就业的可能性更低。互联网时代电子商务的出现和发展为残疾人实现就业增收、改善生活质量、融入社会提供了全新的途径。

传统经济中,"残疾人依然从事入门级、低技能、低工资的工作"[①]。而数字化媒体时代,"平台已经成为数字经济的主导中心"[②],互联网的普及为残疾人群体提供了数字化媒介接触,互联网经济的强信息化特征,把残疾人从"此时此地"的场景限制和"亲力亲为"的身体限制中解放出来,残疾人在就业市场中的非平等竞争地位得到极大改变[③]。2017年,中国残联(CDPF)等部门印发《电子商务助残扶贫行动实施方案》,明确指出要加强培训指导,支持残疾

* 本章执笔者:徐怀,暨南大学新闻与传播学院硕士研究生。

① LIGHT R. Enduring economic exclusion:disabled people,income and work [J]. Disability & society,2000,16(4):617-619.

② LIN Z. Commercialization of creative videos in China in the digital platform age [J]. Television & new media,2021,22(8):878-895.

③ 焦若水,李国权. 残疾人就业:互联网时代的机遇与挑战 [J]. 残疾人研究,2019 (4):45-53.

人电商创业。① 之后，各省份相继出台相关政策推动残疾人实现电子商务就业创业。政府或残联牵头开展残疾人电子商务培训成为共识性举措，这也是残疾人能否实现数字化就业的关键所在。并且随着越来越多的残疾人群体活跃在电商平台从事网点运营工作，由于平台化的逐步深入，社会上出现了专门面对残障群体提供数字平台专业化网课培训的就业孵化基地。

一、文献综述

（一）国内外残疾人就业研究概况

国外相关研究大部分以定性研究为主，集中在对各国具体就业政策与社会歧视的考量。有学者从宏观角度对社会的残障和就业政策进行实证研究，对一些残疾人的就业和支持津贴进行重新评估。② 例如有学者考察了土耳其在 2009 年通过《联合国残疾人权利公约》后的残障和就业政策，发现就业政策过于依赖配额法，无法将人权模式付诸实践，呼吁在政策上更加重视可获得性和有效的反歧视执法，以补充配额法。在发展中国家尼泊尔，除非为该群体采取平权行动，否则身体有残疾的人可能很难直接进入竞争激烈的劳动力市场，有研究提出了一些可能的战略和重点领域，包括增加受教育的机会、扩大配额制度以增加就业机会、解决无障碍问题、补贴私营部门残疾人就业，以及反对社会歧视。③ 从具体案例出发，Rustad 和 Kassah 研究了学习障碍者在挪威一家受庇护的就业公司工作的经历，④ 以及 Kima 和 Williamsa 探索了身体残疾的大学生和毕业生在美国的就业经历，⑤ 这类研究着重聚焦在一些个体以对抗性方式获得赋

① 中国残疾人联合会. 关于印发《电子商务助残扶贫行动实施方案》的通知［EB/OL］. (2021 - 04 - 18). https://www.cdpf.org.cn//zwgk/zcwj/wjfb/2fda2d52925b4c37aa8a8c7aa176a0c8.htm.

② GROVER C. Ending reassessment for employment and support allowance for some disabled people in the UK［J］. Disability & society, 2017 (8): 1 - 6.

③ LAMICHHANEA K. Employment situation and life changes for people with disabilities: evidence from Nepal［J］. Disability & society, 2012, 27 (4): 471 - 485.

④ RUSTAD M, KASSAH K A. Learning disability and work inclusion: on the experiences, aspirations and empowerment of sheltered employment workers in Norway［J］. Disability & society, 2020, 36 (3): 1 - 21.

⑤ KIMA M M, WILLIAMSA B C. Lived employment experiences of college students and graduates with physical disabilities in the United States［J］. Disability & society, 2012, 27 (6): 837 - 852.

权并重塑自我的经历等。残疾人通常是雇主名单上的弱势居住者，难以进入就业市场。除了聚焦于残障身份之外，学界还引入交叉视角进行了一项英国残疾妇女就业交叉歧视的研究，发现与残疾男性、非残疾女性和非残疾男性相比，残疾女性就业的可能性明显更低，残疾妇女担任主管的可能性明显低于残疾男性。①

目前，国内对残障群体的就业状况研究主要是与残疾人赋能研究相结合。其中，残疾人赋能主要关注中国残疾人的经济活动、过程中长期存在的有偿就业边缘化现象与残疾人在就业活动中表现出的主动性。有新的研究探讨了信息通信技术的迅速发展是否能够改变残疾人的就业挑战，分析总结出残障人士在数字化形势下发展出的劳动商品化、社会关系商品化和信息通信技术相关知识商品化三种数字化工作类型（线上游戏代练、电商平台营销、网络水军等以往没有的社会化职业角色），同时也指出入门级的数字工作可能是该群体参与经济活动的唯一机会，如果没有更广泛的社会和政策干预，残疾人的结构性障碍很难消除。②尽管信息通信技术在中国似乎有望成为一种替代经济，但与全球学术界一样，在这一过程中，对残疾数字工作者具体的"数字工作"的关注比较少。证据表明，尽管存在访问障碍，但相当数量的中国残疾人现在经常在社会化、互动和社区形成中使用互联网。③尽管获得一份带薪工作被认为是他们互联网使用的一个关键主题，④但只有少数研究探索了残疾人的数字工作或创业。⑤

杨伟国认为，互联网的普及与平台化的逐步深入，为残疾人群体提供了数

① KIM E J, SKINNER T, PARISH S L. A study on intersectional discrimination in employment against disabled women in the UKs [J]. Disability & society, 2019, 35 (5): 715 - 737.

② QU Y. Is the internet the game changer? Disabled people and digital work in China [J]. Disability & society, 2020, 37 (5): 1 - 22.

③ GUO B, BRICOUT J C, HUANG J. A common open space or a digital divide? A social model perspective on the online disability community in China [J]. Disability & society, 2005, 20 (1): 49 - 66.

④ QU Y, WATSON N. Gathering in a cyber world: Internet use of Chinese disabled people and the emergence of disability constituencies [J]. Disability & society, 2019, 34 (7 - 8): 1062 - 1081.

⑤ LIN Z, ZHANG Z, YANG L. Self as enterprise: digital disability practices of entrepreneurship and employment in the wave of "internet + disability" in China [J]. Information, communication & society, 2019, 22 (4): 554 - 569.

字化媒介接触，越来越多的残疾人群体经由互联网赋能活跃在电商平台从事数字运营工作，即由"工业化"就业模式向新型的"数字化"工作范式转化。①数字化就业可视为虚拟劳动，不单指某一类职业，而是广泛地存在于 ICTs 行业乃至整个互联网文化之中。伴随网络平台的拓展，数字化就业呈现出新的阶段性特征。吴鼎铭和吕山指出，数字劳动不再是一个特殊的、边缘的"奇观"，而是成为一个无时无处不在的显在现象。②当直播从社交领域扩展至电商平台之后，需掌握一系列有助于营销的"表演"技巧，以此才能将观看量转化为消费者的订单量，这种新的劳动形式可被称为"数字化表演劳动"。③

（二）"媒介情境论"框架

1956 年社会学著作《日常生活中的自我呈现》面世，美国社会心理学家欧文·戈夫曼批判继承前人的戏剧思想，并将其付诸日常生活这一现实场域中，把人与人之间的交流与互动视为某种程度上的表演，提出"拟据理论"。梅罗维茨作为媒介环境学派第三代代表人物之一，认为前辈戈夫曼"拟据理论"中提出的"前台"和"后台"行为模式概念所描绘的是一组静止独立的舞台状态，仅局限于现实中的面对面交往上，无法准确描述新媒介尤其是电子媒介所带来的场景变化和行为嬗变。梅罗维茨将戈夫曼和麦克卢汉的观点充分吸收改进后，提出了自己的研究媒介影响社会行为的新思路——关于媒介、场景、行为的"媒介情境论"，提出"前区""中区""后区"三个解释框架。他把情境视作一种信息系统，认为电子媒介打破了社会场景的界限，重构了信息流动模式，因而产生了新的社会情境以及适应新情境的行为。④相比当时媒介环境学派较为宏大的研究面向，梅罗维茨考察的是更微观的"社会行为和角色扮演"议题。

近年来，学者们对"媒介情境论"的研究开始越来越倾向于以具体案例实践拓宽理论范畴，以该视角解释新媒体时代下的各种社会现象或尝试分析某种特殊的新媒介情境生成的内在逻辑。李欣在其论文中探讨了新媒体背景下场景

---

① 杨伟国. 从工业化就业到数字化工作：新工作范式转型与政策框架［J］. 行政管理改革，2021（4）：77 - 83.

② 吴鼎铭，吕山. 数字劳动的未来图景与发展对策［J］. 新闻与写作，2021（2）：29 - 35.

③ 王斌. 自我与职业的双重生产：基于网络主播的数字化表演劳动实践［J］. 中国青年研究，2020（5）：61 - 68.

④ 约书亚·梅罗维茨. 消失的地域［M］. 肖志军，译. 北京：清华大学出版社，2002：13.

融合的现象，认为新媒体孕育了信息共享的开放式文化环境，多种场景的融合不仅使"公域"和"私域"的界限难以界定，在"中区"空间中消解了权威感，更促成了社会角色的转化以及人类讯息传递方式的新变革。① 曾林浩等借助"媒介情境论"，解释了微信朋友圈"融合场景与身份叠合"现象，指出正是由于社交透明性，"后区"与"前区"的界限正逐渐消逝，自我被挤压到更为狭小的空间。② 周勇、何天平借由对梅罗维茨"媒介情境论"的再审视，在技术—社会视角下考察直播的变化发展。研究表明，"社会情境"的随机性、"社会角色"的假定性、"社会行为"的普遍中区化，共同构成直播媒介再现当代社会互动关系的主要特征，同时指出以直播为代表的媒介形态进化并非导致了情境的"消失"，而是将既有的社会情境肢解成了一个个"自主"的新情境。③

本研究以"媒介情境论"为研究框架，在回溯残疾人就业与经济活动相关文献的基础上，将"数字化就业"的概念经由特殊的研究面向——该平台的"残疾数字工作者"的具体实践进行论述，衍生出更广泛的适用范围。研究的意义在于探索对数字媒介的接触过程中，残疾数字工作者如何在不同的网络情境中从构建群体身份认同继而走上从事数字劳动的就业道路，并如何为该群体在有偿就业领域提供数字化与社会化的路径参考。

二、研究方法

在具体案例上，研究以广东省汕头市残疾人电子商务创业就业孵化基地的残障社群作为主要研究对象。汕头市残疾人电子商务创业就业孵化基地是基于数字电商平台的、全国较早为残疾人群体开设线上授课的平台之一，在市、区各级残联的帮扶下，汕头市残疾人电子商务创业就业孵化基地为全国各地的残疾人提供免费电商客服技能课程并推荐就业，参加学习的人员 2008 年至 2021 年累计有 800 多人，包括农村残疾学员 493 人，自主创业 107 人。笔者于 2021

---

① 李欣. 新媒体视野下的"场景融合"研究：梅罗维茨传播理论评述 [J]. 青年记者，2013（20）：26 – 27.

② 曾林浩，曾振华. 场景融合与身份混杂：媒介情境理论下微信朋友圈的使用 [J]. 编辑学刊，2019（1）：25 – 29.

③ 周勇，何天平. "自主"的情境：直播与社会互动关系建构的当代再现：对梅罗维茨情境论的再审视 [J]. 国际新闻界，2018，40（12）：6 – 18.

年7—9月对20多名残障学员进行参与式观察与深度访谈。每个采访对象单次访谈时长不少于1小时。考虑到残障群体的特殊性,访谈对象尽可能具有典型性、代表性。出于对隐私的考量,研究者对受访残疾人进行匿名处理。

表1-1 部分受访者信息

姓名	从事的数字化工作
M	数字化就业孵化平台创办者
X1	共同经营社区电商
X2	
X3	
Y(网名艳公子)	残疾人有声书
Z	电商直播
X5	孵化平台学习中,曾从事游戏推广
L	经营海产品微店
X6	游戏代练、电商客服、网店销货
W	乡镇便民服务站
R	广告推广
P	
T1	数字化就业孵化平台残疾人讲师
T2	
T3	
C	非残疾人,热心资助市民
X7	茶农,网络直播带货
X8	电商客服
X9	

本研究以残疾人数字化就业的研究维度为支撑,在回溯残疾人有偿就业与经济活动相关文献的基础上,探讨目前残疾人数字化就业面临的困境,总结该孵化基地培育的三种残障人士数字化就业路径,并为该群体如何在有偿就业领域突破简单的入门级数字工作,以走向更好的数字化与社会化提供路径参考。

三、网络社区互动情境的新特征

（一）互联网信息情境的"超越地域"属性

梅罗维茨提出，应将社会场景（情境）看作"信息系统"，也就是将其作为社会信息的某种模式与人们接触过程中的行为模式。传统场景主义将场景视为以地域为界限的实际的、具体的存在，而梅罗维茨的理解抛弃了固定的时间地点，成为概念中的"场景"，实质上扩展了场景研究，打破了面对面交往的局限。所谓的"超越地域"和"无地域"概念，即距离的缩短与信息共享。其认为"这种将场景看成信息系统而不是地点的较为广泛的看法，与电子媒介的研究尤其相关"[①]，同电子媒介也消除了人与人之间交流的具体时间地点完全一致，正是这种场景概念的扩展引发了新的社会场景的出现。在媒介环境下，扩大化的场景判断变得艰难，人们原本针对特定场景而产生的反应可能不再适用，因而也就产生了新的行为，即由场景变化而引起的社会行为变化。

网络社群的出现，使远隔天涯的个体更便捷地建立连接，从以往"面对面"的交流向"机对机"的交互扩展。电子媒介打破了物质地点和社会地点的界限，情境的孤立性不复存在，依赖于特定物质地点的角色构成也发生改变。原先毫不相关的情境现在都有了强大的共同基础，群体身份、社会化、等级制度——被解构，一个人可以拥有多种角色，人们的社会交往也更为复杂。随着Web 2.0 时代的兴起，互联网平台成功地将全国各地互不相识的残疾人群体集合起来，并经由贴吧、论坛、QQ 群建立关系联结，节点化的社会网络成为信息流动的渠道，在"后区"系统中形成一个个社群"影响圈"。

（二）残疾人虚拟社群：数字景观的情境烙印

残疾是一种不可逆的损伤，残疾人总在与残疾带来的种种困扰抗争，当个体发现无论如何也无法适应困境时，会产生慢性压力，并长期处于应激状态中，负面情绪增多。[②] 互联网社群承载着残友们深刻的情境烙印与情绪符号。起初，

[①] 约书亚·梅罗维茨. 消失的地域 [M]. 肖志军，译. 北京：清华大学出版社，2002：13，37，40，49，44，59.

[②] 闫洪丰，胡毅，黄峥，等. 成年残疾人心理健康现状评估与分析 [J]. 残疾人研究，2013 (4)：5 - 10.

受到创伤的残疾人滞留在家，成为整个家庭的负担，甚至受到家人的不满和抱怨，消极情绪与负面情绪达到临界点，甚至常有"自尽"的念头。在此情境下，有不少残疾人收到了社会与媒体的援助，但很多残疾人并不愿意在镜头前面对公众，谢绝了大部分媒体采访。现实中的消极与绝望、社会的偏见与行动长期滞留封闭空间，使他们为自己构筑了一层现实中的"信息茧房"，转而将抑郁情绪"驻扎"在互联网上互不相识的陌生人社群中。

> 残疾人 X6：我们自己残疾人才能够理解对方，所以说以前我们都是在残疾人的 QQ 群里面聊，咱们也不可能跟一些健全人聊，因为同病相怜，大家有这个病才能够了解到一块。但是随着大家朋友也多了，自己也能够挣一点点自己的生活费了，感觉自己也不是残疾人，你会赚一点钱，我也会赚钱唉，我输在什么地方，就是你们能够蹦蹦跳跳，我不能蹦蹦跳跳。如果没有互联网，大家都是封闭在家里，真的不知道生活怎么过。

数字技术的发展和数字景观的出现被认为为残疾人群体认同提供了机遇和挑战。在机会方面，许多学者认为，数字景观创造了一个新的数字世界供残疾人居住，并允许残疾人实现人权和平等。这些学者认为，数字景观表明了"技术的承诺"，[①] 因为它提出了许多数字可能性，这已经成为社会包容日益重要的方面，解决了公平、尊严、社区和身份等问题。[②] 从这个意义上说，数字景观就像是一个承诺，帮助残疾人应对因残疾而产生的社会排斥，并使残疾人能够克服障碍并融入社会。

在残疾人社群形成的互联网聚落中，受众逐渐呈现中心化聚集的趋势，使得形态各异的互联网社区慢慢分化出不同的职能，并随之扩散、吸引了各自的受众群，而分众又逐步中心化，聚合形成一个个"网络影响圈"——社交型社区开始"各司其职"，大致分为以下几种：

---

① ADKINS B, SUMMERVILLE J, KNOX M, et al. Digital technologies and musical participation for people with intellectual disabilities [J]. New media & society, 2013 (4): 507 – 518.

② FOLEY A, FERRI B A. Technology for people, not disabilities: ensuring access and inclusion [J]. Journal of research in special educational needs, 2012 (4): 12.

表 1-2　网络影响圈

类型	举例
解压阀	燕山论坛、网络聊天室
互助性质	中国脊椎损伤论坛、互帮网
会话空间	残疾人 QQ 群
综合性社区	残疾人相关贴吧

残疾人 X6：燕山论坛是一个互联网的残疾人社区。还有那个以前的呱呱视频里面有很多病人在聊天室唱歌聊天，新浪 UC 房间就是跟现在的直播间差不多。

残疾人 P：有时候发下帖什么的，交流病情的比较多，那时候没挣钱，大家也比较闲，对话比较多。每个人都没事做，一天到晚在那里聊聊天，那些话说不了的残友，那就打字。这些社区对我来说最重要的就是能让我认识全国各地、五湖四海的朋友，开拓我的眼界。

在新兴的数字环境中，中国的残疾人借助互联网共同创建了多个虚拟社群社区，在残障社群中也可以实现锻炼自我、娱乐生活的目的，而不是持续处于封闭抑郁的"信息茧房"。

（三）借助智能媒介弥合数字排斥

由于残疾人自身的缺陷，他们往往缺乏访问和使用互联网的必要技能，总体而言，残疾人比一般人群更有可能在数字领域遇到更多的风险。由于数字信息技术的发展对残疾人自身在社会中实现残疾人平等的影响越来越大，一些学者开始探索信息通信技术对残疾人的影响。从乐观的角度来看，学者们认为信息通信技术已经成为大多数人生活的一个重要方面，因此应该被视为残疾人的基本人权。[①] 在此背景下，乐观的学者试图理解信息通信技术和残疾人之间的关系，并探索残疾人的数字包容如何为残疾人在对抗社会排斥的斗争中带来巨大的希望。这些学者认为，残疾人可以利用信息通信技术克服障碍，更多地参

---

① BORG J, LARSSON S, ÖSTERGREN P. The right to assistive technology：for whom，for what，and by whom？［J］. Disability & society，2011，26（2）：151-167.

与到社会中来，受益的方式多种多样，包括信息可及性和在线匿名性。① 然而，这种论调却因为将信息通信技术的发展及其数字包容的潜在前景浪漫化，而忽视了对残疾人的数字排斥（指无法获得和使用信息通信技术资源）。

有研究指出，正是贫困、缺乏所有权、知识有限和信息通信技术难以获得等因素，为残疾人构建了新形式的障碍。② 残疾人 L 在担任客服阶段，曾经受到对话的淘宝客户与雇用者的冷眼，例如嫌弃他出现打字慢、表达逻辑不清晰、操作流程记错等"健全人不会犯的常规错误"，雇用者甚至公开嘲讽他的残障情况，表示"残疾人就是比健全人差劲，永远学不会"，对边缘群体表现出很大程度上的就业歧视与偏见。

为了更好地改善自我的就业条件，残疾人 L 在扮演和模拟环节中使用了手机自带的"语音转文字"功能，借助智能媒介在互联网空间提高了声音与文字的传播质量与传播效度。正如麦克卢汉所言，媒介是人的延伸，智能媒介也弥补了残障群体由于肢体操作不便导致的信息障碍，完成了一对一实时传播语境中的讯息修补。媒介的智能辅助功能也延伸了肢体残障者的网络空间中的视觉场景。囿于受教育水平低、电脑基础知识严重缺乏等问题，L 在数字工作起步阶段连最基本的 office 办公软件都不会操作。后来通过 QQ 聊天的"请求他人远程协助"功能，让残疾人就业培训的授课老师对自己的电脑进行远程操控，对方以"屏对屏 + 直播"的方式，从零基础的表格处理开始手把手教起，使他逐渐走出"信息茧房"与"数字文盲""数字鸿沟"困境。

残疾人 W：比如说就加了个师傅，然后 QQ 远程看着我，看着电脑上人家怎么操作，人家在控制我的电脑，然后教我点这儿点那儿。第一步是点这儿，第二步点这儿，第三步完成，然后点保存或者弄啥，都是从零基础（开始）的，因为我没摸过电脑，像发 QQ（信息）、发文件什么我都不会，修改整理一下我都不会，都是这样人家手把手教我。

---

① DOBRANSKY K，HARGITTAI E. The disability divide in internet access and use［J］. Information，communication & society，2006，9（3）：313 – 334；ESTELLE T. Ouch！：an examination of the self-representation of disabled people on the Internet［J］. Journal of computer-mediated communication，2006，11（2）：442 – 468.

② MACDONALD S J，CLAYTON J. Back to the future，disability and the digital divide［J］. Disability & society，2013，28（5）：702 – 718.

而实时传播过程中群聊交流更为困难的盲人群体，则是采用了手机自带的辅助功能——电子读屏功能转播群聊信息。与视觉健全、肢体受损的残疾人不同的是，视觉残障者无法在电子设备键盘进行打字操作，日常的交流一般使用语音。从这个角度看，智能媒介抓取了有效信息，延伸了视障群体的听觉和视觉，使他们在使用数字媒介进行交流的过程中"听得着"那些"看不着"的文本符号，并以声音情境链接文字情境。随着互联网的兴起，互联网逐渐成为残障者的重要信息来源和社会交往工具。电子邮件和 QQ 等网络即时聊天工具，给残障者的人际沟通带来了便利，使他们可以通过网络社群得到信息支持、情感支持和工具支持。对于残障者来说，互联网丰富的资源和多媒体功能使得它成为平衡教育和社会不公的利器，以网络为中介的传播对残疾人来说是一种赋权，可以减少对他们的偏见和污名化标签。

四、数字化就业情境准备阶段

（一）"后区"泛化：数字就业意识的萌生

传统的关于社会包容的残障研究通常忽视了通过信息通信技术加强包容这一研究视角。然而，随着信息通信技术的发展，数字包容已成为残疾人士社会包容的一个日益重要的方面。① 残疾人长期以来一直被认为缺乏建立"自我企业化"思维的必要能力。他们面临着各种各样的挑战，包括缺乏经济支持和资本导致的经济挑战、低估和歧视残疾人能力的传统社会文化规范与观点以及来自缺乏商业培训的个人态度挑战。由于受到"自立自强"类的话语影响，就业对残疾人来说至关重要，因为它有可能解构残疾。因此，能否获得以就业为基础的收入是残疾人社会融入和参与的一个标志。②

长期滞留在密闭环境与外界因素的压力迫使残疾人急于寻找一条自救之路，而互联网则成为当时最好的出口。从最初的抵触外界接触到萌生就业意识，群体中的每一个个体都经历了"自我说服"阶段。对大多数早期冲浪者而言，2008 年的互联网时代除了有论坛网站的兴起，网络骗子也甚嚣尘上，在早期的

① ALPER M，GOGGIN G. Digital technology and rights in the lives of children with disabilities [J]. New media & society，2017（5）：726－740.

② OLIVER M. Disability studies，disabled people and the struggle for inclusion [J]. British journal of sociology of education，2010，31（5）：547－560.

互联网残障社群的刻板印象中，互联网就业被大多数残疾人认为是骗子敛财的手段。在互联网上发的网络就业帖子，都无法让残友们卸下防备，造成心理上的持续性抵触。整个传播中，观念的形成是一个集中各方分歧与整合统一的过程，也是一种集体性的探索。对于生活条件较差的残疾人群体而言，他们的需求仅仅是"赚的钱能够还清电话费"，于是当观念在社群小范围传播并获得群体认同之后，有些人选择跟从先行者一同创业，有的人选择自行摸索互联网就业的更多方式以实现自我价值。

在中国传统家庭价值观下，工作不仅对家庭收入的贡献重要，而且在成年和责任的概念中更为核心。从这个意义上说，在网上找到工作的意义远不仅仅是创造收入，而是更多地体现了残疾人通过找到工作可以实现的自我价值、自信和自尊。在某种程度上，互联网为残疾人提供了一个信息联系、交流和互动的虚拟世界。从这个意义上说，数字生活不仅为残疾人士提供了一个栖息地，而且成为一种生活在世界上的方式，为残疾人士提供了一个独特的生理环境和一个辅助平台。通过这个平台，他们可以提高自己的社交能力。[①] 残疾人 L 说："我 2008 年在一个全国残疾人 QQ 群中认识了残友 M，向对方求证了互联网就业的可靠性和真实性。M 告诉我：真实不真实，咱们也没有什么给他骗，是不是？我们都是不富裕的残疾人，但是咱们能赚一毛钱也是个好的，因为咱们还没有废掉，还能够赚钱。这一说法最终说服了我。"

由于残疾人们面临的困境相似，他们之间极易产生共情，作为一个互联网社群，他们相对容易有相同的看法，而群体内部相对而言对生活还处于茫然、消极避世的状态，更容易产生从众心理。这个群体中的大多数人做出某种行为时，在从众效应的影响下，个人也会做出与群体中绝大部分人相一致的行为。很多人认为这种随大流就是合群，而偏离群体中绝大部分人的行为就是不合群、孤僻、偏执。个体由于受到来自大众的压力，更易做出从众的行为。且互联网就业背景下的残障群体日常生活中普遍拥有更多的时间浸泡在互联网上，也更能注意到碎片化的聊天对话信息等，因此，在看到一些人群选择数字化就业之后，个体更容易产生从众行为，也会做出相应的选择。

① LIN Z, YANG L, ZHANG Z. To include, or not to include, that is the question: disability digital inclusion and exclusion, in China [J]. New media & society, 2018, 20（12）: 4436 - 4452.

（二）"中区"行为的基础：互联网社会整合与平台化的出现

由于肢体残障、阶层等限制，残疾人在传统工作中与正常就业者存在着知识鸿沟，且随着教育与经济活动的弱参与，知识鸿沟也在不断地拉大。除了接触媒介和学习知识的经济条件的因素以外，传播技能上的差异、已有知识储量的差异、社会范围的差异、大众媒介的性质这些都是造成知识鸿沟扩大的原因。在互联网数字媒介赋能之前，残障群体普遍受限于教育水平低下而在传统的有偿就业中遇到极大阻碍。残疾人在使用互联网或社交网络的过程中，通过收集信息来寻找和抓住工作机会，付出个人资本（主要是人力资源，如体力劳动、时间和知识）以获得经济回报。整个过程表现为能够访问互联网、有明确的在线工作意愿和一定程度的就业能力。① 互联网赋权残疾人、构建无障碍世界、增加了残疾人进入就业市场的机会，线上教育被认为是残疾人进入数字劳动市场的一种赋权工具。如前文所示，实体经济对残障群体的就业歧视，使得即使是在入门阶段的数字工作，也可能成为该群体参与经济活动的少有机会。

虽然从事电商活动的门槛较低，但是想在电商领域立足，残疾人仍然会面临一些重要的障碍。对于绝大部分网络就业的残疾人而言，要想通过电商就业获得稳定的收入需要克服体力的限制、技术的缺乏和资源的不足。② 相较于传统的体力劳动，网络劳动在降低对人们体力依赖的同时，也在其他方面设定了一些准入门槛。从本章所探讨的案例中可以看到，当残疾人电商创业遇到难题时，中国残联、社会组织、互联网公益平台和家庭成员的各种支持，是帮助他们突破重重障碍的关键力量。③

"作为虚拟整合的具体组织形式，互联网平台通过对外和对内的技术赋权，实现了从平台企业向平台市场和平台社会的升级和蜕变，平台社会将虚拟整合潜在的建构性兑现为现实的建构力。"④ 随着互联网数字就业行为的增加，互联

---

① QU Y, WATSON N. Gathering in a cyber world: Internet use of Chinese disabled people and the emergence of disability constituencies [J]. Disability & society, 2019, 34 (7–8): 1062–1081.

② 刘宝臣，王燊成. 数字经济能否重新定义人的劳动能力?: 基于 31 位残疾人电商的案例研究 [J]. 四川行政学院学报，2020（5）：8.

③ 刘宝臣，王燊成. 数字经济能否重新定义人的劳动能力?: 基于 31 位残疾人电商的案例研究 [J]. 四川行政学院学报，2020（5）：8.

④ 张兆曙. 虚拟整合与平台社会的来临 [J]. 社会科学，2021（10）：70–79.

网社会资源也自动地进行了整合与聚集，于是积攒了一定互联网人脉资源、人力资源与商业推广资源的残疾人数字就业培训孵化平台应运而生，改变了传统的有偿就业情境，派生出新的数字化就业情境。平台社会的到来使现代社会裂变为两个面向，即线下的实体面向和线上的平台面向，个人因此分别以实体身份和平台身份出没于实体社会与平台社会。

由于 M 创办的残疾人就业孵化基地的培训模式和就业渠道适合推进残疾人就业，汕头市残联根据相关政策给予 M 大力支持和帮扶，2016 年批准在 M 的公司设立汕头市残疾人电子商务创业就业孵化基地。在汕头市残联的帮扶下，残疾人经过 M 的团队培训上岗后，可以足不出户，居家办公。来自全国各地的一万两千三百多名残疾人成为该平台的兼职员工。这些残疾人经过 M 团队的网络培训后，从事电商运营推广、电商店铺美工设计和直播带货工作。

五、数字化情境就业方式

（一）"中区""角色扮演"和行为模拟

1. "模拟话术"与"身份扮演"

梅罗维茨在戈夫曼的"前区"与"后区"的理论基础上针对混合场景出现的新行为提出了"中区"的理论。"中区"既是新的"前区"，同时又具备"后区"的特点，人可以在二者之间自由转换。[①] 电子媒介促成了许多旧情境的合并，使得"前区""中区""后区"代表的行为系统有了更加密切的相互依赖关系，三者之间的界限也变得更为模糊，在扮演"前区"就业角色的同时也可以兼顾"中区""后区"私人关系互动的进行。

囿于教育程度等问题，残障人士往往在理解网络互动、电商运营等环节存在较大障碍，电商运营过程中，残障群体面临的最大问题为如何在后台操作中"与正常人无异"地与客户进行流程对话及互动。据此，网课讲师 T1 让每一个参与运营课的学员每天扮演"买家"的身份，任选一名店铺客服进行对话，并收集其运营的话术与文本以供个体在前期练习中进行"身份模拟""角色扮演"，锻炼对话的语气、语速，为从事电商客服就业做充分准备。具体包括根据

①　约书亚·梅罗维茨. 消失的地域 [M]. 肖志军，译. 北京：清华大学出版社，2002：49，59.

不同店铺特点设置快捷短语并分类、学习客服惯用语言。

> 残疾人讲师 T2：我告诉残友们，要自己去做收集，自己去做分
> 类。比如说收钱的、问质量的。然后自己去做分组，自己把它给分类
> 出来。这些对他们以后要去就业都是有一个好处的。

在该环节，残疾数字工作者主要扮演了"客户"的形象，一对一与现实客
服进行互动，获取对方在聊天场中反馈的文本材料，例如针对关键字设定机器
人自动回复"你好""请核对"等语句。诸如此类的互动文本被教师定义为
"话术"，对残障群体而言，数字化就业的前期工作便是收集齐一整套"话术"，
生成一套模板化的沟通方式，而不只停留于理论知识的输入。完成"模拟"环
节后，讲师 T3 则会为学员讲解另外的实战技巧，包括如何制作产品样机图、如
何做页面美工等，以保障"不适合或不愿意社交"但审美天分较高的残障学员
有机会从事另一个工种——电商美工。在"角色扮演"的实验环节中，每一次
模拟身份与不同电商客服进行互动对话以获得"随机话语"，都相当于数字化
就业的"进场"，学员群体在电商聊天场中获取话术并完成"客服"与"用户"
两个不同角色的双重模拟。

对于残障就业者来说，网络造就的新情境也必然带来一定的行为变化。本
章将"中区"行为的基础定义为平台的助力，平台化的出现给残障就业者造就
了一个新的"中区系统"，就业中的形象整饰行为可以视为前台表演，他们表
演的是后台演练好的工作角色，从而造就自身符合既定惯例的形象。网络媒体
是一个个性化的、互动性强的平台，残障就业者在网络社会中的自我宣传，除
了要展示自身的就业形象之外，还要表演适合于"中区系统"的行为，既不能
是完全属于后台的私人行为，也不等同于前台的公开行为，而是介于两者之间
的"中区"行为。而在这个过程中，平台化为"中区系统"打下了基础，借助
平台积累的人脉、商家、广告推广资源，残障就业者得以更好地在"中区系
统"中模拟话术、扮演身份、创造人设，进而在互联网平台中整饰出一个与正
常人无异的数字工作者角色形象，在平台的指导下的误规避区，完成互联网人
际节点链接与变现。

2. 创造"人设"与规范化

"人设"是指人物形象的设定，是网络主播的标志性身份，它要求主播通

过数字化表演劳动对此进行塑造与维护。如果说戈夫曼意义上的"角色"有前、后台之分，那么，"人设"则往往呈现出线上线下模糊的"人戏合一"状态。① 进一步看，带货主播的人设不仅是"人戏合一"，更是"人货合一"。从"养号"到正式直播，主播通过数字化表演劳动完成了人设的塑形。这些人设成为主播的个人品牌，并让主播原本私密的自我得以公开、可见且具有市场价值。人与人在社会生活中的相互行为在某种程度上是一种表演，每个人就像演员一样，在某种特定的场景下，按照一定的角色要求在舞台上表演给观众看。②

以残疾人 X7 为例，他的身份是一名茶农，在数字化就业"进场"之前，为了让残疾工作者在直播中讲好品牌故事，讲师 T3 给出的建议是鼓励该群体上网查找软文，并结合自己的经历来介绍产品，并结合茶农的经历将其变为个人符号与产品卖点相衔接的故事。另外，X7 也有意展示"坚毅自强"的个人形象和人物设定。例如茶业直播之余，X7 也在 2019 年汕头国际马拉松赛事中参加了"残障赛道"，并使用此前直播采茶的账号进行全程直播，单场直播观众超过 5 000 人次。由此可见，X7 的直播是将日常生活直接搬到直播间的泛生活化表演以达到为直播间观众"创造体验"的目的，也可以使残疾数字工作者的人设成为主播的个人品牌，无形中弥合数字化表演对残疾工作者设置的高门槛。

平台化培训的实践使个人从惯例中被赋能并逐步实现自我就业。"中区"环境创造了制度上定义的规范化框架，用来"帮助"或引导残疾人过上"好"生活——一种被认为符合"正常"惯例的生活。③ 残疾人 Y（视力障碍）是残疾人电子就业孵化平台组建的"残疾人就业微信群"中的一名群友，她天生富有感染力的声音优势被残友们注意到。经过一番了解，残友们与 M 建议她尝试利用声音条件从事残疾人有声书的就业，而明确自身优势的 Y 却在有声书的题材选择上陷入了思考。她尝试写出原创的惊悚鬼故事《使人村客栈》作为有声书录制的文本材料，而残友们看完第一集的文本后，站在媒体扩散与传播偏向的角度建议她放弃这个方案。

媒体报道新闻事件时，往往出于本能的同情心和社会责任感，更多地选择

---

① 王倩楠. 情感共同体：明星"人设"现象背后青年重建社群的尝试 [J]. 中国青年研究，2018（8）：94 – 101.

② 杨冉. 幕布后的表演：场景理论视角下的网络直播 [D]. 合肥：安徽大学，2017.

③ SVANELÖV E. An observation study of power practices and participation in group homes for people with intellectual disability [J]. Disability & society，2020，35（9）：1 – 22.

弱势群体作为新闻议题，因此残疾人自主就业、自主创业、独立脱贫的新闻会成为受到媒体的偏好的"正能量"议题。学者王伊如将此类议程设置定义为"弱者偏向"与"正义立场"，它是媒体情感、媒介组织、媒介技术、社会环境等多种因素共同作用的结果。[①] 作为就业孵化基地创办人的 M 自然希望从这里走出去的每一位残友的成功事例都能受到媒体扩散与关注，从而获取更多的社会价值。然而，一方面，"惊悚故事有声书"的题材容易给音频平台上的青少年带来不好的引导，另一方面，录制惊悚鬼故事的残疾人人设并不适合进行媒体的议程设置以及后续对个人形象的扩散和传播。M 最终建议 Y 在音频电台上以夜聊主播的角色讲述个人故事或者以录制名著文学有声书的形式来展现自己的声音优势进行就业，避开媒体报道中的"异类话题"。

（二）"前区"形象呈现：数字化就业主要形式

由于数字化工作渠道的多样性，本节主要概括电商运营、网络直播、社区电商三种就业路径，作为残障群体"前区"数字化就业的形象呈现案例。

1. 电商运营：熟人关系网与陌生人关系网的变现

随着互联网技术从最初的信息冲浪向虚拟社交、语义网络和人工智能方向的不断发展，信息技术范式为人类社会生活敞开了一个虚拟化的社会生活。正如卡斯特所言，新技术范式的独到之处便在于其重新构造的能力。当以电子商务和社交媒体为代表的早期技术平台将买家与卖家、不可触及的人在虚拟空间连接起来，发生真实的市场交易、网络交往时，网络平台也就获得了与社会实体同等的意义。

大部分残疾人表示，一开始进入数字化就业都是一片空白，只能自己摸索出框架。残疾人 M 刚开始跟着一个残友小规模地做一些推广，让残友们去帮他发帖推广，一天挣 3.6 元。后来开始找到一些广告公司，一家一家地发邮件到广告公司的邮箱里面，说明残疾人群体的情况，询问他们愿不愿意跟平台合作。后来，他意识到这样求来的机会始终不稳定，必须自己独立出来创办平台，于是电商运营成为该平台进行资源整合的第一份残疾人数字化就业工种。

---

① 王伊如. "弱者"偏向与正义的想象：性别暴力报道的新闻伦理反思［J］. 新闻论坛，2021，35（3）：76－79.

　　M：刚开始有位残友也在开淘宝店，告诉我这个客服美工设计和运营、营销都可以外包出来。可以外包出来以后，天猫刚开始好像才几千家店铺，我们就把愿意跟我们一块干的残友们组织起来，经过培训以后再来做一个外包公司，我们来做一个外包平台，把有一定技能的残疾人输送给电商平台。

　　外包就业是当今信息时代许多科技企业普遍采用的一种企业运营模式。这对于残疾人就业孵化平台的前期运行具有重要意义，体现在从事外包就业可以克服交通、工作场所和员工生理功能的限制，成为一种跨区域的企业运营和工作模式。然而，公司对员工的技术能力和知识也有一定的要求。尽管在数据输入和电话接入等许多传统信息技术工作中没有高技术进入壁垒，但为残疾员工开展相关技术培训仍需要额外成本。事实上，即使一些高科技公司愿意雇用残疾人，他们与残疾人求职者之间也存在信息不对称，对残疾人的需求缺乏了解。因此，政府、残疾人联合会或公共福利机构对雇主和残疾人之间的联系尤为重要。[1] 一方面，公益机构作为中介方，要与雇主建立稳定的、可信任的合作关系，充分了解掌握雇主的需求；另一方面，还需要努力提升残疾人的知识技术能力，对残疾人进行相应的培训，其中包括了协助雇主进行培训。

　　从事外包形式的电商运营主要与互联网上的陌生人关系网对接进行"变现"，而部分有条件的残疾人在积累了一定电商经验后则选择自己经营微店。残障人士被发现积极参与这种"自我企业化"的方式，以创建基于平台的商店。[2] 微店发布于 2010 年，是一款主导该领域的移动社交网络应用，许多残障者借助微店构建的关系网络宣传产品。互联网与现实生活中积攒的人脉，使得熟人社会的关系网与陌生人社会的关系网更好地形成链接。虽然微信企业对金融资本的依赖程度较低，但它将社会关系商品化，建构出社会资本的一种重要形式。朋友和熟人的推荐是中国人网购中较为重要的因素。微信鼓励熟人之间的互动，这意味着人们线下见面，交换微信账户，或者由他们现实中认识的人介绍，微

　　① 范丽奇. 信息化背景下残疾人就业方式与途径分析 [J]. 就业与保障，2021（17）：84－85.

　　② QU Y，WATSON N. Gathering in a cyber world：Internet use of Chinese disabled people and the emergence of disability constituencies [J]. Disability & society，2019，34（7－8）：1062－1081.

信生意味着私人关系，如友谊在业务上的介入。

> L：咱们帮别人做客服的，没有一个人是咱们认识的。但微店我们起步是先从朋友圈进行推广，更多的是通过自己在互联网上的一些影响力做推广，让熟人关系变现，相当于把现实生活中的一个人脉关系网变现到互联网上做交易。而在网络上认识全国各地的朋友之后，也能通过互联网的陌生人社会把全国各地的人脉网变现，成为我经营微店的潜在客户。

经营者开始向他们认识的人销售产品，然后寻求被推荐给更广泛的潜在客户。同时，由于微信企业家没有任何产品或生产资料，他们在商业链中的地位是脆弱的，是一次性的。电子商务给每个人带来机遇和挑战，参与这个新鲜的行业给了残疾人参与经济活动的机会，但同时也带来了处理或吸收创业风险的压力。残疾人在这一过程中特别容易受到伤害，因为他们往往没有其他收入来源或支助，例如一次疫情的冲击就能把残疾人推到崩溃的边缘。最大的风险是该领域的竞争。对残疾人来说，技术和数字商业形式提供了以更少障碍进入经济社会的机会。而正是在数字环境中，残障群体得到了这个机会。然而，数字化经济仍然是一个充满竞争的领域，像金融和知识这样的资本在网络空间仍然发挥着重要作用，这限制了残疾人在他们的业务中前进。①

2. 数字形象的集中呈现：网络直播中的数字表演

网络直播是互联网数字化趋势下诞生的一种新型数字工作，有营利、非营利两种形式，营利的直播主要依赖于商业化运营，通过一种或多种表演方式从观众那里获得虚拟礼物，然后与签约的网络平台和中介机构按比例分享，获得相应的工资收入。随着网络直播带货的兴起，越来越多的残疾人走进了直播间。中国残联、相关机构与公司正在联手为残疾人直播带货搭建平台，给残疾人融入普通人就业提供了一种可能。对 Z 而言，残疾人带货直播有着更加现实的需求——不是包装成网红，而是提供一份工作。受到身体素质、教育水平等条件的限制，残疾人网络直播很难进行形象整饰与表演策划以满足受众对网红主播

---

① QU Y, WATSON N. Gathering in a cyber world: Internet use of Chinese disabled people and the emergence of disability constituencies [J]. Disability & society, 2019, 34 (7 - 8): 1062 - 1081.

的观看需求。

由于时间空间自由，网络直播区别于一般性的工作，没有了工作时间和地点的约束，可以自由地分配自己的工作时间和工作地点，这种碎片化的工作方式十分适合残疾人的身体情况，使其能根据自己的身体状况调整自己的工作时间或者自己的工作内容。[①] 在经过残疾人互联网就业培训后，Z 开通了抖音和快手直播间，为家乡的黄花菜进行推介直播，以"残疾人创业"为吸引点开始踏入直播行列。

> Z：在每年黄花菜花期的 7—8 月都会定期委托助手将我送至目的地，在轮椅上固定好手机支架，做好准备工作后便在田地间以尽量不同的多视角直播。一般来说，会先在采摘地一边直播，一边跟受众介绍一下黄花菜有哪些好处、有什么功效、花期是多久，观众如果特别感兴趣可以同时下单。同时，也会以平常聊天的话语口吻与直播间观众进行互动。整个直播过程中，观众问得比较多的是关于身体情况。

通常，主播在表演中会尽力为观众呈现理想化的印象，观众也会"在场"对主播的表演进行检验，他们会"根据自己的信念来接受表演给予的暗示，并把这些暗示看成比符号本身更为重大，或者是不同于其本身符号载体的证据"。[②] 在网络直播这个相对宽松自由的表达场域里，每一个观众都可以表达自己的观点与情绪，主播会对这种评论作出回应，实现双方都"在场"的言说。在"你来我往"的评论与回应中，主播与观众之间建立起了一种非正式的、运作一致的、即时沟通的途径。最后，参与到"表演"中的双方会进行"打赏—答谢"的互动。当表演"前区"在移动互联网时代被无限延伸时，传统的打赏行为在网络直播中演变成了一种符号化的、情感性的、实时互动的点赞与反馈。[③]

> Z：会问到很多个人的一些事情，问我身体残疾为什么还这么努

---

① 刘渊，熊吉峰. 残疾人网络直播问题研究［J］. 中外企业家，2017（32）：218 - 219.
② 蔡骐. 风格化表演与仪式化互动：重新审视网络直播［J］. 传媒观察，2019（3）：5 - 6.
③ 蔡骐. 风格化表演与仪式化互动：重新审视网络直播［J］. 传媒观察，2019（3）：8.

力。让我印象最深刻的是，直播间一个年轻人说我这样的身体还一天到晚地忙着直播，还可以阳光地去面对生活，去创造自己的梦想，我们健全人可能都没有勇气去尝试这件事情。他毕业之后还找不到工作，但最近他看完我的情况之后，他自己受到了鼓励，"为什么我不能鼓起勇气去实现自己的梦想"。我的直播，也能给肢体健全但是活得比较艰难的朋友带来一些力量。

而表演的实质即"印象管理"①，印象管理策略可概括为理想化表演、神秘化表演、误解表演、补救表演。表演的集中舞台区域则是"前区"，是观众注视下的、为了某种目的而进行表演的地方。理想化表演指的是严格遵循社会公认准则或客观社会期望的表演。对于带货主播而言，理想化表演意味着在直播中，对于直播间的"舞台"要精心布置，通过还原产品最真实的状态，言简意赅地表达产品的主要卖点、适用人群，给予观众更好的"观看"体验。②

主打"田园风"、呈现出"理想化表演"即是 Z 直播间受众的观看需求。他以语言符号与视觉符号向受众呈现出一幅优美的田园画卷，让受众足不出户就能在花期时节观赏到黄花菜，借助直播平台赋予观众身临其境的沉浸感，打通了虚拟时空与现实时空的边界。他将自然景观作为时空联结的直播场，在以自我为主视角的基础上有取舍地进行多角度拍摄，例如对一些未经修缮或者较为杂乱的乡村景观，Z 出于推介家乡的目的，不会将其呈现在受众面前。同时，还会添加一些直播软件自带的滤镜、贴纸和表情包进行拟像化的整饰。

对于网络直播而言，传统的直播地点已经无法满足观众的视觉需求，直播者必须将自己纳入一个"直播场"中进行数字化表演。所谓直播场，是指在网络直播技术作用下形成的在线秀场或卖场，它是数字化表演劳动发生的基础性时空结构。③ 有研究者以"云南瑞丽玉石直播"为例，指出从空间上看，网络直播将瑞丽特殊的玉石市场地景（landscape）转换成了吸引观众注意力的"媒

---

① 刘砚议. 微信朋友圈中的"印象管理"行为分析 [J]. 新闻界, 2015（3）：58 - 61, 66.

② 肖畅, 郝永华. 拟剧论视角下泛娱乐直播中的表演行为 [J]. 新媒体研究, 2018, 4（12）：5 - 7.

③ 王斌. 自我与职业的双重生产：基于网络主播的数字化表演劳动实践 [J]. 中国青年研究, 2020（5）：61 - 68.

体景观"①，正如前文提及的学员 Z 在万亩黄花菜田中直播推广当地黄花菜农副产品，正是将自然景观作为时空联结的直播场。

而对于一些产业园区地处海拔高区域，受到残疾限制无法身临直播场的残障数字工作者而言，他们只能选择退而求其次，转换景观，进行直播场的"二次搭建"。X7 是潮州地区的一名茶农，家中世代以卖茶为业，其经营的产业园区位于粤东地区第一高峰——潮州凤凰山，直播平台于他而言成为品牌广告的窗口之一，由于肢体残障，他无法将每场直播拟定在对于残疾群体难以攀爬的潮州凤凰山上，直播中所能呈现的媒介景观受限，只能在他人的协助下先在现场制作一部分潮州凤凰山茶场的纪录片与短视频，再将地点转移到茶叶店进行直播，完成直播场的转移重构与二次搭建。

> X7：平时的话我就是会在打包茶叶或者筛选茶叶时，一边跟客户讲解这个茶，然后有人问我就答，大概这样子了。一般都在茶叶店。因为你想一下去到茶园那边，首先的话，因为那里车到不了，要坐轮椅去，我是坐轮椅的。坐轮椅去到那边的话，又要准备好直播设备，工程量很艰巨。

据 X7 介绍，在一些比较极端的案例中，一些特殊受众会出于"慕残心理"和"慕残癖"（主要是指在当前主流社会审美观念以四肢健全为美的前提下，认为残障的身体同样是美的，甚至更胜一筹的非主流审美观）催促残疾人主播迎合受众进行肢体残疾的展示。尽管直播囊括了凝视与被凝视的数字表演，但是部分残疾人并不希望通过展示肢体的残疾来满足直播平台观众的猎奇心理与凝视欲望。对于 X7 来说，他更像是把直播当作一扇宣传线下门店品牌的窗，而非直接通过表演获取实时盈利的手段，比如他会让想了解茶叶的客户去观看他在抖音的录播短视频，以"宣传片"的形式呈现给客户。

3. 数字就业新探索：社区电商的自主创业模式

自主创业模式主要指残疾人利用包括互联网在内的信息技术实现自主网络创业，如开设网店、创办网站等，其中也包括依托社区残疾人信息化就业创业

---

① ABERCROMBIE N, LONGHURST B. Audiences：a sociological theory of performance and imagination [M]. London：SAGE Publications Ltd, 1998：82, 73.

平台，通过获得启动资金、技术等的支持而实现网络创业。这种模式鼓励残疾人自主进行网络创业，一些地方残联提供一定的资金和技术支持，甚至由残联等直接牵头建立创业孵化基地，残疾人可以在其中获得技术和创业指导并最终实现创业。① 残疾人在电子商务创业中要想获得一席之地，必然要在电子商务平台上将有限的资源进行合理配置，进而为自己赚取一定的利润。②

随着电子商务市场的发展，许多环节对残障者来说更加烦琐。例如，在一些在线购物平台上处理配送和订单很麻烦。由于残疾人的精力有限，为了提高创业的有效性，有必要简化电子商务的运作模式，如自动配送等，这种简化的操作模式可以大大提高他们的工作效率。由于一些残疾人在维护客户关系方面能力较弱，简化的电子商务运营模式可以构建新的服务型客户关系。让残疾人创建自己的操作模式，不仅可以保证更好的用户体验，而且能在工作过程中给残疾人带来更大的便利。

残疾人 W 经营着一家乡镇便民服务站，主营快递的收发，也将日常的便民服务类的业务全部包含在内，包括当地农产品的收发或者农民的电器采购，为当地村镇的村民提供一站式购齐服务。服务站在经营的过程中放大了物流与互联网电商平台的对接，因为便民对象面向的多为互联网接触较少、数字化程度不高且儿女长期不在身边的从事农业的老年人群体。服务站先在网上帮老人挑选，由服务站的工作人员在电商网络下单买好之后，再直接给这些老人拉到家中进行安装和调配。

自主创业模式具有自主性和灵活性的特点，更适合于范围广泛的非正式残疾人或残疾等级较为严重的残疾人。然而，如上所述，残疾人在网络创业方面也面临许多挑战。对于一些网店创业者来说，这种自主性并不高。他们必须依赖淘宝或京东商城等大型电商平台，在选择网店供应时，必须面对平台公司的规则和限制。如果不了解和不熟悉这些平台的运营特点和规则，也会导致许多残疾网店创业者的失败。对于教育和经济能力脆弱的残疾人来说，缓冲和补偿风险的能力也需要政策支持。③

---

① 范丽奇. 信息化背景下残疾人就业方式与途径分析［J］. 就业与保障，2021（17）：84－85.
② 孙晶华，袁钰坤. 电子商务视域下残疾人创业发展策略研究［J］. 长春大学学报，2020，30（3）：121－124.
③ 范丽奇. 信息化背景下残疾人就业方式与途径分析［J］. 就业与保障，2021（17）：84－85.

（三）复制"前区"行为的"中区""返场"

在从事电商运营、电商美工与电商直播的同时，一部分学员也会"返场"，在网课平台上完成对"前区"行为的"复制与模拟"，为接下来准备就业的残疾数字工作者提供知识经验。前文提及，该培训平台的网课教师大部分都由已经从事电商运营的学员担任，原因在于非残疾人担任教师可能会产生沟通障碍与共情不足。

> 残疾人讲师 T3：我们以前请过外面的老师，但是由于学员文化水平较低，接触社会较少，一些人会有自卑的心理，从而封闭自己。学员不愿意听，认为他们取得成功是在身体健全的基础上的，而自己没有办法做到，而且部分老师也没有很重视学员的反应，不管懂不懂都照说。

选择残疾人担任授课教师的用意也在于此，残疾人教师主动打开视频直播进行现身说法，更容易拆除学员的心墙，获取学员们建立在身份认同基础上的信任。比如讲师 T4 开视频直播告诉学员"我比你还严重，没理由我可以完成的，你无法做到"以此增强学员们对未来正常数字化就业的信心。对于一些具备一定电商运营经验的残疾人来说，选择"返场"不乏媒体对该群体投入关注并进行扩散的影响，讲师 T4 正是看到当地电视台《今日视线》新闻对 M 及其开设的公益性就业孵化平台的报道，主动联系该平台担任残疾人网课教师。

除了选择返场从事残疾人数字化就业培训平台的讲师之外，还有些残疾人萌生了在当地县镇开设类似残疾人培训平台的计划，以达到扶贫扶残、带动当地残疾人就业的目的。残疾人 J 联合当地残联开展了具有公益性质的线下残疾人就业技能培训，由另一位残疾人经营的服务中心提供场地，当地残联提供一些费用和所需要的老师，J 负责召集周边村镇的残疾人，"比如说我需要什么内容，比如说电商，当地残联会去帮我找这些老师来当地培训残疾人"。J 也担任了讲师的角色，以曾经的数字化就业历程为经验讲授。

> J：受众大部分都是当地后天残疾的农民，家里也都是以种植业、农业为收入支柱的，主要卖一些小米、绿豆等农副产品。主要教的是

相关操作，比如他们从哪里能上传东西，从哪里能开店。自己作为示范，可以跟他们来说一下，我总感觉很多人还是比较抗拒直播这个行业的。有些人可能内向。毕竟本身就接触人少，找不到话题，而且紧张很多人都会有，会有一点自卑。起初希望他们以后通过直播，带动他们家乡一些农民的一些农产品，把这些产品给推出去。

而据当地经过培训后的残疾人反映，在培训到直播带货这一环节时，他们大部分人还是存在抗拒心理，不愿意以真人出镜的形式去接触客户。基于目前的情况，残疾人J也在考虑给当地残疾人培训短视频剪辑的技能，使用剪辑后的短视频进行产品推销，避免他们初期存在的隔阂。另外，健全人导师与受培训的残疾人之间的沟通问题，也是J目前需要考虑的。相较于培训都由"前区""返场"的残疾人授予的数字化就业孵化平台，残疾人J所开设的培训中，由于当地找的老师都是健全人，势必与残疾人存在着沟通障碍。J说："只能说是我来主办，然后我来做协调，而且互动的话这方面我会穿插进去，让大家中间没有这么多隔阂，能融入在一起，并不要说让老师觉得他是在教师的角色，而尽量作为一个主办方让大家特别融合，上课就像和朋友在一起聊天娱乐一样这么简单，这样可能学起来大家比较轻松。"

据此，残疾人"返场"具有三层含义：一是话语体系中的"返场"，无论是在官方话语体系、各类媒体报道，还是在民众日常讨论中，残疾人曾经的"污名化"困境得到了一定的缓解，促进了原有残疾人"返场"带动群体就业的进程。在官方话语体系中，残疾人就业孵化上升到了一个社会融入的高度。2017年，中国残联等部门印发《电子商务助残扶贫行动实施方案》，明确指出要加强培训指导，支持残疾人电商创业。之后，各省份相继出台相关政策推动残疾人实现电子商务就业创业。政府或残联牵头开展残疾人电子商务培训成为共识性举措，这也是残疾人能否实现数字化就业的关键所在。二是职业模拟中的"返场"，已经具备数字化就业经验的残疾人，在身份认同的前提下容易获取残疾人群体的身份信任，能复制他们"前区"的职业行为和形象，更好地为下一批残疾人数字化提供参照。三是社会整合的"返场"，由残疾人"返场"积极开展数字化就业培训，在当地都得到了残联和政府的资金支持和人才支持，甚至动员由原来的中心化带动二次集聚平台化，使得各地的残疾人就业孵化平台都能进行社会整合。

六、小结

本章以"媒介情境论"为分析框架，综合前文提及的残疾人数字化就业"前区""中区""后区"情境，总结得出残疾人数字化就业的三点优势：

一是与传统就业情境相比较，数字化就业情境"后区"的被边缘化困境可以得到有效改善。在传统就业情境中，雇主对残疾歧视立法的看法以及他们对雇用残疾人的态度一直是残疾就业研究的重点。① 世界各地通常采用两种政策办法来促进残疾人就业。一种是基于《反就业歧视法》的"机会平等"方法，另一种是配额制度。配额制度要求公共和私营部门的劳动力中必须包含一定比例的残疾人。中国有 3 000 多万劳动年龄残疾人。近年来，中国政府致力于拓宽残疾人就业渠道，提高残疾人就业的数量和质量。目前，主要有三条途径在推动中国残疾人的就业：集中就业，配额计划，自主创业。中国实行了30 多年的配额制度仍然是残疾人就业的重要途径之一。但部分私营企业却优先支付税款而不是雇佣残疾人②，多位学员在采访中表示在此前错失的有偿就业中，许多工厂宁愿交税也不愿意雇佣残疾人。

残障群体的求职过程中包含了许多与残疾有关的社会工作就业的挑战，包括关于披露残疾的决定，被拒绝工作机会，残疾权利和责任的不确定性，以及由于这些挑战和歧视而选择不充分就业。这种体验的某些方面对于那些残疾无形和有形的残疾人来说是不同的。对于那些有无形残疾的人来说，因为残疾而被拒就业的恐惧和沮丧更为常见，而实际上被拒就业的沮丧通常与有形残疾有关。

此前在工厂工作的残疾人 X5 就因同样的问题而被辞退，雇主的歧视不止体现在对残疾有可能造成的意外风险，更体现在"工厂不可能为了一个人而花钱改造厕所等配备设施"（使其方便残障人士使用）。创办人 M 此前停办的实体茶餐厅，是由该培训平台继免费为残疾人提供电子商务培训后，探索开办的统一装修、配送、售价模式的残疾人就业创业实体店。然而，残疾人的服务却被认

---

① HERNANDEZ B, KEYS C, BALCAZAR F. Employer attitudes toward workers with disabilities and their ADA employment rights: a literature review [J]. Journal of rehabilitation, 2000, 66 (4): 4 – 16.

② SARGEANT M, RADEVICH-KATSAROUMPA E, INNESTI A. Disability quotas: past or future policy? [J]. Economic & industrial democracy, 2018, 39 (3): 404 – 421.

为是"无法达到卫生标准"的，顾客对其餐厅提供的熟食与服务皆抱有质疑态度，这都是残疾人在有偿就业中所面临的现实问题。以培训平台学员开设的实体店"汕头爱心商行"为例，该实体店由 M 带动，X1、X2、X3、X4 等四名残疾人合伙，热心市民资助十万元开店。开店以来生意情况不容乐观，一直处于亏损状态，面临的最主要问题来自就业歧视下的心理压力，以及身体上的困难，如搬货拿货行动不便、长时间劳作身体难以支撑。

反观数字化就业情境，由于网络身份具有隐蔽性，加之传统就业"后区"情境中残疾人易受到歧视与被边缘化的困境，一些残疾人表示自己从事部分数字就业工作时可以选择"不暴露自己的残障身份"，将自己看作正常人进行互联网人际交往，而这种方式可以改善他们遭遇歧视与污名化的情境，同时也避免了传统就业情境中残疾人与雇佣者对于配额制度的纠纷。互联网经济的强信息化特征，把残疾人从"此时此地"的场景限制和"亲力亲为"的身体限制中解放出来，残疾人在就业市场中的非平等竞争地位得到极大改变。

> 残疾人 R（重度瘫痪）：我记得我第一家店铺是卖汽车防盗锁的，等到工作半年之后，老板有事跟我开视频，他一开始特别惊讶，一直说"真的没想到，真没想到是这样的"。他之前不知道我是残疾人。我也当过很多店的客服，但是一些网店的老板就比较排斥。后来这家店我就直接没有表明身份，做了几个月。后期老板知道我是个残疾人之后，主动向我提出把工作时间调整到我最方便的时间。

二是互联网集聚效应扩散了群体链接节点，有助于实现线上线下人际关系变现。一方面，残障群体通过网络通信技术这一中介，将现实生活中真实存在的社交关系复刻至网络空间。自 2002 年 QQ 推出群聊功能到微信推出朋友圈功能，互联网社交平台将社群形态从线下带至线上，并以熟人社群为主，实现了互联网强关系人群的聚集。例如残疾人 L 所经营的海产品微店，前期开业面对的第一波客户就是微信朋友圈的熟人关系群体，L 也时常将微店的产品推送到朋友圈中吸引亲戚朋友下单，有助于实现线上线下人际关系变现。另一方面，数字化情境将具有某一共性或多个共性的网民聚集形成弱关系，并在持续的互动中强化这一关系。残疾人病友论坛、互帮网、百度贴吧等互联网"影响圈"的兴起，将具有共同心理诉求的网民聚合在一起。这些网络社区像一个个独立的生态系统，成员需遵循自发形成的规则参与内容生产、深度讨论以及秩序维护，不但获取了自身在网络社区新型网络社群关系的形成与维系中的地位，而且强化了各个主题板块下社群内的情感联系、文化相似性、身份认同与共同体意识。①

三是形成"中区"平台聚合力不断反作用于"前区""后区"，群体内部返场反哺"后区"的良性循环。随着汕头市残疾人电子商务创业就业孵化基地输送出去的残障就业者实现社会价值与自我价值，受到各地媒体的关注、报道与扩散后，平台自然而然地会再次形成其资源的有效整合，并受到更多媒体的报道，吸引更多残疾人聚集和群体内部返场反哺"后区"，从而为"前区"行为提供更好的基础助力以形成良性循环。个人使用互联网只是残疾人就业的一个切入点，如果残疾人就业能与政策支持和更广泛的改革相结合，将会更有效。②

在互联网时代，电子商务被赋予了实现残疾人就业增收的责任和使命，而数字化培训作为残疾人进入互联网就业行业的"推手"，在帮助残疾人就业增收、促进残疾人社会融入方面，发挥着极为关键的作用。根据前述研究结果，残疾人自身的局限和培训中存在的问题是残疾人电商培训的两大阻碍。此外，电子商务的复杂性和同质化竞争较为严重等外部因素是其第三大阻碍因素。数字化简单工种的门槛低和可替代性高的特性，也决定了残疾人容易被技术发展所取代。M 指出，受疫情和天猫升级客服机器人影响，已经有一批残疾人遭遇了失业的困境，M 还说："如果我们还要再帮助这群残障人士就业的话，在受到机器人影响的这个前提下，那我们还要尝试走一些负责做售后的路子，我们以前是收钱，现在改成售后，售后的话流程比较复杂，机器人暂时达不到规范化的水平。当然，我们更希望残疾人能做到数字化自主创业，比平台教他们的走得更远。"

总体而言，尽管数字劳动为残障群体的有偿就业打开了新窗口，但外在的歧视与不公平待遇依旧存在，我们鼓励更多适用于残疾数字工作者的数字劳动类型兴起，同时建议政府及社会多开设针对残障群体的社会化就业培训课程，使残障群体不止停留于线上的数字工作，而是在实体经济中也能发挥热量，与正常人一同参与普适性的经济活动，加快现实社会化就业环境中对该群体歧视的消解。

---

① 苏宏元，方园. 微粒社会下新型网络社群关系的形成与维系 [J]. 当代传播，2021 (4)：90 – 93.

② 贾枫，张文帅，尚晓丽. "互联网 +"背景下残疾人就业模式构建研究 [J]. 绥化学院学报，2021，41 (10)：143 – 146.

第二章

残酷乐观主义：互联网环境下残障群体的亲密关系研究[*]

　　当下，一场关于约会、求爱和现代浪漫的"数字革命"正在进行。美国皮尤研究中心（Pew Research Center）2016 年调查数据显示，有 15% 的美国成年人使用过在线约会网站或手机约会软件，而且这一比例每年都在稳步上升。①在中国，进入 21 世纪之后，年轻人的恋爱场景也越来越多地向线上转移，他们会通过网络媒介来寻求伴侣，使用即时通信工具培养感情。② 互联网媒介的诞生带来了崭新的社会形态，人类的社会交往场景和社会互动方式都发生了前所未有的改变，虚拟交往成为新的社交形态，并逐渐成为当代中国人社会生活方式的新趋势。对于残障群体来说，在互联网和社交媒体普及之前，他们能够了解另一半的方式包括自由接触相识、参加以媒人为中介的相亲活动或者是参与相关政府部门和民间公益组织举办的相亲交友活动等。但互联网出现之后，他们得以利用社交媒体拓宽自己的社会关系和社交范围，通过一种新型爱情启动模式——"网络恋爱"，来满足个人的正常情感和生理需求。

　　2006 年 12 月 13 日，联合国大会通过的《残疾人权利公约》中明确表示，婚配权是残障群体应享有的一项重要人权。可见，关心残障群体生活及权益保障问题，正在成为全世界的共识。我国历来也同样重视残障群体问题，改革开放四十多年来，我国残障群体事业取得了历史性的进展，探索出了一条具有中

---

* 本章执笔者：郭晓茜，暨南大学新闻与传播学院硕士研究生。

①　SMITH A. 15% of American adults have used online dating sites or mobile dating apps [EB/OL]. (2016 - 02 - 11) [2021 - 06 - 25]. http://www. pewinternet. org/2016/02/11/15 percent of American adults have used online dating sitesor mobile dating apps/#fnref 15504 - 1.

②　胡梦齐. 网络浪漫关系中"数字化身体"的交往与互动 [D]. 合肥：安徽大学，2019.

国特色的残障群体事业发展道路。根据实际情况来看，目前政府和社会组织对残障人群的帮扶工作依旧以满足其生理需求和安全需求为重点，帮扶措施主要集中在就业、教育、医疗康复、法律维权等方面，并投入日益增长的人力、物力、财力来改善残障群体的生活质量，而残障群体在情感与归属上的更高层次的需要却始终处于边缘化位置。与正常人相比，残障群体在稀缺资源和社会支持的获取上存在着不平等，这导致他们的社会地位相对较低、生活水平差及社会支持网络规模小。① 这些物质层面的匮乏进一步导致了其情感需求满足程度始终处于低水平状态，而社会交往关系和婚恋作为提供情绪支持的重要渠道，对残障人士来说至关重要。对于残障人士来说，婚姻不仅是生活幸福程度的直接体现，而且体现了生活的情感水平和其他安全感。

根据国家统计局、第二次全国残疾人抽样调查领导小组在 2007 年发布的调查报告，中国的各类残障人士总数为 8 296 万人。其中，男性为 4 277 万人，占 51.55%；女性为 4 019 万人，占 48.45%，残障男性比残障女性多 258 万人。② 而根据 2007—2013 年残障群体小康发展监测结果显示，残障群体结婚率基本保持在 63.0% 左右，远低于全社会 83.1% 左右的水平，可见我国残障群体婚恋困难的问题已经为社会一大症结。③ 由于自身的身体原因和社会偏见，残障群体自身在婚恋市场上存在天生缺陷。互联网上社交媒体的出现，大大丰富了残障群体在现实空间中以"血缘、地缘、业缘"为主的人际交往方式，突破了时空的限制，将残障群体的社会交往从现实情境向虚拟空间延伸。在这一过程中，互联网实现了对弱势群体人际交往的赋权，不仅改变了社会关系网络的构成方式，也动摇了其中存在的权力关系，让社会弱势群体从等待帮助和改造的被动消极的客体，变成了掌握话语权、具有自身实践能力和主体性的能动的群体。④

因此，本章将视野聚焦互联网环境下的残障群体的两性亲密关系上，以此为研究对象，希望探究在新的社交媒体时代，互联网是否有助于满足残障群体

---

① 邱观建，安治民. 我国残障人士社会支持网络的运作逻辑与建构 [J]. 武汉理工大学学报（社会科学版），2014，27（4）：615–619.

② 国家统计局，第二次全国残疾人抽样调查领导小组. 第二次全国残疾人抽样调查主要数据公报 [EB/OL].（2007–05–28）[2021–06–25]. http://www.stats.gov.cn/tjsj/ndsj/shehui/2006/html/fu3.htm.

③ 杜源恺，沙士博. 残障人婚姻现状及对策研究：以湖北省黄冈市为例 [J]. 改革与开放，2015（16）：82–83.

④ 黄月琴."弱者"与新媒介赋权研究：基于关系维度的述评 [J]. 新闻记者，2015（7）：28–35.

的情感需求，在亲密关系实践中给予这一群体美好的生活体验和心理满足感，并解决在传统时代残障群体婚恋难的现实困境。研究主要通过深度访谈的方式获得残障群体在网络环境建立浪漫关系过程中的甜蜜或痛苦遭遇，揭示目前残障群体的恋爱困境，以期破除大众对这一群体的偏见和歧视，以及为未来实现残障人士婚恋的良性发展、改善残障群体生活环境提供事实参考和经验基础。

一、文献综述

（一）残酷乐观主义

残酷乐观主义（cruel optimism）是劳伦·勃朗特（Lauren Berlant）于 2011 年出版的《残酷的乐观主义》（*Cruel Optimism*）一书中提出的。她对于残酷乐观主义的定义为：当你渴望的某样东西实际上阻碍了你的发展时，残酷的乐观主义就出现了。它或许是某种食物，或者是某一种爱；它或许是对美好生活的幻想，或许是一个政治项目。它也可能建立在一些更简单的东西上，比如一个引导你改善生活方式的新的生活习惯。这种乐观的关系并不是天生残酷的，只有当吸引你依恋的对象阻碍了你最初的目标时，它们才会变得残酷。

国外对残酷乐观主义的研究相对于国内较多，主要集中在教育研究、文学、女性研究、传播学和文化研究领域，研究数量也呈逐年上升的趋势。大多数文章基本都是引用了劳伦·勃朗特在《残酷的乐观主义》一书中发表的概念，对众多不同的现实问题进行了批判性的分析。如 Rasmussen 用这一理论分析澳大利亚的教育现状，他认为，人们寄希望于"我的学校"这一网站提供的相关数据能够解决社会不平等问题，但是从残酷乐观主义角度来说，这类技术本身是有问题的，因为它转移了人们对真正重要的伦理、社会和政治问题的注意力。[①] 另外，在刻板印象中，电子游戏领域长期以来主要面向男性受众且游戏玩家主要是男性。在这种情况下，Cote 等人关注到了由女演员、作家和游戏玩家 Felicia Day 创作游戏的电视剧 *The Guild*，它通过提供不同性别的演员阵容、相等的男女主角数量、对女主人公 Sherman 在现实生活需求方面的集中关注等设定，似乎试图打破行业中的性别歧视和刻板印象。但研究发现，该剧对游戏玩

---

① RASMUSSEN M L. "Cruel optimism" and contemporary Australian critical theory in educational research [J]. Educational philosophy and theory, 2015, 47 (2): 192 – 206.

家身份的描绘同样是一种残酷的乐观主义，它虽然承诺游戏玩家拥有亚文化和归属感，但最终仍让他们陷入了狭隘的角色和身份建构之中。① 有一项研究把关注点放在了残障群体上：Runswick-Cole 等认为，英国"大社会"的叙事给有学习障碍的残障人士提供了一系列承诺：公民身份、赋权、社区、社会行动和摆脱贫困的途径等，但是在实践中，这些承诺一再被提出，又一再被拒绝，最终是可望而不可即的，体现了劳伦·勃朗特认为的一种残酷的乐观。②

目前，我国对残酷乐观主义这一概念的引用较少，从学科分布来看，相关的论文主要分布在世界文学、中国文学以及外国语言文学三个学科。如罗小茗在研究中国科幻小说对于"希望"的设定中发现，平衡个人私欲与善和正义之间出现了难以协调的窘境，因此出现了将计算机系统设定为与市场文明相抗衡的力量的方式，这种无奈的做法也被作者称为一种残酷的乐观主义。③ 在传播学领域，有学者在剖析"霸道总裁文"这一流行的网络小说类型时也提到了这一概念，认为"霸道总裁文"的乐观之处体现在，其故事情节是建立在自由和平等的个体间的"纯粹关系"这一形式上，进行异性恋亲密关系的重构；而其残酷之处则在于，小说叙事依旧是在悄然之间复刻包括性别劳动分工在内的资本主义的生产方式。因此，小说中对平等、自由的纯粹关系的追求只是一种残酷的乐观。④ 概言之，目前国内对于残酷乐观主义这一理论的运用，多存在于对中外文学作品的分析当中。而本章研究的发展发现残障群体的互联网浪漫关系实践也显现出一种残酷的乐观，按照劳伦·勃朗特的说法，在残障群体的这一实践过程中，互联网提供了一个偌大的陌生人空间，给予残障群体无限的对于浪漫关系的美好幻想，使得残障群体对网络浪漫关系这一形式充满期待，却又在具体的实践中获得痛苦的结果。

---

① COTE A C, MEJEUR C. Gamers, gender, and cruel optimism: the limits of social identity constructs in The Guild [J]. Feminist media studies, 2018, 18 (6): 963 – 978.

② RUNSWICK-COLE K A, GOODLEY D. Disability, austerity and cruel optimism in big society: resistance and "the disability commons" [J]. Canadian journal of disability studies, 2015 (4).

③ 罗小茗. 解锁未来：当代中国科幻小说中的"希望"设定 [J]. 文学评论, 2021 (2): 98 – 106.

④ 谷李. 情不自禁的资本主义：理解"霸道总裁" [J]. 国际新闻界, 2019, 41 (5): 110 – 123.

（二）亲密关系、数字约会、网恋相关研究

亲密关系（intimacy relationship）的概念最早由美国社会心理学家哈罗德·凯利（Harold Kelley）提出。凯利认为，亲密关系是恋爱双方彼此相互依赖和互相影响的一种关系。[①] 从所指代的关系层面来讲，亲密关系有广义和狭义之分，广义的亲密关系对年龄和性别没有区分，涵盖了个体和他人的大部分人际交往关系，比如亲情关系、朋友关系等。狭义层面上亲密关系则主要用来解释伴侣关系，包括婚姻关系和恋爱关系，这种关系是基于爱的结合而具有一定隐私性的、个人之间的关系，是具有排他性的。本章所研究和指代的亲密关系，是指后者具有排他性的情侣之间的亲密关系。

国内关于网恋的早期研究具有明显的批判性特点，研究者多是从个人主观感受和刻板印象出发进行分析，对网恋这一行为进行单向的批判。[②] 同时，这一时期的研究对象多集中在大学生群体，研究网恋的可能性与面临的现实问题，并从伦理学角度提倡对大学生和青少年群体进行正确的爱情观教育和思想道德素质教育。[③] 除了对网恋的批判性解读，更客观和多元的研究视角认为，网恋提供了一种新型的感情方式，能够满足个人自我实现的需要。[④] 从心理学角度来看，以网恋为代表的虚拟社会关系的形成动机是克服孤独与获得社会支持。[⑤] 除此之外，社会流动引发的性缺乏、婚姻问题纠纷和职业竞争压力过大都会将人们引向网恋的道路，而网恋能带给人们新鲜感、神秘感，并且能满足人们寻求情感安慰、重塑自我完美形象的需求。[⑥] 网恋更关注和放大个人的情感需求，并且不仅仅是恋爱，互联网也提供了一种新的"性"空间，人们通过"身体不在场"的方式进行互动，参与者能体会到无限的刺激和新鲜感，这种情况下的

① 王茉. 网络真实自我呈现对亲密关系的影响：有调节的中介模型［D］. 长春：吉林大学，2019.

② 范淑颖. 1998—2017 年中国青少年网恋网婚现象研究述论［J］. 青少年研究与实践，2018，33（4）：98 – 103.

③ 韩云珠. 大学生网恋的社会学研究［J］. 中国青年研究，2003（12）：46 – 49.

④ 徐惠红，施敏锋. 经济学视阈下大学生网恋现象分析及其引导［J］. 中国电力教育，2009（17）：170 – 171.

⑤ 王德芳，余林. 虚拟社会关系的心理学研究及展望［J］. 心理科学进展，2006（3）：462 – 467.

⑥ 杨国华，蓝劲松. 网恋之精神分析［J］. 社会，2001（4）：14 – 16.

网恋往往会产生更强烈的亲密感和热情。①

但是，尽管网恋被视为一种恋爱的新渠道，但一旦涉及现实的相处甚至婚姻，网恋会带来更多的不确定性和不安全感。② 并且，互联网技术虽然为人类的情爱实践开拓了新的途径，但人类极度渴望的真情实爱依旧很难实现。③ 除了对网恋缘起原因的探究，网恋所带来的影响也是研究者的重要关注点之一，目前的研究认为：网恋一定程度上改变了现行的择偶规则，扩展了青年的择偶空间，对现行的婚姻制度和两性关系形成了冲击，也补充了现有婚恋的形式和渠道，但同时也使得青年人"在获得婚恋自由的同时反而加剧了寻求爱情幸福的困难"。④ 不仅如此，在网恋从虚拟世界转向现实世界的过程中，网恋的参与者也将自己置入了风险当中，这是由于当网恋"奔现"时两人必须考虑到经济、地域、受教育程度、家庭背景等传统恋爱择偶需要考虑的现实问题。⑤

在国外，网恋一词的翻译方式包括 online love、internet romance relationship、digital dating、online dating、cyber romance 等。在研究取向上，国外研究与国内研究的相同点在于同样重视青少年群体在网恋中的行为研究。有研究指出，皮尤研究中心 2015 年发布的报告显示，近 24% 的青少年几乎经常上网，92% 的青少年每天都上网；因此，青少年对恋爱关系的探索正在实现网络化的转向，越来越多的年轻人通过网络建立浪漫关系和性体验。⑥ 研究者通过焦点访谈等方法发现，青少年在网络上建立浪漫关系时不可避免会出现如嫉妒、与他人发生冲突以及监视和控制等负面行为。⑦ 除了青少年群体，Rosenfeld 等通过 2017 年

---

① 张娜，潘绥铭. 互联网与性：一个值得重视的研究领域 [J]. 河北学刊，2014，34 (2)：90-93.

② 程燕，余林. 大学生"网恋"心理与行为的初步研究 [J]. 中国临床心理学杂志，2007 (1)：42-45.

③ 金萍华. 网络交往中的身体嵌入 [D]. 上海：复旦大学，2009.

④ 万希平. 论网络婚恋及其对当代青年现实婚恋的负面影响 [J]. 青年探索，2007 (2)：55-58.

⑤ 蒋平，谭秋缘. 网游情缘：一种新型恋爱模式的社会学分析 [J]. 青年探索，2019 (5)：92-103.

⑥ LYKENS J, PILLOTON M, SILVA C, et al. Google for sexual relationships：mixed-methods study on digital flirting and online dating among adolescent youth and young adults [J]. JMIR public health and surveillance，2019，5 (2).

⑦ VAN OUYTSEL J, WALRAVE M, PONNET K, et al. Adolescents' perceptions of digital media's potential to elicit jealousy, conflict and monitoring behaviors within romantic relationships [J]. Cyberpsychology—Journal of psychosocial research on cyberspace，2019，13 (3).

对美国成年人进行的具有全国代表性的调查发现，在 2013 年时，对于美国的异性恋情侣来说，网上约会首次超过了朋友作为中介的恋爱方式成为最受欢迎的情侣约会方式。① 线上约会中的自我信息披露也是重要的研究方向之一，Hall 等通过对 5 020 个参与过线上约会的成员的量化研究发现，在个人资产、关系目标、个人兴趣、个人属性、过去的关系、体重和年龄七项个人信息的披露中，男性更有可能谎报个人资产、关系目标、个人兴趣和个人属性，而女性则更有可能谎报体重。②

此外，国外研究关注到了少数群体在网恋这一新型恋爱方式当中的行为。Darragh 等以智障人士为研究对象，通过半结构化访谈的形式，探究他们对社交媒体的使用，以及如何在社交媒体上表达自己的性取向，访谈数据显示，智障人士会利用社交媒体建立新的友谊、维持现有的友谊、探索和表达性欲。③ 还有研究关注到了自闭症群体，认为对于自闭症群体来说，传统线下约会的频繁失败使他们更多通过在线约会寻求另一半，研究调查了异性恋女性对自闭症男性在线约会档案的感知吸引力、可信度和可取性的态度，结果显示，相对于具有典型属性的在线约会资料展示，具有自闭症属性的在线约会资料目前并不太受欢迎，即使在描述时用积极的语言策略增强了感知吸引力和可信度，仍然没有激起他人约会的欲望。④

（三）残障群体的网络亲密关系情况研究

"残障"是一个演变中的概念，本章采取建构主义对残障的概念界定："残疾是社会建构的结果，在一个无障碍设施健全和具有多元化、包容性的文化环

① ROSENFELD M J, THOMAS R J, HAUSEN S. Disintermediating your friends：how online dating in the United States displaces other ways of meeting［J］. Proceedings of the national academy of sciences, 2019, 116（36）：17753 – 17758.

② HALL J A, PARK N, SONG H, et al. Strategic misrepresentation in online dating：the effects of gender, self-monitoring, and personality traits［J］. Journal of social and personal relationships, 2010, 27（1）：117 – 135.

③ DARRAGH J, REYNOLDS L C, ELLISON C, et al. Let's talk about sex：how people with intellectual disability in Australia engage with online social media and intimate relationships［J］. Cyberpsychology, 2017, 11（1）：17 – 33.

④ GAVIN J, REES-EVANS D, DUCKETT A, et al. The attractiveness, trustworthiness and desirability of autistic males' online dating profiles［J］. Computers in human behavior, 2019, 98：189 – 195.

境中，不会因生理缺陷或机体功能丧失而产生不同。"残"指的是残障者在身体与心理上与他人不同的特质，正如非残障者的高矮胖瘦；"障"是障碍，指社会对于残障者的不公平态度和环境障碍，正是这些障碍阻止了残障者平等、充分、切实地参与社会生活。

有关残障群体的国内研究，目前研究话题多集中在对残障人士的特殊教育、信息无障碍、无障碍环境建设、康复训练等方面。在社会学研究当中，对残障群体的研究大多集中在社会学的残障观念研究、残障群体的社会支持、自我认同、社会融合以及互联网新技术与残障群体等领域。对于残障群体来说，长期的污名化使他们受到普遍的社会排斥，继而无论是在心理或者现实层面都难以融入社会。因此，许多研究关注如何促进残障群体的社会融入并提高他们的自我认同和个人价值感。目前，对于互联网新技术与残障群体的研究主要集中在信息无障碍发展和残障群体的数字化就业两个方面。

以"残障婚恋"为主题进行搜索发现，国内对于这一话题的研究较为有限，部分文献较为陈旧，与社会发展略微脱节。但总体来看，对残障群体婚恋问题的探究多集中在残障群体婚恋困难的原因分析和方法应对两方面。首先是原因探究，在新型城镇化背景下，残障群体社会交往方面的主要问题是其交往的被动性、封闭性、同质性和单一性。[①] 另外，残障群体婚配困难的原因主要包括经济负担重、结识配偶途径单一、自身心态差等。残障群体在婚配过程中会时刻考虑自身的身体状况，在主观上对自我形态形成了消极的意识，思想保守，对婚姻持企求态度甚至不敢面对婚姻的想法。[②] 在对策方面，残障群体的婚恋问题可以从社会工作的角度分别通过直接（改变残障群体及其家庭）与间接（外环境的改变）的介入方法来干预。[③] 目前的国内研究尚未关注到残障群体的互联网亲密关系实践情况。

由于国内外的残障文化发展背景差异较大，因此二者在研究取向上也略有不同，国外关于残障群体在爱情方面的研究要多于国内，研究议题亦涉及比较广泛。有女权主义者的分析发现性别、损伤类型和严重程度、经济状况和城乡

---

① 戴莉. 新型城镇化背景下残障人士社会交往问题及应对策略的研究 [D]. 济南：山东大学，2016.

② 杜源恺，沙士博. 残障人士婚姻现状及对策研究：以湖北省黄冈市为例 [J]. 改革与开放，2015（16）：82 - 83.

③ 郭志洪. 城市肢体残疾男性婚恋问题研究 [D]. 福州：福建师范大学，2016.

出身①都会影响残障妇女的社会权力，以及获取物质和非物质资源的机会。② 例如，对柬埔寨农村残障妇女的访谈发现，由于性别和残障特定的社会规范，残障妇女感觉不到吸引力和自信，她们的社会参与度和决策权受到了高度的限制，甚至不拥有选择配偶的权利。③ 但是爱情对于每个人来说都至关重要，包括残障人士在内。社会对于残障人士的污名化导致了其个体内化无性恋的概念，并对其信心、欲望和寻找伴侣的能力产生负面影响，同时扭曲一个人的整体性自我概念。④

但好处是，信息技术正在改变我们与他人的互动方式，互联网给残障人士寻找和培养恋爱关系的方式增加了一个新的维度。在一个以非实体互动为特征的数字环境中，在线约会为残障人士提供了隐藏损伤并匿名与他人交往的选择。⑤ 关于网上约会的实证研究表明，通过建立信任和自我表露，在数字空间发展亲密关系是有促进作用的。⑥ Seymour 和 Lupton 发现，在网络环境的交往中也存在对身体和外表的重视，部分残障人士没有利用互联网提供的匿名性，而是选择在网上明确展示自己的身体缺陷⑦，这是由于考虑到可能的将来的线下互动。而对于残障人士对在线约会的评价，有研究通过调查发现，尽管会遇到成本、地理距离和缺乏面对面交流等障碍，但在线约会仍有几个优势，包括隐私管理可控性强、残障人士的自我坦诚度更高、以一种更舒服的方式暴露自己

---

① LEE K, DEVINE A, MARCO M J, et al. Sexual and reproductive health services for women with disability: a qualitative study with service providers in the Philippines [J]. BMC women's health, 2015, 15 (1): 1 - 8.

② BICKENBACH J. The world report on disability [J]. Disability & society, 2011, 26 (5): 655 - 658.

③ GARTRELL A, BAESEL K, BECKER C. "We do not dare to love": women with disabilities' sexual and reproductive health and rights in rural Cambodia [J]. Reproductive health matters, 2017, 25 (50): 31 - 42.

④ ESMAIL S, DARRY K, WALTER A, et al. Attitudes and perceptions towards disability and sexuality [J]. Disability and rehabilitation, 2010, 32 (14): 1148 - 1155.

⑤ SALTES N. Disability, identity and disclosure in the online dating environment [J]. Disability & society, 2013, 28 (1): 96 - 109.

⑥ HARDEY M. Mediated relationships [J]. Information, communication & society, 2004, 7 (2): 207 - 222.

⑦ SEYMOUR W, LUPTON D. Holding the line online: exploring wired relationships for people with disabilities [J]. Disability & society, 2004, 19 (4): 291 - 305.

的缺陷以及在网络上人们更容易接受残障人士的缺陷等。①

　　笔者通过对现有文献的梳理，发现目前的研究存在以下几个特点：①目前关于网络恋爱的研究更多关注了西方的现实实践，并且倾向于关注大都市环境和城市中产阶级社区，对于社会经济地位较低的个人（如残障群体）的网络亲密关系的实践和经历少有关注。②在中国，网络恋爱自21世纪初便成为一个新兴和充满活力的恋爱模式，但国内研究仅在这一形式兴起之初对该现象加以研究，之后的研究便出现连年递减的趋势，并且国内的研究多关注大学生和青少年群体，对包括残障群体在内的弱势群体的关注稍显空白。③国内大多数关注网络恋爱的研究倾向多是负面的，且对这一形式持批判态度。④目前国内有关残障群体婚恋问题的研究稀少且研究时间较早，而国外有关残障群体网络恋爱的研究大多使用量化的方法，研究残障群体的使用动机和自我披露情况等，相对缺乏使用质性方法对残障群体网络恋爱的探究。综合来看，本章希望聚焦残障群体，从其个人故事入手，探究其在互联网上的恋爱经历。

二、研究方法

　　本章以质性研究方法为主，通过深度访谈法对在互联网空间上活跃的残障群体的亲密关系实践际遇作出描绘。主要通过互联网的社交媒体平台，如百度贴吧中的残疾人吧、知乎等平台来确定采访对象，然后再通过滚雪球的方式接触到更多残障群体。在具体的访谈方式选择上，主要是通过即时通信在线交流和电话语音交流。由于亲密关系这一话题同时也涉及个人敏感、隐私话题，因此在线的匿名访谈形式为访谈对象提供了隐私和便利，也更利于访谈对象进行真实的表达。除此之外，在线的交流可以帮助克服地理距离、社会隔离、身体残疾带来的限制和不便的日程安排等问题。②

　　为了在研究时尽可能丰富样本的多样性，本章将以残障群体整体为研究对象，不设定特定的残障类型，对不同类型的残障人士在网恋这一话题下的经历

①　SALTES N. Disability, identity and disclosure in the online dating environment [J]. Disability & society, 2013, 28 (1): 96 – 109.

②　DAVIS M, BOLDING G, HART G, et al. Reflecting on the experience of interviewing online: perspectives from the Internet and HIV study in London [J]. AIDS care, 2004, 16 (8): 944 – 952.

和际遇做出多样化的描绘。在确定好研究问题以及访谈提纲以后，开始了对研究对象的访谈，收集并整理了其个人故事和经历。访谈对象的基本情况如下表所示：

表 2 – 1　受访者信息

采访对象	性别	年龄	残障情况
A	女	20 岁	脑瘫
B	男	29 岁	听障
C	女	30 岁	截瘫
D	男	32 岁	下肢单腿残疾
E	女	30 岁	左腿残疾
F	男	24 岁	小儿麻痹症
G	女	21 岁	手指残缺
H	男	28 岁	左腿残疾
I	女	24 岁	单腿残疾
J	男	30 岁	小儿麻痹症
K	男	34 岁	小儿麻痹症
L	女	25 岁	腓骨肌萎缩
M	男	30 岁	听障
N	男	25 岁	脑瘫

通过探究残障群体在互联网上的恋爱经历发现，虽然互联网给残障人士提供了一个新的虚拟空间，让他们能够实现自由平等地表达情感、自我认识，但是在网恋过程中，依然无法避免众多问题的产生，这些问题也体现出"网络恋爱"这一形式的残酷之处。因此，本章引入了劳伦·勃朗特的残酷乐观主义这一概念，指出互联网的迅猛发展如何带给残障群体希望，让他们产生对未来和伴侣的希冀，却又在现实中展现出残酷的一面，让他们的美好幻想破灭。本章在互联网赋权的视阈下，去观察残障群体的网恋这一行为，主要探究以下问题：

（1）互联网是否以及如何帮助残障群体扩展了社交关系？

（2）残障者的网络亲密关系如何实现从虚拟到现实的转变？

（3）残障群体的网恋经历是否健康并有助于其社交亲密关系的发展？

（4）残障群体婚恋困难的问题是否在网恋过程中真正得到了解决？

三、互联网对残障群体的浪漫爱情许诺

在《残酷的乐观主义》一书中,"乐观"被劳伦·勃朗特诠释为一种对美好事物的翘首期待。具体来说可以理解为,我们渴望得到某样东西,并认为这样东西可以给我们带来某种程度上的满足,这种相信的态度就是乐观的。而这种乐观之所以会展现出它残酷的一面,是因为这种对美好生活的期待是"将来时"的,这个承诺并没有允诺兑现的时机,但它正是通过这种悬念和未知,让人们始终对它所带来的美好翘首以盼。而互联网所代表的社交新空间则向残障群体提供了关于浪漫爱情的美好幻想,吸引着残障群体不断进行尝试,完成一段又一段网络亲密关系的自我实践。下面将从三个部分去阐释这种乐观实践的形成:一是通过观察,描述残障群体在互联网上具体实践呈现出的特征;二是从互联网赋权角度出发,探讨残障群体的人际交往如何被建构;三是通过描绘残障群体自身在互联网上的具身性故事,揭示互联网对于一系列美好生活的承诺如何成为可能。

(一)残障群体的互联网交友实践

互联网技术的普及性和日常化,带来了对既有权力结构、社会关系和生活方式的消解和重构潜能。[①] 目前,全国有相当多的残障人士关爱网站,为残障人士搭建交友平台。以自闭症患者为例,有研究发现,患有自闭症的成年人很难建立和维持浪漫的关系,但这并不是因为他们缺乏欲望,而是更多源于社交障碍。自闭症患者在传统的面对面的求爱方式中往往会得到不乐观的结果,因此他们多会转向其他方式来追求浪漫关系,网络亲密关系就是其中一种。[②] 互联网上丰富的社交软件给残障群体提供了与异性对话和交流的平台,在现实生活中难以建立亲密关系并获得安全感和满足感的个体,可以从更宽阔的网络空间获取支持。综合来看,国外的大部分的研究主要集中在对一些数字约会平台的研究上,主要通过量化等研究方法对残障群体在平台上的数字化实践进行探

---

① 黄月琴."弱者"与新媒介赋权研究:基于关系维度的述评[J]. 新闻记者,2015(7):28–35.

② ROTH M E, GILLIS J M. "Convenience with the click of a mouse": a survey of adults with autism spectrum disorder on online dating [J]. Sexuality and disability, 2015, 33 (1): 133–150.

究。国内目前也有众多残障人士征婚交友网站，形式大致与普通网站一致，以注册账号、提供个人信息等方式，通过网站"红娘"和大数据搜寻进行另一半的匹配。而本章希望关注残疾个体自发性的在互联网上的交友实践经历，通过访谈的方式描绘出个体的真实遭遇和故事，因此将视野聚焦在社区型互联网平台上，主要包括知乎和百度贴吧两个平台。

百度贴吧被称为是"全球最大的中文社区"，是基于百度搜索引擎领域的优势、通过对关键词的检索而成长起来的网络社区。它通过运用信息技术，能够对线上人群加以分类，精准地把握其信息需求，并将群体进行分流和聚集。截至2022年4月17日，贴吧中的残疾人吧已有超过8.8万人关注，发帖数超过815万；残疾人征婚吧则有超过7.1万人关注和帖子186万多个，贴吧是目前国内最大的在线残障人士聚集社区。贴吧提供了一种封闭式的特定话题讨论模式，且参与群体的黏性较强，内部活跃度较高，是观察残障群体之间互动交往行为的最佳平台。知乎是目前国内最大的在线问答平台，主打问答社区和创作者聚集的原创内容平台，让人们更好地分享知识、经验和见解。在知乎平台上，以"残疾人"为关键词进行检索所得问答涉及有关残障群体网络亲密关系的话题众多，包括"跟残疾人谈恋爱是种怎样的体验？""我这样的残疾人女生，会有人喜欢吗？""你身边有没有残疾人和健全人交往的例子？"等，通过浏览这一话题内容，同样可以对残障群体的网络恋爱交友实践有所收益。

图 2-1　百度贴吧的残疾人征婚吧

图 2 - 2　知乎平台上"残疾人"搜索情况

观察发现，这两个平台上的残障群体的实践主要存在以下差异：第一，在贴吧发帖的吧友大多以男性为主（尤其涉及婚恋帖），知乎关于残障群体恋爱话题的帖子回答者以女性群体偏多，因此选择这两个平台既可以观察差异，同时可以平衡研究对象性别差异。第二，在贴吧的征婚交友帖目的性和指向性较明确，往往话题以"征婚、交往、恋爱"为目的；而知乎则以众包回答问题为主要形式，个人"征婚交友"意愿指向性并不明确。第三，贴吧的残障群体情绪整体偏低落，而知乎中的问答话题整体营造出较为积极的心态。

在贴吧中，常见的互动模式是个人发帖，他人对帖子进行评论、回复等，常见的关于残障婚恋的帖子是对个人情况的描述，希望与看到帖子并觉得合适的人建立联系。而在知乎，更多的是个人残障经历和恋爱观点的分享。问题"跟残疾人谈恋爱是种怎样的体验？"的高赞回答是："我爱她，我就总忘记残疾。"答主称自己是一名"喜欢写点东西的轮椅小哥"。截至 2022 年 4 月 17 日，这个问题在知乎共有 85 条回答，获得 135 万次浏览。可见，互联网的开放生态正在吸纳各种不同的观点和声音，对残障群体来说，这种开放和包容营造了一种友好、平等、浪漫的社区氛围，吸引越来越多的残障人士参与到网络浪漫关系的实践当中。

通过观察残障群体在互联网平台上的这一交友实践发现，相对于现实，网络恋爱在一定程度上带有游戏性，网络人际交往体现出很强的流动性和易链接性。例如，在贴吧中，一个 ID 可以同时在几个不同的征婚帖当中进行回复；而在知乎的问答下，也可以同时对不同个体进行回复和私聊。随着亲密关系愈发中介化，网络社交关系的建立轻而易举，个体可以借由每一次欲望去接触和了解他人，并可以在一段段关系的建立和消解中游走。这种网络状态下的亲密关系愈发呈现出齐格蒙特·鲍曼（Zygmunt Bauman）所提出的"液态化"趋势——恋情越来越像流动的液体，灵活多变。关于社交媒体上的亲密关系，鲍曼在《流动的爱》（*Liquid Love*）一书中认为，个性化和社会变革的双重力量已经"液化"了曾经由浪漫伴侣和家庭结构提供的稳固和安全感。① 他认为，网络约会就是他所谓的"液态爱情"的经典表现，网络恋爱已经将浪漫和求爱变成了一种娱乐形式，参与者可以"放心地知道，他们可以随时回到市场进行另一轮购物（for another bout of shopping）"。

这种流动的、可以随时开启的由互联网带来的恋爱模式，正以巨大的吸引力诱惑着在现实中屡屡碰壁的残障群体，给予他们对于爱情的浪漫想象。有研究发现，残障人士对网络交友所提供的情感支持的认可度较高。② 由此可知，当残障群体在现实生活中难以获得的情感支撑在网络上得到了满足时，其对网络空间的依赖和使用动机便会加强。如此往复，便实现了劳伦·勃朗特认为的残酷乐观主义，互联网给予残障群体以浪漫爱情的想象，这种对于美好事物的憧憬和追寻让他们在乐观之中翘首以待，即使这种美好尚未实现或不能实现。

（二）残障群体人际交往的互联网赋权

互联网自诞生以来迅速发展，大大缩短了时空和物理距离，将整个世界变成麦克卢汉口中的"地球村"。目前，互联网已经逐渐演变成了一个"虚拟社会"，成为人们社会行动和社会生活的新场域、新平台、新空间。可以说，互联网塑造出一个全新的社交环境和生活空间，在这个空间当中，人们可以暂时从现实既有的社会身份和角色当中跳脱出来，得到某种程度的自由。作为一个兼具公众性和私人化的虚拟空间和新媒介，它提供另一个人与人之间互动交流的舞台，并为活跃在这一平台上的陌生人提供着随时碰撞出火花的机会。

---

① BAUMAN Z. Liquid love：on the frailty of human bonds ［M］. Cambridge：Polity, 2003.

② 牧歌. 残障人士网民互联网使用情况调查报告 ［EB/OL］. （2011 - 07 - 13）［2016 - 01 - 12］. http://www.cjrjob.cn/?viewnews - 43868.

对残障群体来说，其在现实生活中可能会因为身体不便等接触到有限的社交圈子，而互联网的出现，使得残障群体可以通过社交媒体大大拓宽自己的社会关系和社交范围。在现实生活中，由于各种社会排斥，残障群体被隔离在健全人生活环境之外，不能进行正常的社会交往，大多数残障群体的社交范围极其有限，日常接触最多的人群就是自己的直系亲属，长期缺乏对外交往和沟通很容易使他们产生自卑和孤独感。"说实话，我们这些人（残障群体）有的时候真的挺寂寞的，很想和别人沟通。我加了挺多群的，也不只是残障人士的群，我比较爱打游戏，就加了很多游戏群。有的时候很无聊，想打打游戏消磨时间，就会心血来潮去群里喊一声，问问有没有可以一起打游戏的人。"（被访者H）

残障群体日常所需的沟通和交流尚不能完全被满足，对于另一半的情感需求更是天方夜谭。日常生活中寻求伴侣的途径大多是通过媒人或父母为中介的介绍，这种相亲方式频率低且适配程度低，难以起到有效的婚配效果。互联网的出现让他们得以通过最低的成本，接触到广泛的陌生人群体。对于残障群体来说，互联网接触就像打开了一个潘多拉魔盒，充满着未知的色彩。互联网所提供的是乌托邦式的想象，在这个虚拟空间中，存在着现实中无法获取的社会资本。"我特别喜欢网上冲浪，加了很多残障群体的群，也在网上认识了很多网友。有时候很喜欢在群里面说话，看看他们在聊什么，经常能和他们产生共鸣。"（被访者A）

由上述可见，"孤独感"和"希望寻求共鸣"是残障群体提到的使用互联网进行社会交往的主要原因。研究证明，互联网使用能够帮助残障群体获得情感支持的满足，这一满足主要来源于社会交往。残障群体对互联网的深度使用恰恰反映了他们在现实人际交往中的不足，相较于普通人来说，残障群体对互联网有着更强的期待和更深的依赖。普通人对于互联网的使用，大多时候是作为现实社交关系的补充，而残障群体由于现实社交关系的匮乏，则更加依赖互联网所提供的便利。互联网的欣欣向荣，带给他们无限的希望和憧憬。同时，他们也会将目光转向对于情感生活的需求，期望在网络上寻求一段浪漫的关系。"我其实比较爱水群（残障人士交友群），时不时都就会看一下。看到同城的人会特别关注下，看看万一合适呢？"（被访者H）

人们在现实社会中的社会关系是多方面的，社会地位也是多维的，每个人在社会中都处于特定的位置上。对于残障群体来说，他们并不只有残障这一种身份，他们同时拥有性别、地域、年龄、社会阶层、性格爱好等多重身份特征。而在现实生活中，残障群体与他人的互动往往是基于身体符号的真实互动。"线下的人只看到我的残疾，却看不到我和我的个性。"（被访者 D）与现实生活不同，网络社会的互动存在着符号化和匿名性的特点。虚拟的网络空间提供的是一种"身体缺场"的人际交往形式，匿名的形式为残障群体提供了"去残障化身份"的可能。他们的埋藏在"残障"身份之下的真实人格可以在互联网上得以展现，而无须带有"残障"身份的先入为主的观念认知。"我大概有过六次网恋经历，没奔现的都不算了。要说为什么会有这么多，我觉得还是因为我是个有趣的人吧。在线上聊天，她们都能被我吸引。"（被访者 K）

与传统的线下恋爱模式不同，网络亲密关系的建立始于思想交流，一定程度上弱化了现实的身份、相貌、地位、经济状况等因素的影响。网络交往可以在一定程度上摆脱日常生活中的物质束缚，从而走向性格相吸和精神交流的层面。在这个过程中，网络的交往方式带给人们一种传统线下恋爱模式难以提供的亲密感，它通过匿名的方式给个体带来安全感与自由感，让其能够敞开心扉与陌生人进行思想、情感的交流，可以使从未谋面的陌生人很快拉近距离，在对符号背后的个体形象的想象之中，产生对爱情的美好期待。这种交往方式对于残障群体来说，可以让他们暂时摆脱现实生活中的"悲观"环境的支配，通过符号化的表达展现出真实的自我。对他们来说，这是一场"去角色化"的互动，互联网弱化了现实社会固有的对残障人士的社会排斥和社会隔离，为他们提供了一种重新构建自我身份的机会，残障群体在人际交往中可以自由选择是否表露残障身份。

除此之外，网络空间中的互动形式还让残障群体拥有了自主选择交往对象的权利。在现实生活中，残障群体由于自身的残障情况，在婚恋市场上的竞争力相对较低，并在大多数时候成为被选择的对象。在参加以媒人为中介的相亲活动或者是参与相关政府部门和民间公益组织举办的相亲交友活动中，残障使他们的个人婚配价值大打折扣。而因为残障，他们往往只能找一位同样具有残疾情况或者具有同等程度缺陷而导致婚配价值减损的配偶。而互联网和社交媒体的出现，使部分残障人士的交往对象不再受到局限，他们交往的对象开始从熟人走向陌生人，从残障群体拓展到非残障群体。① 网络提供给残障群体极大的自由度去选择他们想要交往的个体。"我其实还是想跟健全人交往，我之前的前男友全部都是健全人。我觉得不能因为我是残障人士就只能找残障人士交往，我跟之前的男朋友都很处得来。而且我是个对性生活要求很高的人，我之前也是因为这个原因跟前男友分手的。"（被访者 I）互联网对残障群体的赋权体现在不仅让他们有了更多获取社会资本的渠道，同时也让他们从被动消极的个体变成掌握主动权的主体。

（三）残障群体的网络浪漫关系实践

互联网的技术赋权可以一定程度地令残障群体得以产生对美好恋爱关系的向往和憧憬。而作为对技术应允的认可，这一群体也开启了一段又一段对网络亲密关系的尝试。这一部分主要试图描绘几位残障个体在网络上的爱情实践，希望通过他们真切的个人经历透射出整个残障群体在互联网上可能出现的际遇。

对于每个残障个体来说，获得网络浪漫关系的前提是要在网络空间建立虚拟社交关系。相对于爱情来临的机遇，个体相识的平台和渠道的重要性反而不值一提。"和她认识是一次很偶然的机遇。30 岁那年觉得自己老了，合计着找个差不多的、般配的就可以，于是去残疾人征婚吧发了个帖，聊了三个月她告诉我她是健全人，有个人对她好就行。"（被访者 K）在百度贴吧中，这样的征婚和应征行为时刻都在发生，众多不同个体在同一时空当中寻求着建立长期关系的可能，但这样的机会可遇而不可求。"认识他那一年我 24 岁，开始恋爱那一年我 26 岁。这期间我们陆陆续续在 QQ 上聊天聊了有两年多的时间，直到他病情开始恶化，我立即决定买机票去看他。如果没有这一次线下的见面，或许根本不会有这一段爱情的经历。"（被访者 C）

对于很多残障人士来说，只有相互分享足够多的个人信息和积累足够对彼此的信任，才能实现线上虚拟关系到线下的转变。但是距离始终是线上交往现实化的一大阻碍，在很多残障群体的交往条件中，"同城"是高频出现的条件

---

① MAZUREK M O, WENSTRUP C. Television, video game and social media use among children with ASD and typically developing siblings [J]. Journal of autism & developmental disorders, 2013, 43 (6): 1258 – 1271.

之一，尤其对于肢体残障的个体来说。能够克服物理距离的阻碍，才意味着一段真情实感的关系的诞生。"现在回想起来，这一聊就让我们在一起生活了三年之久。三年太长，故事太多。印象最深的事情是，这家伙没见过大海，我第一次带她去海边，她正来着'大姨妈'下海去泡，还拣了一大堆不知名贝壳，要我煮了吃，结果……我俩疯狂抢厕所。在一起的时候，我只要有空就带她出去玩，我喜欢她那不在乎别人的态度。不在乎别人怎么看，'这女的好好的，咋找了个瘸子，图钱吧。'其实我从来没想过我会真的喜欢上一个健全人，我心里始终很警惕。但是在这段关系里，我是真的动心了，爱了。"（被访者 K）

与健全群体不同，部分残障群体由于社会支持程度较低，自我的防御心理机制较强，容易在情感上出现自卑、压抑、敏感与焦虑等消极情绪。他们很多时候在与人相处过程中难以卸下防御，因此能从浪漫爱情中获得体验感和情感支持对他们来说难能可贵。当一段关系从线上转移至现实空间，也就有了稳固发展的基础，但是对于残障群体来说，这种浪漫关系的消散比维持来得更加容易且无可挽回。在很多案例中，都能感受到类似的痛苦和挣扎，"百般呵护最后还是离开了。分手原因有她家里的反对，有她的没感觉，还有她的瞧不上。你不知道我们这种人找到一个女朋友会多么用心去对待。"（被访者 N）并且，很多时候这种离开并没有什么预兆，迅速而彻底。"用了半条老命"和"不再相信爱情"常常作为这类爱情故事的结局而出现，不得不承认，相较于健全群体，残障群体的亲密关系伴随了太多困难和坎坷。在亲密关系中受伤无可避免，但是也不可否认从网络中获得了爱情的真实体验，待个体恢复元气、重整旗鼓之后，将有可能再次投入新的一轮渴望和期待。"通过接近这个事物，它将会为你带来美好的生活，即使这个承诺暂时未能实现，或是带来痛苦的结果。"——这也是互联网亲密关系所展现的残酷之处。

四、残障群体网络虚拟交往的残酷现实

一方面，残障群体的网络亲密关系实践呈现出众多繁荣的表象，不断扩展的社交范围、充满未知的开启新的社交关系的机会……残障群体在偌大的互联网营造的虚拟世界中兜兜转转，始终期待着美好的爱情机遇。另一方面，互联网带来的繁荣看似充满希望，但是也从未承诺过一段踏实的关系。这种对美好

生活的期待是"将来时"的，它吸引残障群体始终在乐观中期盼等待，即使很多时候它充满风险，甚至带给个体不可挽回的伤害。这种对虚妄的繁荣假象的期待，也常常展现出残酷的一面。在获得的访谈资料中，大部分残障群体所经历的网络浪漫关系，最终都走向了结束或者破裂。互联网带来的浪漫爱情关系并非坚不可摧，在众多不可忽视的现实因素面前显示出脆弱和不堪的一面。

（一）诱人的假面舞会：充满风险的网络交往空间

作为一个新兴的人际交往场域，互联网塑造出了一个全新的社交环境和生活空间，在这个空间中人们不再受限于自己的真实社会身份，而以一个个符号化的"面具"示人。这样的交往方式使得整个网络空间变成一场盛大的"假面舞会"，身在其中的个体不再受到现实生活中社会规范和道德的约束。

有关于网上约会的实证研究表明，在网络空间中通过建立信任和自我表露可以促进亲密关系的发展。[①] 在网络环境中，残障人士想要建立一种亲密关系，并且让这种亲密关系可以延伸到线下环境，就意味着他们需要在"无实体"的网络空间中协调自我形象的呈现。对于网上的陌生交友环节来说，残障群体对自我身体损伤程度的披露是重要的信息之一。尽管可以选择隐藏身体上的缺陷，但是对于希望恋爱关系可以延伸到线下的群体来说，坦诚披露自己的身体状况是有必要的。有研究认为，网恋者之间的信息交易如果是真实的，则有利于网络感情从"虚拟分离"到"现实回归"的转变。[②]

对于残障群体来说，网络恋爱的便捷性和易发性让他们面临更大的风险。这体现在，不仅仅是自我的信息披露，对方的匿名化形式所带来的风险对于残障群体来说更是无从判断。但是有研究表明，这种风险更多时候并不是由互联网所带来，而是由危险本身或者危险的"他人"所造成的。[③] 互联网交友本身就充满风险，即使参与者早已认识到这一点，但其所带来的风险很多时候仍是

---

① LAWSON H M, LECK K. Dynamics of internet dating [J]. Social science computer review, 2006, 24 (2): 189-208.

② 曾坚朋. 虚拟与现实：对"网恋"现象的理论分析 [J]. 中国青年研究, 2002 (6).

③ COUCH D, LIAMPUTTONG P, PITTS M. What are the real and perceived risks and dangers of online dating? Perspectives from online daters: health risks in the media [J]. Health, risk & society, 2012, 14 (7-8): 697-714.

不可避免的。"之前在网上认识了一个比自己大三岁的男友，几乎每天都会聊天，有时候也会视频电话，大概半个月左右确定恋爱关系，认识三个月之后见面了。直到见面之前的一个月左右才知道对方曾在黑道上混过，也曾经被警察逮捕过。见面之后发现本人有很浓的混混气质，然后很快就分手了。"（被访者L）欺骗是网络亲密关系常见的伤害形式，陌生个体在网上可以通过前台修饰营造一个完美恋人的形象，吸引更多的仰慕者。这种前台的修饰包括对外貌性格、自我身份地位、经济实力、残障状况等一系列的整饰，目的都在于提高自己的潜在婚恋价值和婚恋市场中的竞争力。对于希望建立浪漫关系的残障群体来说，如何分辨和识别这其中的隐瞒和欺骗性陷阱，成为在网络空间建立亲密关系的前提和必备技能。

（二）新瓶装旧酒：传统婚恋观念在互联网上的延续

残障群体的互联网浪漫关系实践之所以会成为他们不可避免的痛苦来源，一方面来源于网络空间呈现出的"虚假繁荣"和其中所隐藏的潜在性伤害；另一方面则是因为"网络亲密关系"的恋爱模式很大程度上只是一种"新瓶装旧酒"的形式，只是将传统婚恋观念在互联网上借以延续，而互联网根本无法解决残障群体婚恋困难的根本性因素。这也就意味着，残障人士在网络空间中的婚配市场中，仍是处于低竞争力的状态。这其中主要包括三个方面的因素：一是中国传统的婚恋观和家庭角色构成的影响，如男性在传统观念中应是家庭主要经济来源，因此男性残障群体相比于女性残障群体，面临更大的婚配难题；二是桎梏残障群体完成婚恋的根本性因素——较低的身份阶层与较差的经济状况；三是在残障婚恋市场中，有一条隐形"鄙视链"的存在，不同残疾程度、残疾类型亦影响个体在婚恋市场中的受欢迎程度。

中国的传统婚恋观念认为，婚姻的主要目的在于延续香火、孝敬父母。在传统观念中，男性主要承担家庭的经济来源，而女性则负责家庭内部事物的处理，包括生育和抚养等。在农村地区，浪漫关系也存在高度性别化的差异，尽管男女都有工作，但中国传统的劳动分工依然存在；男子气概的标志包括以工作和财富为中心，男性角色被期望成为成功的提供者和保护者。① 我国部分残障群体正是生活在经济资源、文化资源等都处于劣势地位的贫困农村地区，传统的婚恋观念和家庭角色观念对这一群体的影响尚未退场。在互联网上寻求浪漫爱情实践的残障群体也不可避免会接触到新型浪漫关系所带来的观念冲击。对于这一群体来说，一方面，他们会受到有儒家传统文化倾向的婚恋、生育等相对传统的性别角色观念的影响；另一方面，现代文化思想的传播也让他们对建立和维持新型浪漫关系产生向往。可以说，残障群体的网络交友实践正是在这种相互对立的观念的不断拉扯中进行的。由于受社会地位、经济状况等因素的影响，其既无法摆脱传统观念的桎梏，又一心向往现代社会带来的全新的、地位平等的爱情关系，于是不得不屈服在现实的残酷之下。

"我们谈恋爱的第三年，我在市区买了房子向她求婚。但是对方父母却要求我们拿出 10 万元的彩礼，我家经济实力差，拿不出这笔钱，最终她父母把她带走了。"（被访者 J）这与余道清等人研究发现的残酷性相一致：残障人士的生存能力决定了其择偶的基本条件，有经济实力、有住房的残障人士成婚率高，依靠家庭供养的残障人士成婚率低，而生存能力差的残障人士几乎没有婚配的可能。② 提到对交往对象的期待，被访者 D 如此表述："我对对方的要求并不高，因为我觉得我自己也就这样，没资格要求别人在经济上怎么长怎么短。除非自己很出类拔萃，才有资格要求那么多吧。如果对方也是残障，我的要求就是不严重就行，完全自理是底线。"但是在与 D 的交谈过程中，能发现他仍然存在对更好条件的婚恋对象的期待。根据 D 自己的表述，他的条件在残障群体当中处于相对乐观的情况，但是依然不可避免地面临婚恋需求与现实困境之间的矛盾。可见，无论互联网在多大程度上提供给残障群体更多的选择和浪漫的幻想，当这一网络浪漫关系从虚拟空间转换到现实世界的时候，需要面临的仍然是现实条件的考核。

除此之外，个人的身份阶层与经济状况仍是需要考虑的重要因素。自改革开放以来，中国经济腾飞带来了一系列社会结构的变迁和社会观念的颠覆，其

---

① LIU T. Wounded masculinities: the subaltern between online longings and offline realities [M] //Love stories in China. London: Routledge, 2019: 113 – 130.

② 余道清，邓敬雄. 残障人士婚姻家庭的现状及对策研究 [J]. 中国残障人士，2008 (1): 36.

中最为明显的表现是——商品化和市场化进程侵入了社会成员的日常生活领域。商品化逻辑下的消费观念，让社会成员把情感的投入和货币的交换相提并论，导致了爱情消费主义、爱情物质主义在社会生活中的流行。① 这一流行趋势使得经济物质条件变成了能否敲开婚姻大门的关键，这些条件对于大部分社会地位较低和经济能力有限的残障群体来说，无疑是雪上加霜。事实上，"经济拮据"是与许多残障人士如影随形的词汇。这些现实情况的考量，在残障群体最开始于互联网上进行网络浪漫关系的尝试的时候被网络的扁平化和匿名性所掩藏。但当真正开始交往时，这些他们不得不正视的挑战才慢慢浮现，让沉浸在浪漫幻想泡沫中的个体意识到，互联网上所谓美好爱情的追求不过是残酷现实的化身。

上文讨论的物质主义的爱情观中，男性所承受的压力明显高于女性。有研究发现，中国社会在1980年以后出生性别比持续偏高，导致了婚姻市场中男性的过剩和男性"婚姻挤压"的出现。未来，当更多的80后、90后甚至00后的农村人口进入适婚年龄，将进一步导致男性"婚姻挤压"现象的加重。目前，我国呈现出明显的男性"婚姻挤压"现象，在同一群体中单身男性比单身女性多很多，② 而导致男性婚配状况持续恶化。与非残障人士相比，残障人士面临更高的失婚风险；残疾男性的失婚风险不仅明显高于非残疾男性，而且远远高于残疾女性。与此同时，女性在寻找配偶时存在一种"高攀"的倾向，③ 在当代中国，男性霸权主义以男性的赚钱能力为中心。④ 综合来看，残障男性已经成为婚姻市场中绝对的弱势群体。

这一特点在百度贴吧中可见一斑，在残疾人吧中，大多数发帖明确征婚的都为男性，并且均已到适婚年纪。在一众征婚帖当中，女性的身影寥寥无几。

---

① 梁幸枝，骆风. 当代青年家庭婚姻爱情价值观的变迁：基于广州调查的分析与思考 [J]. 青年探索，2010（4）：15-19.

② JIN X, GUO Q, FELDMAN M W. Marriage squeeze and intergenerational support in contemporary rural China: evidence from X county of Anhui province [J]. The international journal of aging and human development, 2015, 80（2）：115-139.

③ ZAVORETTI R. Is it better to cry in a BMW or to laugh on a bicycle? Marriage, "financial performance anxiety", and the production of class in Nanjing (People's Republic of China) [J]. Modern Asian studies, 2016, 50（4）：1190-1219.

④ LIU M. Devoted, caring, and home loving: a Chinese portrayal of Western masculinity in transnational cyberspace romance [J]. Men and masculinities, 2019, 22（2）：317-337.

因在百度贴吧当中的残障男性，透露出积极又悲观的社会心态。谈及在贴吧发征婚帖的原因，被访者 D 说"贴吧发帖征婚是因为觉得，'到岁数了，该考虑了，躲不了的'。最早谈恋爱是在十八九岁的时候，与现在比，目的不同而已，上学那会谈对象肯定不会像现在这样考虑那么多。现在考虑的因素多点，毕竟每个年龄段都有相对应的择偶观"。网络上相遇的姻缘可遇不可求，对于残障群体来说，想要寻得合适的建立亲密关系的对象，要付出大量的时间成本和精力，同时还要面临不可预知且脆弱的未来。

相比社会上惯常存在的学历、经济上的"鄙视链"，在残障群体婚恋圈中，也有着"鄙视链"的存在，这一"鄙视链"更多地围绕残疾类型。如果说受教育程度、工作状况、经济水平、个体残疾情况等是影响残障青年婚恋的诸多因素，那么其中个体残疾情况因素被赋予的权重是最大的。对于残障群体来说，与健全人恋爱容易，但结婚却是难以实现的奢望。"健全人……这个……咋说呢，我一直坚信一句话，婚姻就是交易，对方肯定多少图你点什么，然而迄今为止我没发现我有哪一点做得比健全人要好。"（被访者 M）除了从自我角度出发的不自信，现实客观条件的阻挠也是不可忽略的重要影响因素之一。"之前谈过一个三年的女朋友，是健全人。当时在交往的时候，对方父母就百般阻挠。虽然她不在乎别人怎么看，但是父母不同意的爱情很难得到成全。我以后不会再和健全人交往了，结婚根本是无稽之谈。"（被访者 F）

基于生活的现实因素以及残障群体的自我认知，大多数残障青年不敢奢望与健全人成立家庭，然而这种想法，也是权衡生活的便捷性之后产生的结果。残障群体在择偶时需要考虑到的状况主要包括残疾程度和家庭经济因素。根据残疾类型来看，往往不会出现同一残疾类型相结合的情况。例如，肢体残疾的残障人士往往会更愿意选择与自己的残障类型不同的对象，较为轻微的残疾或是对生活影响偏小的残疾比如聋哑，在婚恋圈中会更受欢迎，也更容易找到对象。同时，有采访者表示，与残障群体结婚会更有安全感，因为本身这一群体在日常生活中可能会缺乏自信，对于与他人建立的关系会缺乏信任感和安全感，而与残障人士的结合会增加他们的安全感。

综合来看，无论是互联网带来的网络交友风险，还是社会本身存在的结构性不平等，都会对残障群体寻求网络浪漫关系产生阻碍。互联网带来的繁荣看似充满希望，但无法从根本上改变阻碍改善残障群体婚恋状况的结构性因素。

五、小结

在互联网赋权的视角下看，过去特定的视角和世界观塑造了残障人士的生活经历，许多残障人士的互动世界仅限于亲密的家庭成员，而在线交流让残障人士接触到陌生人的世界，增加了残障人士与不同世界观的人的接触，大大提高了残障群体在互联网建立亲密关系的可能性。并且这种交流将在不受他们的"悲剧"支配的环境中进行，他们可以通过网络实现一种"去角色化"互动，在虚拟的网络世界中利用文本或其他形式的符号与他人进行交流，基于符号的交互给他们带来了更平等化的交流方式，他们可以搁置现实生活中的社会地位和身份，在网络中完成身份的重构。在这个过程中，无论是主动或被动，他们都拥有了现实中被限制的自主权，能够去选择自己心仪的恋爱对象，在网络上与之相处时，又可以完成自我身份的再认识。

研究认为，虽然互联网给残障人士提供一个新的虚拟空间，让他们能够实现自由平等地表达情感、自我认识，甚至是继续社会化，但是在网恋过程中，依然无法避免众多问题的产生。互联网的迅猛发展一方面带给残障群体希望，让他们产生对未来和伴侣的希冀，却又在现实中展现出残酷的一面，让他们的美好幻想破灭。残障人士对平等、美好的浪漫关系的向往使他们产生对网恋这一形式的深厚依恋，互联网的赋权表面上提供了很多的选择和新的恋爱空间，但是实际上也成为他们痛苦的来源，体现出一种无法避免的残酷乐观。

第三章

技术赋能视角下听障青年的
新媒体使用与社会融入[*]

　　根据 2012 年中国残疾人联合会发布的《2010 年末全国残疾人总数及各类、不同残疾等级人数》，我国听力障碍群体达 2 054 万人。① 到 2020 年 9 月，我国听障人士的数量约为 2 780 万，听障人数占全国残障人数的30% 以上。② 我国是世界上听障人士数量最庞大的国家，且听障人士的数量在不断增加。需要直面的问题是，虽然我国目前听障人士的体量如此庞大，但相较于其他类型的残障人士来说，听障人士的身体缺陷表征并不突出，所以他们也是生活状态与社会融入情况最容易受到忽视的残障群体。实际上，听障人士在生活、工作、社会交往等多方面都存在着与其他类型残障人士类似的问题与困惑，他们的社会融入程度对整个社会的均衡发展至关重要，同样需要引起社会的高度关注与重视。

　　近年来，为了更好地帮助残障人士融入社会，国家在顶层设计、政策福利上给予这一群体越来越多的支持。但尽管如此，不容忽视的问题是，残障群体的生存与社会融入无法仅依靠政策倾斜来维系，仍需要能促进残障人士个体自发地寻求社会生存技能与更好地融入社会的内在驱动力。唯有改变残障人士个体被动融入社会的局面，才能从根本上改善其生存状态。

---

　　* 本章执笔者：苏轻舟，暨南大学新闻与传播学院硕士研究生。
　　① 中国残疾人联合会. 2010 年末全国残疾人总数及各类、不同残疾等级人数［A/OL］.（2021 – 03 – 12）. https://www. cdpf. org. cn/zwgk/zccx/cjrgk/15e9ac67d7124f3fb4a23b7e2ac739 aa. htm.
　　② 浙江日报. 世界聋人日丨在中国 2 780 万人的生活被按下了静音键［N/OL］.（2020 – 09 – 27）. https://baijiahao. baidu. com/s?id = 1678974575386402043&wfr = spider&for = pc.

一、文献综述

（一）新媒体与技术赋能

赋能最初是心理学中的概念，原意是指个体或组织对客观环境与条件的掌控经历了从无力到较强能力的转化过程。① 目前，对于赋能的研究主要集中于几个维度的赋能：结构赋能、心理赋能和资源赋能。② 需要指出的是，赋能并不是简单地赋予他人某种能力，而是通过增进主体的个人认识与思考，激发其积极行动、参与、创造的主动性。从对象上来看，赋能主要针对弱势群体，这里的"弱势"指在某一方面存在意愿、知识、行动上的困难；在过程与方式上，赋能通过主体传播信息、传授技能、改变观念进而影响行为等方式来实现；从最终目标来看，赋能主要是为了让处于弱势的个人掌握处理事件、融入群体的能力，并增强个人的自我效能感。③ 在几大主要赋能维度中，资源赋能着重强调对资源的获取、控制和使用能力，④ 主体能够通过对资源的使用实现特定目标。而技术赋能则包括在资源赋能的范围内，成为推进社会发展、人类生活的重要赋能方式之一。

技术赋能，即通过以新兴信息技术为载体，形成一种新的方法、路径，赋予特定对象一定的新的可能性，激发和强化行动主体自身的能力来实现既定目标。从计算机、互联网技术到人工智能的一系列新技术的发展使得人们普遍认为，技术能够改变生产生活方式，促进各行各业的变革，其核心和本质是"技术能转变为生产力"，提供一定的功能，也就是所说的"赋能"。⑤

从"赋权"到"赋能"，其中更多体现的是从被动接受到主动参与的转变。赋权是由外而内、自上而下的力量整合，而赋能是由内而外、自下而上，更尊

① PERKINS D D, ZIMMERMAN M A. Empowerment theory, research, and application [J]. American journal of community psychology, 1995, 23 (5): 569–579.

② 胡海波，卢海涛. 企业商业生态系统演化中价值共创研究：数字化赋能视角 [J]. 经济管理，2018，40 (8): 55–71.

③ 沈费伟. 乡村技术赋能：实现乡村有效治理的策略选择 [J]. 南京农业大学学报（社会科学版），2020，20 (2): 1–12.

④ LEE M, KOH J. Is empowerment really a new concept? [J]. International journal of human resource management, 2001, 12 (4): 684–695.

⑤ 万昆，任友群. 技术赋能：教育信息化2.0时代基础教育信息化转型发展方向 [J]. 电化教育研究，2020，41 (6): 98–104.

重个人意愿的选择权，通过教育、学习、培训来增加技能。① 随着互联网的发展，新媒体技术作为最重要的信息技术之一，已经推动个人、群体、组织乃至整个社会的进步。

新媒体技术如今已被广泛应用于各领域中，对于它为人类生活、社会发展赋权的研究有利于把握新媒体技术的多方面影响。在宏观视角上，较多研究从技术本身出发，总结新媒体技术对新闻传播发展格局的影响。如严三九将技术赋能与媒介融合发展格局相联系，将技术赋能作为媒介融合发展的底层逻辑，并认为"深度赋能"的逻辑是从技术到经济再到人性化赋能。② 彭聪则认为，智能技术的赋能存在正向和负向两个维度的影响，并提出未来技术发展的新范式是"人为主导，人机协同"。③

此外，有学者依托于应用最广泛的新技术来探讨其对新闻传播发展格局的效用和影响，其中探讨得较多的主要包括5G、人工智能、区块链与大数据，在进一步细化的子主题中，则聚焦于特定技术种类对特定传播方式的赋能。如曹素贞等人认为，5G技术将重塑人、媒介和社会之间的关系，应辩证看待技术与传播的深度关联，对传播领域变革作出前瞻性的研判和思考。④ 高红波等人则从5G视角看其对广播电视的创新发展所产生的影响，认为5G技术的商用及市场化推广对于广播电视来说，新机遇与新挑战并存。⑤ 除5G外，人工智能、区块链等技术在传媒领域的应用也为学界所重视。

新媒体技术对特定人群的赋能的研究可以分为两大类：一类以职业作为划分，如技术对主播、新闻编辑的赋能。蒋琳将视角聚焦于新闻编辑，指出5G技术可能对新闻编辑造成的挑战与困境，并在此基础上提出新闻编辑对技术焦虑的认知调适的几大手段。⑥ 姜春媛则提出问题"新技术如何为新闻报道赋能"，

---

① 刘楠，周小普. 扶贫语境下多元传播网络的互动、赋能与共同体建构 [J]. 首都师范大学学报（社会科学版），2019（5）：140－146.

② 严三九. 融合生态、价值共创与深度赋能：未来媒体发展的核心逻辑 [J]. 新闻与传播研究，2019，26（6）：5－15，126.

③ 彭聪. 智能技术的叠加式赋能与媒体融合下半场的业态重构 [J]. 东南传播，2019（7）：52－54.

④ 曹素贞，张金桐. 5G技术赋能：媒介生态变迁与传播图景重塑 [J]. 当代传播，2020（2）：37－40，66.

⑤ 高红波，杨娜娜. 5G赋能广电创新发展的理论思考与实现路径 [J]. 声屏世界，2019（4）：8－10.

⑥ 蒋琳. 5G赋能下新闻编辑的技术焦虑与认知调适 [J]. 中国编辑，2020（9）：49－53.

着眼于新华社 AI 合成主播在新闻实践中的应用来进行研究。^① 另一类则主要聚焦于老人群体和女性。如陈文沁指出老人群体的数字技术使用问题，并进一步研究数字技术如何为老人群体赋能，让其获得社会支持。^② 栾轶玫等学者创造性地探究短视频对女性媒介形象的影响，认为短视频的用户生成内容（UGC）、专业生产内容（PGC）、专业用户生产内容（PUGC）等技术变革赋予女性媒介形象从一元走向多元、从扁平走向立体的可能性，同时总结了短视频中女性媒介形象的三大发展趋势。^③ 当探讨新媒体技术对特定人群的影响时，学者对技术与人之间的关系也进行了一定的反思。

此外，新媒体技术赋能与国家、社会治理之间的关系也是一大研究热点。原平方等学者从宏观技术角度梳理了网络技术对增进国家治理能力的效用，提出国家治理能力现代化主导下的网络社会"秩序规制"成为中国新媒体发展业态的主要特征，而这一特征的主要形塑原因就是网络技术的"赋能下沉"。^④ 张才刚在研究新媒体平台技术赋能时提出，互联网以全新的传播模式颠覆了传统社会组织治理方式，赋予了社会生产元素更多也更强大的能力。^⑤ 而在更微观的层面，即涉及具体政策与顶层设计的方面，亦有学者进行研究。如刘楠等人认为，新媒体技术改变了脱贫攻坚战中扶贫的传播模式，这种多元传播网络的构建有利于打赢脱贫攻坚战并顺利推进乡村振兴的发展。^⑥

最后还需要提到的是新媒体技术发展与人文精神之间的关系研究。如沈正赋认为，技术赋能和人文精神传承之间的互动关系主要体现在两个方面：一方面，科学技术赋能媒体推动了人文精神的传承；另一方面，人文精神的传承又推动了科学技术及其技术赋能的发展，同时指出要正确看待技术发展和人文精

① 姜春媛. 智媒时代，新技术如何为新闻报道赋能：新华社 AI 合成主播在新媒体报道中的运用效果分析［J］. 传媒评论，2019（7）：9－12.
② 陈文沁. 老龄化社会中的数字鸿沟与数字赋能［J］. 青年记者，2020（25）：12－13.
③ 栾轶玫，何雅妍. 技术赋能"她形象"：短视频中的女性媒介形象研究［J］. 视听界，2019（6）：36－43.
④ 原平方，燕频. "赋能下沉"与"秩序规制"：国家治理能力现代化下的新媒体发展：2018 年中国新媒体事件回顾［J］. 编辑之友，2019（2）：54－58，64.
⑤ 张才刚. 新媒体平台赋能与内容生产的基本逻辑［J］. 中国编辑，2018（4）：26－30.
⑥ 刘楠，周小普. 扶贫语境下多元传播网络的互动、赋能与共同体建构［J］. 首都师范大学学报（社会科学版），2019（5）：140－146.

神的影响。① 季丽莉在人工智能时代的宏观背景下，以机器人记者为例，探讨了新型人机关系，认为技术赋能下的超高生产力是技术的典型优势，而人类的语言、创造力与情感是无法取代的人文特征。②

（二）残障人士与社会融入研究

纵观目前与社会融入相关的理论，主要可以归纳为三种视角：社会排斥论、社会融合论以及移民融入论。从社会排斥的视角来看社会融入问题，是一个反向思考的过程。有学者从这一视角出发，认为社会融入是"指通过缩小差距，降低最弱势社区与社会之间的不平等，并确保支持能够传递到最需要的群体。社会融入意味着积极促进参与机会，无论在工作、教育还是在更广泛的社会层面"③。所以，这一视角强调为弱势群体提供资源、技术、能力等多方面的帮助，使得他们能够以更积极的姿态参与到社会发展的过程中来，改变其弱势群体的社会地位，尽力消除社会对他们的偏见。

不同类型残障人士社会融入的问题也是重要研究维度。Kim 等人认为，数字平台如移动社交网络应用程序（MSNA）为肢体残障人士融入社会提供了一种有效手段，网络体验和社交网络带来的利好之处显著影响着智力障碍人士的情感与生活态度。④ Choi 等人则关注听障学生的融入情况，但其研究是从更微观的社区层面进行的，没有分析更宏观层面的社会融入的问题。⑤ 值得注意的是，有大量研究聚焦于智力障碍人士与社会的关系，探讨其社会融入的问题，而青少年又是其中一类重要研究群体，如 Simplican 等人关注适用于智力障碍人群的社会融入生态模型，从社会组织、家庭、残障人群及自我倡导四个方面促

---

① 沈正赋. 智媒时代信息传播领域技术赋能与人文精神传承的关系建构 [J]. 编辑之友, 2019（5）：20 – 26.

② 季丽莉. 智能时代技术赋能与人文思考下的人机关系：以机器人记者为例 [J]. 新媒体研究, 2019, 5（22）：68 – 70.

③ ESFP（European Structural Funds Program）. Further information：social inclusion. 2007 – 2013 European Structural Funds Program.

④ KIM H C, ZHU Z Y. Improving social inclusion for people with physical disabilities：the roles of mobile social networking applications（MSNA）by disability support organizations in China [J]. International journal of environmental research and public health, 2020, 17（7）：2333.

⑤ CHOI Y S, PARK W H. Inclusion strategy for hearing impaired students with community of knowledge [J]. Journal of digital convergence, 2012, 10（11）：579 – 588.

进智力障碍人士的社会融入。① 而 Andrews 等学者纳入多种衡量因素，重点考察了青少年儿童在融入本地社群过程中的参与情况，认为社区融合能有效促进智力障碍儿童和青少年的社会融入。②

此外，关于残障人士社会融入的具体维度也是一大重要研究内容。Pinilla-Roncancio 首先从经济维度就残障问题和贫困状态之间的关系进行了讨论，认为两者之间具有双向关系，发现残障人士的经济被剥夺感和多维贫困的层次更高。③ Holanda 等人研究探讨了残障人士的社会支持网络的形成，以及这些网络是如何帮助促进其获得卫生服务和促进社会包容的，发现对残障人士来说，他们获得的社会支持主要还是来自家庭关系，从家庭外部获得的社会支持是非常少的。④ 此外，Cumella 从政治及政策维度梳理了目前残障人士进行政治实践的问题。⑤ 实际上，这一维度的讨论整体来看是较少的，其重要性在一定程度上被忽视了。Jolley 等人将研究范围聚焦于非洲西部，分析残障人士受教育程度与社会融入之间的关系，并基于调查结果提出可供参考的进一步推动残障人士接受教育的具体途径。⑥

目前国内关于残障人士社会融入问题的研究主要聚焦于社会学领域，但还没有形成系统的研究体系，不同研究的主题归纳起来也十分相近。

在残障人士的新媒体使用行为方面，Cocq 等人观察了残障人士在社交媒体中反抗歧视和偏见的自我呈现行为，尤其关注社交媒体平台里残障人士的话语

---

① SIMPLICAN S C, LEADER G, KOSCIULEK J, et al. Defining social inclusion of people with intellectual and developmental disabilities：an ecological model of social networks and community participation ［J］. Research in developmental disabilities, 2015, 38：18 – 29.

② ANDREWS J, FALKMER M, GIRDLER S. Community participation interventions for children and adolescents with a neurodevelopmental intellectual disability：a systematic review ［J］. Disability and rehabilitation, 2015, 37（10）：825 – 833.

③ PINILLA-RONCANCIO M. Disability and poverty：two related conditions. A review of the literature ［J］. Revista de la facultad de medicina, 2015, 63：113 – 123.

④ HOLANDA C M A, ANDRADE F L J P, BEZERRA M A, et al. Support networks and people with physical disabilities：social inclusion and access to health services ［J］. Ciência & saúde coletiva, 2015, 20：175 – 184.

⑤ CUMELLA S. Learning disability and social inclusion. A review of current policy and practice ［J］. Advances in mental health and learning disabilities, 2009, 3（2）：53.

⑥ JOLLEY E, LYNCH P, VIRENDRAKUMAR B, et al. Education and social inclusion of people with disabilities in five countries in West Africa：a literature review ［J］. Disability and rehabilitation, 2018, 40（22）：2704 – 2712.

表达和叙事策略，进一步提升社会对残障问题的关注。① Nelson 探讨了媒体在残障社区中的作用与角色，他认为，技术正在迅速改变我们周围的世界，对残障人士来说，他们在媒体中的形象和使用媒体来实现群体目标以及使用新的在线媒体与其他残障人士交流等行为都是值得研究的内容，残障人士日益增长的社区意识开始与媒体联系在一起。② Furr 等人提出，与面对面的互动不同，社交媒体让残疾人可以控制他们在什么时候、用什么方式披露自己与残障相关的信息，并为建立关系提供新的机会。③ McMillen 等人探讨了残障人士使用社交媒体进行社交和文化互动的方式，认为社交媒体可以对残障人士的社会包容产生积极影响，还讨论了艺术博物馆如何利用社交媒体更好地联系和包容残障人士。④

在残障人士与新媒体使用及社会融入的问题上，目前国内研究仍然存在一些局限。以"残障人士/残疾人"和"新媒体"为关键词进行搜索，内容集中于新闻报道或特定媒体上残障人士的媒介形象研究。而涉及残障人士的新媒体使用问题，仅有较少学者进行了调查与研究。侯超韡集中归纳了新媒体发展给残疾人带来的变化，认为通过新媒体，残疾人的受教育条件、帮扶工作以及就业问题都得到了较大改善。⑤ 杨星星等人认为，随着视障群体对互联网和新媒体使用的增多，他们如何运用新媒体并在其中展开自我表达和社会交往这一点至关重要。⑥ 王蔚观察了听障人士的手机使用情况，发现听障者群体在手机使用上存在三道数字鸿沟，且手机接入和使用对听障者而言补偿功能多于满足功能。⑦

在这一方面，还需要提到的是，残障人士在互联网语境中的数字实践与社会融入问题也是重要的研究向度。林仲轩等学者就立足于中国的新自由主义背

① COCQ C, LJUSLINDER K. Self-representations on social media. Reproducing and challenging discourses on disability [J]. Alter, 2020, 14 (2): 71 – 84.

② NELSON J A. The media role in building the disability community [J]. Journal of mass media ethics, 2000, 15 (3): 180 – 193.

③ FURR J B, CARREIRO A, MCARTHUR J A. Strategic approaches to disability disclosure on social media [J]. Disability & society, 2016, 31 (10): 1353 – 1368.

④ MCMILLEN R, ALTER F. Social media, social inclusion, and museum disability access [J]. Museums & social issues, 2017, 12 (2): 115 – 125.

⑤ 侯超韡. 新媒体的发展给残疾人生活带来的改变 [J]. 传媒论坛, 2018, 1 (11): 17, 19.

⑥ 杨星星, 郭东颖. 与网络空间共存：新媒体与视障学生互动研究 [J]. 当代传播, 2019 (6): 94 – 97.

⑦ 王蔚. 听障者手机使用的数字鸿沟研究 [J]. 东南传播, 2017 (1): 48 – 51.

景和信息通信技术的快速发展，探索研究了残障人士如何在互联网浪潮中转变为自主创业的新主体。① 此外，他们还在研究中解释了中国社会排斥残障人士的原因，指出虽然信息与互联网技术能够为残障人士提供更多的社会包容性，但仍然需要警惕对残障人士的压迫性话语及其传播。② 最后，残障人士与数字景观之间关系的复杂性也是研究重点。③

可见，国外学者与国内学者关于残障人士新媒体使用情况的研究在重点研究对象和问题上存在一定相似之处，比如对残障青少年的关注以及通信技术与残障人士关系的研究等。然而，具体到国内，目前这一领域的研究仍然处于相对匮乏状态，残障人士在社会传播中的角色一定程度上被忽略，更不用说具体类型残障人士的新媒体使用情况。此外，就目前已有研究来看，内容主题也主要停留在新媒体技术对残障人士表面行为的利好之处，而新媒体技术对残障人士的心理和行为两个层面的影响对探索残障人士社会融入问题来说都是必不可少的。最后，除了探讨新媒体技术赋能对听障人士的社会融入影响外，还需要基于此进行进一步的冷思考，即新媒体技术对听障人士的生活带来了哪些负面影响。同时，未来技术需要如何完善才能更好地为听障人士融入社会服务，也是值得探索的研究内容。

二、研究方法

在研究对象上，本章选取 18～35 岁年龄范围内的听障青年，将其根据听力障碍的程度进行划分，详细了解并记录每位访谈对象的年龄、职业、地区等基本信息。在研究方法上，采用半结构化的方式对 12 位研究对象展开不少于 1.5 小时的访谈，这 12 位研究对象符合本章界定的年龄范围，或是活跃于公益机构所组织的线下活动中，或是活跃于各类社交媒体平台之中。④

---

① LIN Z, ZHANG Z, YANG L. Self as enterprise: digital disability practices of entrepreneurship and employment in the wave of "Internet + disability" in China [J]. Information, communication & society, 2019, 22 (4): 554－569.

② LIN Z, YANG L, ZHANG Z. To include, or not to include, that is the question: disability digital inclusion and exclusion in China [J]. New media & society, 2018, 20 (12): 4436－4452.

③ LIN Z, YANG L. A digital promised land? Digital landscape as a heterotopia for disabled people in China [J]. Information, communication & society, 2020, 23 (8): 1220－1234.

④ 出于隐私保护目的，本章受访者姓名均为化名，各自的联系方式等信息也已隐去。

表 3 - 1　受访者信息

序号	昵称	听障程度	访谈形式	时长
1	Hannna	中度（41～60 dB）	线上访谈	2 小时
2	Bruce	中度（41～60 dB）	线上访谈	2 小时
3	晨曦	重度（61～80 dB）	线上访谈	2.5 小时
4	陈	极重度（>80 dB）	线下访谈	2 小时
5	ZZ	极重度（>80 dB）	线上访谈	1.5 小时
6	小薇	中度（41～60 dB）	线下访谈	2.5 小时
7	LZY	极重度（>80 dB）	线下访谈	2 小时
8	不吃香菜	极重度（>80 dB）	线上访谈	1.5 小时
9	潘	重度（61～80 dB）	线上访谈	1.5 小时
10	Kevin	极重度（>80 dB）	线上访谈	1.5 小时
11	HUGO	中度（41～60 dB）	线上访谈	1.5 小时
12	曼曼	中度（41～60 dB）	线上访谈	1.5 小时

为更好地观察听障青年的社会交往与新媒体使用行为，笔者以志愿者身份加入广州音书科技有限公司于 2021 年组织的"听障写作训练营"公益活动中，展开为期两个月的参与式观察。每一期课程时长为 3 小时（包括一次户外采风活动），共计积累 6 000 字左右的观察笔记和 75 张活动照片，均为进一步了解听障青年提供了依据，也为本章研究积累了更多的现实素材。另外，笔者还加入了此公益活动的线上微信社群，观察成员在社群中的互动与交流情况，并针对观察笔记进行要点补充。同时，针对社交媒体平台中的听障青年，笔者对其在社交媒体平台中所发布的动态（包括图文、短视频、直播等）以及与他人之间的互动进行观察，更精准地总结出其新媒体使用行为特征和偏好。

三、听障青年的社会融入现状

就访谈情况来看，首先在经济就业的问题上，听障青年所从事的工作普遍是环境相对封闭的，如办公室文员、线上客服、流水线工人等。此类工作不需要他们与其他人进行面对面的交流，或是通过聊天服务软件与顾客沟通，或是以简单、重复性的生产工作为主，较少涉及直接的语言对话，在一定程度上能尽量避免听障青年的交流障碍问题。然而，由于工作内容相对轻松，这些工作的薪资都相对较低，并未达到听障青年现阶段的满意薪资水平。

> 我今年和我朋友一起去了那家××科技公司，去了之后感觉一般
> 般，很累，一天要工作10.5个小时，我一个月下来瘦了三四斤。工资
> 也不是很高，一小时16元，一个月也就三千出头。（不吃香菜）

工资对听障青年来说基本是唯一的收入来源，此外，部分听障青年还在定期接受家人所给予的生活补贴。这些收入基本能够满足听障青年的生活需求，但针对除生活需求之外的其他需求而言，是很难维系的。听障青年往往面临着捉襟见肘的窘迫状态。受访者小薇表示："我现在和我妈妈、外婆、舅舅住在一起。其实我很想搬出来自己住，但是我现在每个月的工资很少，基本没什么可能了。"经济条件上的限制对他们来说是一种现实的阻碍，让他们无法拓展自己的社交圈子，也无法更好地融入集体的社会生活中。

在语言表达和行为特征上，一般来说，听障人的语言表达能力都差于健全人，部分听障人甚至难以说出一句完整的话。从医学上来说，这是因为如果是先天性听障，他们就无法通过听别人的语言发音来学习表达；而如果是后天性听障，也会因为失去外界声音对自己的刺激，已有的语言能力慢慢退化，逐渐失去语言能力。所以，尽管听障人的身体缺陷是"隐性的"，但是，一旦涉及与他人面对面地交流时，这种隐性的缺陷就会马上显现出来。由此，在听障人与健全人沟通的过程中，他们需要借助"中间人"或者通过观察说话人唇语和表情的方式来判断其说话内容或基本态度。这样的沟通方式难免容易产生隔阂与误解。在访谈中，较多听障青年都表达出语言沟通给他们的生活所带来的麻烦与困难。

> 我在外面一般会主动告诉别人我耳聋的情况，因为我是比较严重
> 的耳聋，我虽然有助听器，但是我靠这个助听器能听到的只是大概的
> 内容，所以我提前和别人说，就是希望我们在沟通的时候可以慢一点，
> 要不然人家跟你沟通就会比较麻烦。（陈）
> 我是感音性耳聋患者，听得见声音却听不清内容，比如对方戴口
> 罩我得靠近一点集中聆听才能够听得清楚。我除了聆听还要专注看口
> 型，这样接收信息才能准确一点。（Bruce）

与他人的交流和互动直接影响着听障青年的社会融入感。虽然部分听障青年提到，相比较以前，现在社会对听障人的包容度已经提高了很多，但不能否认的是，听障人所感受到的偏见与漠视依然存在。在这样的情况下，听障青年还是能感觉到自己与健全人之间存在显著的差距，这种距离感让他们产生一种"情感封闭"的倾向，不愿主动结识新的朋友，社会交往处于被动状态。

在更具体的社会关系上，听障青年主要维系着以家庭关系为主、同龄听障人为辅的社交圈子。听障青年的社会关系圈层往往相对简单，较多听障青年在成年后由于身体上的缺陷或是受经济能力的限制，选择继续和家人居住；同时由于工作内容的限制，他们缺乏认识新朋友的机会，也缺乏这种勇气。不过，他们会积极地寻求公益组织所发起的专门针对残障人的公益活动，并尽可能参与到其中。此外，听障青年内部社群中也会经常分享此类活动。

> 我来参加音书这个无障碍写作班是因为我之前加了残联的一个工作人员，当时他发微信推荐给我的。然后之前我也参加了聋协主办的"打破玻璃墙"的活动，主要就是聋人在一起做游戏的那种。（小薇）

由此，听障青年与他人建立的亲密关系还是局限在家庭内部，主要社会交往的对象也仍局限在听障人士或是残障人士内部，还会与同类型听障朋友发展进一步的亲密关系，如伴侣关系等。

> 我加了王者荣耀的游戏群，在群里认识了我现在的男朋友，他也是听障人，不过他不像我，他可以说一点点话。我也是为了他才决定从安徽老家来广州生活的。他对我很好，我买不起助听器，他把自己之前用的助听器送给我了，平时还教我说话。（曼曼）

此外，在文化习得方面，听障青年对青年流行文化不够了解，社会交往难以"破壁"。他们局限在本群体内的社交圈子里，受限于信息获取和语言表达能力，较多接触听力和语言表达的康复训练，这也是为了尽可能和健全人之间进行正常的交流和沟通。对他们来说，能做到基本理解健全人所表达的生活化日常用语已经实属不易，很少主动了解当下青年流行文化的主要内容。加之互联网的流行元素转瞬即逝，很多时候当他们明白一个词或者一种风趣表达的真正含义时，往往这股流行之"风"已经刮向下一个潮流了。

以微信群中的听障青年之间的聊天、互动为例。emoji 即"表情符号"，是线上聊天中一种常见的类语言表达方式。目前，各大社交媒体平台中都生产出一套自己的 emoji 表情，其中以微信和 QQ 的表情符号最为经典。在互联网文化飞速发展的今天，这些表情符号所代表的，已经不再只是其原本所希望表达的含义了。如"微笑""呲牙""偷笑"等表情符号本是传达友好的、热情的态度，而在青年流行文化中，这些表情更多带有嘲讽和"内涵"之意。表情符号含义的演变难以溯源，但已成为当下青年的普遍共识。然而，听障青年接触这些流行文化较少，仍然保持对这些表情符号的本意解读。比如，在音书无障碍写作训练营的线上微信群里，"飞鸿班"成员在群内的交流非常活跃，他们最常使用的表情符号就是"偷笑"和"呲牙"。在他们看来，这是在发自内心地表达自己的真实情绪。

还需要提到的是，听障青年对青年流行文化的了解意愿也不那么积极。

> 我有时候觉得网上的那些段子、梗挺有趣的，但很多时候还是觉得很无聊，也不是很想主动了解。除非我在跟朋友聊天的时候对方说到了一个我不知道的东西，我就会搜一下看看这是什么，保证以后有人再提到的时候，我能加入他们的对话。（小薇）

最后，听障青年普遍尚未建立较强的社会归属感，渴望他人认同。对听障人士来说，他们同样面临着其他残障人士都会存在的心理障碍问题。在访谈中，几乎所有的听障青年都不止一次提到自己成长历程中受到的不公正待遇或是被歧视的经历。这些负面经历成为他们融入社会的最大心理障碍。

> 我最关心的问题主要就是社交，这一块让我困扰很久了。道理都懂，但是心理障碍太大，现实生活中很难真正做到。（Bruce）

一般来说，听障青年在与他人交流前会告诉对方自己的听障问题，他们希望获得的答案是"没关系，不介意"。但是，即使明确表达过这样的意思，在交流中遇到问题后，听障青年还是能非常敏锐地感觉到对方在对话中逐渐变得消极、被动，这也是听障青年更多选择和"同类"进行社会交往的主要原因。

在笔者进行访谈的过程中，听障青年基本都表现出极大的耐心，愿意将自己的经历分享出来，并对自我、对社会事件与现象有着自己的看法，可见他们是乐于向那些友好的陌生人敞开心扉的。然而同时他们也提到，虽然如今政府福利政策倾斜给他们带来了越来越多的便利，但社会中其他人对听障这一群体的偏见还是存在的，很多健全人似乎还是把他们当成"异类"。

整体来看，听障青年仍然面临社会融入的困境。他们受特殊教育影响，社会活动范围狭小，社会交往的对象也受到一定局限。在经济状况上，他们的就业面是狭隘的，就业形式单一、质量较低，难以达到较满意的生活水平。此外，心理拒斥感阻碍听障青年与外界的交流与互动，导致自我效能感低下，难以建立较强的身份认同。由此，听障青年仍感到自己生活在社会"边缘"的位置，对自己的认识与定位也是模糊的。

四、听障青年新媒体使用的基本特征

结合笔者对听障青年的观察与访谈数据，目前其新媒体使用动机大致可以分为两个方面：一方面，将新媒体视作工具，协助个体完成生活中遇到的问题和困难，如交流障碍等；另一方面，听障青年通过新媒体搭建与外界社会之间的联结，新媒体由此成为他们探知新事物、认识新朋友、保持自我学习与提升的重要渠道。

对听障青年来说，他们使用新媒体最首要的目的是更好地传达个人信息，达到与外界正常交流与沟通的效果。如前所述，听障青年融入社会的难点之一就是无法顺畅地进行与健全人之间的沟通，由此，他们手机中普遍安装了专门为听障人士设计的 App，如音书、讯飞听见等，根据听障青年的使用反馈，他们一般认为这类 App 对其与外界的沟通有着至关重要的作用。

> 有音书这个 App，它可以悬浮翻译，比较方便，平时我看直播和短视频的时候也能使用。然后还有讯飞听见 App，也是做得比较好的，翻译的转化率都很好，只要稍微改改就能用了。（Kevin）

此类 App 会设计语音实时转写的功能，当与健全人或是其他类型残障人士进行沟通时，听障青年可以通过 App 来同步了解对方所说的话的内容，而健全人则可以通过"手写板"功能，在及时获取了对方信息后，以键盘输入或是手写的方式表达自己的意思，由此尽最大可能减轻双方间交流延时的情况。在无障碍写作培训班内，根据笔者的观察，部分听障青年还会在上课过程中打开音书或是讯飞听见，利用实时转写功能获取老师讲课的完整内容。除此之外，此类 App 还具备听力和语言表达培训的功能。在表达训练部分，这一功能将语言能力培训分为"音""词""句""文"四个层次，采用"人工智能播读 + 跟读"的形式来循序渐进地引导听障青年学习、练习语言表达；在听力训练部分，则根据听障青年进行的听力测试，为他们智能化推荐听力训练的试题。相较于健全人使用新媒体时所惯用的在线购物、支付、出行等功能，听障青年使用新媒体的动机首先是协助自己与其他人进行正常沟通。此外，从工具效能的视角出发，新媒体还能够为听障青年提供自我学习与提升的平台，最直观的体现就是从 App 中进行听力训练、学习语言表达。

除工具效能外，听障青年使用新媒体的另一大动机便是通过不同种类的 App 来建立与外界的社会联结。虽然他们的社交圈普遍局限在家人和残障人士之中，但在认识更多人、交到更多朋友这一点上，听障青年与健全人有着共同的渴望。在访谈中，听障青年普遍表示自己使用最频繁的新媒体 App 是微信，其次就是豆瓣、小红书、知乎等社交媒体平台，或是抖音、快手等短视频平台，这一点与健全人的新媒体使用行为偏好并无异处。然而，健全人也许更多出于休闲、娱乐的目的使用这些 App，但对听障青年来说，使用它们的主要原因之一，是为了保证让自己不与外界社会脱节，害怕自己的生活处于一种"孤岛"的状态。

> 我加了微信群、微博群，也认识了一些网友，有空闲的时候就在群里和大家闲聊，因为有共同的爱好（动漫推荐、萌宠、拍照），和大家还是挺有话题可以聊的。其实这样也是为了不落后（伍），不然平时身边人都在说一个话题，但我根本没听过，这样显得好傻。（LZY）

部分听障青年在社交媒体平台上的表现十分活跃，从他们的表现和谈吐能看出，他们渴望与他人建立联系，也希望得到外界的认可，尤其是希望能够通过自己的表现来证明，他们和健全人并没有什么"不一样"。他们会以一个社交媒体平台为主要阵地，定期分享、更新自己的生活动态，从内容上来看，他们与其他同龄的健全人没有什么区别，较少涉及与自己的听障问题相关的话题。一位受访者就表示，她使用的新媒体 App 数量非常多，微信读书、简书、小红书、豆瓣、知乎等平台都是她平时了解世界、和外界建立联系的窗口，使用最为频繁的还是微信朋友圈和小红书。根据观察，该受访者发布朋友圈动态的频率是平均两天一条，有时候是每天都会发。内容上，则主要是琐事记录、读书心得、个人感悟等十分生活化的话题。在朋友圈的评论区，她会友好地与朋友进行互动，也会主动给那些表达出积极向上、乐观生活的动态内容点赞、评论。此外，她还开设了个人微信公众号，以文字为主要的表达方式来进行记录，且多以长文的形式出现。她在小红书上会以文字和视频的形式呈现这些内容，由此结识了更多朋友。活跃于社交媒体平台上，让听障青年开始慢慢认识听障群体以外的人，这也是他们重获个人价值的体现。

　　然而，也有听障青年选择将听障问题更直观地展露在陌生人面前，期待以这种坦诚的态度获得他人的认可。在快手等短视频平台上，部分听障青年在发布动态时，会选择在视频封面页写上带有听障特征的文案，如"聋哑女孩在家有人敲门听不到怎么办""听障男孩活出了怎样的人生"等，或是直接将自己的听障情况写在个人简介里："我是不普通的普通听障女孩，希望能把我的正能量传输给你。"他们对快手等短视频平台的内容生态是有所观察的，认为这是一个能够结识新朋友的社交平台。"玩快手的聋人是很多的，所以我打了（封面上与听障信息相关的文字），也是为了能认识到更多的新朋友。在快手上，我的感觉是，比我在现实生活中交朋友要轻松、简单一些。"（不吃香菜）对听障青年来说，也许他们用来拓宽社交圈子的方式各有不同，但都存在对社会联结的需求与渴望。身体机能上的生理性障碍可能让他们无法在现实生活中畅通无阻地与外界进行交流，但借助互联网新媒体技术，他们开始习得与他人进行社会互动的新方法，新媒体也为听障青年提供了融入社会的良好契机。

　　而在使用新媒体这一方面，听障青年的使用动机与健全人之间所体现出来的差异，其实并非完全大相径庭，他们也会如健全人一样将新媒体视作协助生活、学习以及增进社会交往的重要途径，但在具体的使用行为上，听障青年还是因听力障碍的缺陷表现出不同之处。与听障青年交谈过程中，他们普遍承认自己对新媒体、互联网的依赖性。这种依赖性异于健全人的表现是，他们需要借助新媒体工具来维持与他人之间的正常交流，或是使用带有实时转写功能的新媒体 App，或是通过微信等社交媒体以文字输入的方式来进行"对话"。只要他们具有与他人进行沟通的需求，就离不开这两种特殊的表达方式，尤其是前者，多数听障青年表示，如今专为他们设计的实时转写类新媒体 App 已经成为其生活中必不可少的一部分。

> 要是我的手机丢了，我会特别没有安全感，因为我和别人说话、听别人说话都靠这个（笔者注：指音书 App）。但是它有时候也有缺点，比如网络不太好的时候，它翻译文字就会很慢，也会有很多错误。然后我就会很着急。（陈）

当谈及对新媒体的具体使用偏好时，听障青年的使用行为偏好也与自己的听障问题有关，这一点尤其体现在听障青年对以"听"为主要感官功能（之一）的新媒体的态度。一方面，对于网易云音乐等音乐社交类 App，听障青年的使用频率是极少的，哪怕是轻度听障，受长期佩戴助听设备的限制，他们对此类 App 的了解也少之又少。另一方面，重度及以上程度的听障青年普遍认为，抖音、快手等短视频平台对听障人士是不友好的，主要体现在这些平台中的短视频内容往往没有官方字幕，只有部分短视频创作者会根据个人风格，为自己的短视频作品添加上文字说明，这对听障人士来说，增加了获取视频内容信息的成本和难度。由此，听障青年也很少观看直播，因为没有实时字幕的直播对他们而言，"几乎完全不知道（直播）在说什么"。

> 我不怎么看抖音、快手这些 App，就是因为里面的视频很多都没有字幕，我根本不知道他们说什么。B 站也差不多，不过 B 站有字幕的视频会多一点，尤其是长的（视频）。（陈）

此外，听障青年在现实生活中会因为无法通过听力获取信息，且口头表达能力受限，从而显得在社会交往中沉默寡言。但是，在线上社群中，他们却会呈现出不一样的一面。听障青年会积极参与到各类线上社群中，包括和在线下活动中认识到的新朋友组成社群，或是主动搜索、加入与兴趣爱好相关的社群。在社群中，他们的表现也非常活跃，会在社群中积极主动地表达自己的看法和态度。对自己所在社群充满信任的听障青年会认为这里是一个"安全"的地方。这一点特别体现在，他们愿意在社群中谈论一些相对敏感、复杂的话题与社会现象。群成员曾就针对"听障人"以及"聋哑人"等相关称呼进行讨论，表示现在越来越多人在意"聋哑人"的称呼，希望社会能够改称"聋人"为"听障人"，但这样的改变却迟迟没有到来，社会中对听障人士的偏见还是很多。"发音不准，说了别人不理解，别人也没有那么多耐心听我们解释，所以导致我们也不愿意多说。"（"我手写我心"微信社群，2021 年 12 月 7 日）此外，他们对于自己的群体身份有着独特的理解，也十分愿意在社群内将这种态度传递给其他人："如果'真正'的平等是没有健康残疾之分，那就要尊重一切自然现象。聋人的自信包括对文化的自信，手语就是聋人文化的一部分，而提倡平等就要尊重这个现象的存在。"（"我手写我心"微信社群，2021 年 12 月 7 日）

在自我呈现这一点上，听障青年的线上自我呈现与披露行为多兼顾隐蔽性和开放性。在新媒体平台中，当听障青年以虚拟身份和网络中的陌生人交流时，在开始阶段，他们往往倾向于隐瞒自己的听障问题，一方面是由于对自己的缺陷感到自卑，另一方面是希望能够以一种更加平等的身份来进行社会交往。不过，在短视频平台中，部分听障青年的自我披露行为又表现出另一种极端。如前文提到的，听障青年也许会对短视频平台无官方字幕的这一情况感到不适，但为了更积极地融入同龄人社交圈子里，也会定期发布个人短视频，并在短视频的封面或是个人简介、评论区中直接透露自己是听障人的信息。表面上看来，他们似乎已经接纳了自己的听障问题，能坦然面对自己生理上的缺陷，但实际上却传达出一种"残酷的乐观主义"。这种乐观主义体现在，听障青年在社交媒体中能够直白地将自己的缺陷呈现出来，在视频内容中也不断地分享积极生活的理念，为的正是塑造乐观、向上的形象；而这种乐观主义之所以残酷，是因为这样的过程无异于一遍遍提醒他们自己的听障问题，并接受来自社会各方的凝视与评价。

五、新媒体技术赋能视角下听障青年的社会融入

根据"传播无障碍"的概念，理论上不同类型的残障者在借力互联网与新媒体传播技术后，生活中遇到的困难与障碍都能够在一定程度上得到有效的弥

合，从而增进社会生活的便利性和幸福感。① 在这一视角下，着眼于听障青年的生活状态，有必要探讨的问题是：新媒体技术如何为听障青年融入社会而积极赋能？这些赋能行为是否都达到了消弭障碍、提供社会支持的目的，并最终提升听障青年的生活质量，让他们找到自己在社会生活中的位置？由此，结合笔者获得的访谈数据与观察笔记，本节将从经济与就业发展情况、文化认知与接纳程度、社会参与及交流互动和身份认同与心理适应四个方面来具体分析新媒体技术为听障青年的社会融入赋能的过程，并评估其赋能效果。

（一）经济与就业发展情况

经济与就业发展情况是衡量个体社会经济生活状态的首要指标，也与个体的生活质量直接挂钩，成为个体融入社会的基础性条件。这一点对听障青年来说同样如此，尤其是对于已经走出校园、真正步入社会的听障青年来说，拥有一份稳定且薪资不错的工作至关重要。然而，他们在实际求职与工作的经历中，却遭受来自外界的重重阻力，如前文所提到的工作类型单一、时间长、薪资低等，这些问题共同导致了听障青年就业面窄、难以找到合适工作的问题。

> 我现在这份工作做了一年多了，办公室文员，公司很小，平时也很清闲，拿的钱也很少。每次我有想要自己租房出去住的想法（的时候），又想到自己的工资就会觉得很不现实。所以，我最近一直在找新的工作，希望能工资高一点，然后有趣一点。（小薇）

在广泛使用新媒体后，听障青年开始利用新媒体平台来搜集自己想要的求职和工作信息。他们普遍最常使用的其实并非各类求职网站，而是通过微信所关注的与听障人相关的公众号。根据笔者观察，很多听障青年都会关注自己所在地区聋人协会或残联的微信公众号，它们往往会定期为听障青年提供最新就业资讯，还会组织公益性质的就业培训。相对而言，听障青年对这类信息的信任度是比较高的，他们也认为这里提供的就业信息是可靠且多元的，能够让他们有更丰富的选择。

---

① 李东晓，熊梦琪. "可及"之后：新媒体的无障碍传播研究与反思［J］. 浙江学刊，2017（6）：199 - 206.

　　此外，求职网站也是他们获得求职信息的来源之一。他们能在求职网站中找到的工作，往往选择范围更广、薪资相对更高。一方面，在"智联招聘""51Job""猎聘""拉勾网"等规模较大的招聘网站中搜索关键词，会出现相关的"残疾人专岗"，这部分职位的提供是企业借助新媒体实现社会责任的渠道，也为听障青年创造了更多可能性。如线上销售顾问、银行营运部职员、人力资源培训主任、档案管理员等岗位，都是工作内容新颖、薪资表现力较好的残疾人专岗，且它们也考虑到残障人士的生理缺陷，放宽了招聘的硬性标准，如学历上多为"中专/大专及以上"或是"学历不限"。在所有残障类别中，如果单从最直观的身体体征上来看，听障青年的体征缺陷是相对不那么明显的，这一点让他们的求职过程相对更加顺利，求职成功的概率也会更大。另外，部分没有标注"残疾人专岗"的职位，也会接受残障人士的简历投递与面试，若面试结果达到录用标准，听障青年也能像健全人一样顺利入职。"熟人提供给我的工作，其实很难让我真的学到东西。反而是我自己找的工作，因为是我自己想做的，就会主动学。"（晨曦）

　　听障青年大多处于"无声的世界"中，他们所体会到的孤独感较为强烈，这也和他们在和健全人交流时遇到的问题与困难有密切的关系。所以，他们将视线转移到线上，通过新媒体经济活动获得短暂的陪伴感与归属感。听障青年的新媒体经济活动可以分为两大类：个体消费行为与创造收入行为。在消费行为方面，听障青年会通过购买不同类型 App 的资源或是会员资格来充实自己的兴趣爱好。这部分为虚拟内容所进行的消费行为表现实际上与健全人并无异处，但听障青年花费在这些虚拟内容上的时间会相对更多。"微信读书每个月要交会员费，可以免广告，能看更多的书。我比较喜欢独处，让我一个人待着比让我和别人打交道更舒服，所以我一个人的时候主要就是看书、看电影。"（小薇）

　　除线上的泛物质化消费行为以外，听障青年还会表现出一些相对特殊的经济活动行为，这些行为多以获得社交感和陪伴感为主要目的。在微信公众号、短视频平台等平台中，听障青年会通过个人分享的形式获得打赏，还能够通过短视频分享带货或是直播的方式来获取收益。另外，也有听障青年以定期更新微信公众号文章的方式来获得"赞赏"。

　　不过，对听障青年来说，以这种形式获取收益并非主要目的。最重要的是，他们能通过这种方式来增进与陌生人之间的交流，获得社交感与陪伴感，发现自我价值。在这样的时刻中，他们会感受到他人对自己的认可，这种态度对听障青年来说至关重要。比如在个人分享、推广内容以外，听障青年在短视频平台中的身份更多是用户和观看者，他们也会通过购买其他短视频创作者的推广产品，以期获得他们的关注和交流互动。这种消费行为同样是听障青年创造社会联结、增进社会交流的尝试之一。然而，不尽人意的是，这种联结本质上是短暂且微弱的，难以维系下去。

（二）文化认知与接纳程度

在教育学习与文化认知上，18~23 岁的听障青年还处于接受高等教育时期，所接触到的社会范围也主要是校园内。这一阶段，听障青年在接受校园教育时也会积极通过新媒体渠道，参与到各类线上教育与课程活动中。除校园教育外，听障青年自主学习的主动性是非常高涨的，主要体现在通过新媒体渠道了解教育培训与学习的信息，或是以新媒体 App 为主要的学习媒介。多数听障青年即使成年且步入社会后，仍然面临听力康复或是话语表达的问题，需要借助持续的训练，才能保证自己的听、说能力处于不断进步的状态。由此，听障青年会保持对相关信息的关注与留意，并积极参与到各类自主学习的教育培训当中。以"音书无障碍沟通研究中心"及其相关 App 为例，该组织成立后就一直致力于提升听障人士的社会生活质量，发起了较多公益活动，其中"我手写我心"听障写作训练营就是较具代表性的活动之一。该组织在听障青年群体中目前已经形成一定规模的影响力，听障青年往往通过组织负责人所创立的线上社群或是官方微信公众号获取课程动态的信息，积极参与到课程当中来。学员既可以通过报名的方式参加线下课程（于固定时间、地点定期进行授课），也可以通过公众号实时观看每次课程的直播内容。在课程结束后，公众号也会发布不同场次课程的完整视频和总结，以供听障青年自主复习使用。

> 对我们听力有问题的人来说，必须保持不间断的听力练习和说话练习，尤其是听力，我们本身这两种能力就很差，如果一段时间不练的话，退化得很快，我们虽然会手语，但其实不能把它当作唯一的交流形式，还是要保证，起码基本的听和说的能力不要退步。（陈）

除了正规的授课以外，音书还会根据学员的听障程度和学习程度组建专门的课程社群，在社群中，授课老师会定期组织大家进行课程内容的复习，并分享与课程相关的知识点，在听障程度较严重、表达能力较差的学员社群中，主要分享常见词语、成语干货，或是句子结构分析等内容；在听障程度相对不那么严重或者借助人工耳蜗、助听器等工具能够基本完成信息接受与正常对话的学员社群中，老师则会主动发起一些难度相对较高的作业任务，鼓励大家积极发言、完成作业。据笔者观察，在社群中，群成员探讨学习和进行话题交流的氛围是非常健康、积极的，有近一半的群成员能积极响应老师，在课余时间参与到社群内的讨论中。这种教育培训模式在为听障青年的学习和自我提升创造新空间的同时，还打开了社会交往的新窗口。尤其是参与线下课程的学员，实际上在学习的同时，更增加了自己与他人交流的机会。

在电子化、信息化产品盛行的时代，电子商务、网络游戏、短视频社交平台等网络文化产业也得到迅猛发展，以将新媒体技术为底层逻辑的电子化产品为介质，创造、传播、接收文化，并基于自己的理解进行二次创作，是如今青年人对待流行文化的最显著特征。听障青年虽然存在生理上的缺陷，但同样从属于青年群体，探知他们对青年流行文化的接触、了解程度及相关基本态度，也能看出他们在社会生活中的状态，以及为融入集体作出的努力。在认知态度与行为方面，从互联网新媒体的视角来看，听障青年对当今青年流行文化的态度是：他们认为这些文化内容能够给个人生活带来"润滑剂"，也认可它们存在一定合理、有趣之处，但整体上仍保持较为谨慎的态度。

> 现在这些网络上的东西，空闲的时候看看挺有意思的，也很长见识，但是多了的话我还是觉得有点无聊，真的没必要花太多时间在上面。在网上主动接触新的事情也算是一件好事吧，但是又不完全是。（LZY）

受制于听力障碍与语言表达能力的障碍，听障青年对文本的解读原就需要耗费更高的理解成本，他们必须借助新媒体来了解快速变迁的青年流行文化背后所表达的真实含义。"跟别人聊天的时候总会感觉，怎么大家说的这个东西我都不知道？后来我发现我也不能落伍，就会开始了解一下现在最流行的东西是什么，慢慢也觉得其实挺有意思的。"（ZZ）目前来看，听障青年对流行文化的理解和认识度也可能成为阻碍他们融入青年群体的因素之一，而新媒体能够帮助他们有效地接触、解读青年流行文化。虽然青年流行文化的内容并非全然是积极正面的，但多多了解不同的观点、态度和立场，有利于听障青年更全面地认识社会文化、融入社会群体。

（三）社会参与及交流互动

从社会参与及交流互动的维度来看，听障青年确实属于社会弱势群体，并由于存在目前难以完全消弭的、与健全人之间的社会经济地位的差距，他们对自己在社会中的地位是一直保持怀疑态度的，仍认为自己在社会事件与政治事件中"可有可无"。由此，他们的公民意识也相对较弱，常常对社会民生话题与政治问题、政治活动的态度较为冷淡，关注度普遍不高。"新闻平时会看，但是很少，政治的那种新闻也很少，除非是特别重大的事，这种事想不知道也不太可能。"（陈）将这一问题置于新媒体技术赋能的视角下，即需要借助新媒体的力量，重新唤醒听障青年参与社会事件、关注社会动态的意识。需要让他们认识到，自己的意见是得到重视的，尤其是在涉及国计民生的社会事件、政策方针等系列相关的问题上。

在访谈过程中，听障青年大多表示，在自己没有频繁接触新媒体时，极少会定期关注新闻事件，更没有养成主动、定期了解社会动态的习惯。一方面是因为个人的了解意愿不强，另一方面则是因为没有便捷的渠道可以获得相关信息，对社会事件和政治、政策、方针等消息的印象还停留在传统的电视新闻联播中。但是，当智能手机等信息化产品越来越成为生活必需品时，听障青年也发现，这些社会公共事件的消息触达自己的次数越来越多，尤其是在 App 智能化推荐技术的帮助下，他们接触不同种类信息的概率也在增加。不过，需要承认的是，这一过程也是充满偶然性和选择性的，听障青年在浏览社交媒体时，只有看到自己比较感兴趣的话题，才会主动点进去了解一下始末；同时，他们了解社会事件的渠道也并非专业的新闻资讯类 App 或网站，而是官方微信公众号或微博等非新闻内容垂类平台。所以，获取新闻资讯对他们来说，更多还是一种碎片化行为。另外，在针对社会事件的观点表达上，听障青年也极少主动明确表示自己的态度，一方面和他们谨慎的个人习惯有关，另一方面也是因为他们感到自己的声音"无关紧要"。"新浪新闻什么的有时候会给我自动推荐新闻，有能吸引我的我就看看。几乎不会发评论、留言，因为没有意义，而且要是有人和你意见不一样，还有可能会被骂。"（Hannna）归根结底，听障青年还是没有认识到自己在社会事务中的角色，对待社会事件还是不够积极、主动。

在日常的现实生活中，个体会通过面部表情、肢体语言等，给别人留下对自己的印象；而在新媒体技术的加持下，如今各大类型的媒介平台都开始延伸出社交功能，这正是"内容平台社交化"的显著趋势。在这样的情况下，个体与他人之间的互动方式是相对间接的，主要通过自己发布的文字、图片、短视频等多种媒介形式，有意无意地进行自我呈现。也就是说，以微信朋友圈为代表的各类泛社交内容平台，都是虚拟世界中自我呈现、与他人进行互动的空间，为个体的形象塑造创造了条件。[1]

听障青年对新媒体最直接、广泛的接触是微信、QQ等以即时通信功能为主的应用程序，其次便是其衍生出的社交空间。在与他人面对面交流时，听障青年会出于敏感的自卑心理，较少主动地与他人进行社会交往，也羞于介绍自己的基本情况。但在朋友圈等空间里，听障青年往往表现得更为主动、积极。根据线索消除理论，网络空间中的人际传播消除了很多面对面交流中的必要因素，比如面部表情、目光接触、肢体语言、语音语调、周边环境作用等。一般来说，缺乏这些要素的传播过程是不完整的，这种语境下所诞生的社交关系也并非完全稳定、真实、有效。然而，正是面对面交流的这些线索的消失，恰好让听障青年感到能够更"自由"地进行自我呈现与表达。

根据笔者观察，听障青年在朋友圈的自我呈现整体来说较为频繁且趋向于呈现个人生活中积极、精致的一面，这和他们在面对面的人际交往中不够自信、习惯隐藏自我的表现形成了对比。另外，在其他以弱社交关系为主的平台中，听障青年的自我呈现与社交互动行为会相对更加活跃，这是因为在这些空间里，真正与自己熟识的人并不多，社交压力较小，他们完全可以不主动坦白自己的听障问题，在这样的情况下与陌生人进行交流。

> 除开我自己（听障）的问题不谈，我觉得我和其他人都是差不多的。在网上，大家反正都是打字，能有什么区别？（潘）

（四）身份认同与心理适应

在身份认同与心理适应的问题上，在访谈过程中，听障青年表示，他人如

---

[1]　余玉婷，王萍，黄镕玉. 新媒体下的自我呈现：基于亲密度的朋友圈印象管理模式[J]. 教育现代化，2019，6（64）：236-237.

何称呼本群体能看出其对听障群体的基本态度。在他们看来，听力障碍具有不同类型、不同程度，只有极重度听障以上且无法通过人工耳蜗、助听器听到任何声音的情况才会被定义为完全的耳聋，但外界却习惯性地将所有听障人士都称为"聋人"。相比之下，他们更愿意被称为"听障人"，而不是"残疾人"，前者让他们感到自己只是具有听力方面的问题，但后者却往往让他们觉得自己是"不完整的"，容易产生一种"自我边缘化"的心理。另外，他们在成长过程中遭遇的偏见与歧视，也让他们无法正确看待自己的听障问题。

"社会上对听障还是有很多的偏见，认为你听不见了，你的智商肯定有问题，只能做些简单的事情。这是真实（发生）的，我还记得有人问我朋友，我是不是智商有问题？"（ZZ）这样的经历实际上伴随着几乎每一个听障青年的生活，每次遇到这样的情况，他们总是觉得十分无助、沮丧，却无法辩驳，因为在他们的个人认知里，正是因为听障问题，让自己"不像一个正常人"。这样的认知在很大程度上，和听障青年的社交圈有密不可分的关系。受访者提到自己参加线上、线下活动的经历时曾明确表示，听障人需要打开通往外界的窗口，才有机会从自卑的状态中脱离出来，对自己听障人士的身份有更全面的认识。

> 我参加这个活动最大的改变就是心态的问题，以前我习惯一个人，偶尔也会感觉自己很倒霉。但是我参加了各种听障人的活动之后，我就知道了，其实世界上有很多跟我一样甚至比我（的听障程度）还要严重的人，我已经很幸运了。（小薇）

听障青年与"同类"打交道的过程，其实也是观察他人和自我观察与反思的过程。尤其是在线上社群里，群成员会更活跃地表达和呈现自己的态度与观点，听障青年会十分在意他人表达的方式，以及他所输出的观点与自己是否相契合。在这过程中听障青年相互确认彼此身份，并在不断思考和评估之中完成对自己的认识，以及对"听障人"这一身份的认识。听障青年真正融入社会中需要健康的社会心态，其前提就是正确认识并接纳自己的身份。

对听障青年来说，从外界获得的社会支持是至关重要的。社会支持的来源是多方面的，包括国家与政府、社会企业、社会组织、家庭、朋友等。前文已经提到，听障青年的社交范围是局限的，身边最亲密的社交关系网络正是由家庭成员和朋友构成的。在与听障青年交谈的过程中，他们也提到这些亲密关系带来的问题：有时候，家人与朋友并不能对自己的心境感同身受。尤其是在感受到外界的歧视与偏见后，他们认为，自己往往得不到有效的理解和支持，而这会加剧他们的负面情绪。由此，听障青年将目光转向亲密关系以外的社交圈，努力通过其他渠道认识自己的"同类"或是能够理解自己的人。在增进听障青年与外界的交流互动方面，新媒体技术发挥出巨大作用。

听障青年认为通过新媒体形式进行社会交往与沟通是一个增强自我效能感、获得社会支持的过程。他们十分重视自己在社交媒体平台中的表现，即使是在告知自己听障问题的情况下，还是会努力维持好自己的形象。这种来自陌生人的善意，让他们觉得非常珍贵。此外，听障青年还会发挥自身对听障问题的了解优势，分享一些比较实用的科普知识与经验，如以视频的形式教授简单的手语，或是讲述自己因为听障遇到的困难，为更多听障人提供参考。"在小红书上，我会定期更新一些听障人的实用知识小视频，比如助听器的挑选，每次虽然来看的人并不多，但是还是会有人看了之后给我留言、评论，有的是鼓励的话，有的是问一些和视频内容有关的比较专业的问题。"（妮妮）这样的经历大大提高了他们的自我效能感，能够让他们感受到"自己也是被需要的"。

可见，听障青年主要需要的社会支持已经从过去的物质性支持慢慢变成精神性支持，从外界获得的肯定、鼓励与认同能给予他们积极面对生活的勇气和信心。听障青年的新媒体表现多是正面的，也是他们希望获得关注与认可的初衷。

六、小结

本章了解了听障青年的社会融入所面临的现状与困境，发现他们目前的经济水平受到自身条件的限制，尚未达到心中理想的生活状态，这从基础条件上限制了他们更好地融入社会。其次，听障青年普遍个人听力和表达能力较差，在与人沟通方面存在较大问题，难以维系除家庭、好友之外的亲密关系，社交范围狭隘。此外，听障青年对社会文化的感知也不够敏锐，存在被同龄人隔绝开来的情况。同时，他们也未能成功建立社会归属感，没有在社会中找准自己的位置。这些问题都阻碍着听障青年与外界的社会交往，让他们无法摆脱现实生活的困境，需要一个新的突破口来开创听障青年社会融入的新局面。此外，新媒体技术赋予听障青年社会融入的机会与条件，但也受到现实制约，听障青年的媒介素养需要得到进一步的提高。目前，如信息冗余、对事件的甄别不清以及对社会事务的了解不够等问题，都让听障青年在实现真正的社会融入上还存在一定问题。

如今，新媒体已经从不同维度持续不断地为听障青年赋能，也已经取得了较大成效。但是，仍需要将听障青年的社会融入问题作为长期探讨和观察的对象，并积极联动社会各方力量，借力新媒体技术，帮助听障青年更深层次地融入社会生活中来。从国家和政府的视角来看，各级政府都必须进一步发挥政务新媒体的作用，不断提升为听障青年提供服务的效率与质量，从资金、政策等多方面引导听障青年融入社会。从企业的视角来看，应肩负起社会责任，不忘公共利益，为听障青年更好地生活在社会中创造条件和空间。公益组织应采取线上线下双联动的模式，激发听障青年的主体性，要善于利用新媒体的传播特点设计、开展线上的宣传与活动，逐步消除听障青年的心理芥蒂，鼓励他们走出家门、走出舒适圈，认识更多人、发现更广阔的天地。最后，听障青年个体的主观能动性也至关重要，需要不断增强其对新媒体的使用意识，并树立正确的使用态度，让新媒体技术真正"为我所用"，改善其社会生活的封闭状态。

第二部分

社交媒体展演

…… ……

第四章

媒介赋权：残障女性的短视频身体展演*

　　根据第六次全国人口普查全国总人口数及第二次全国残疾人抽样调查，可推算出 2010 年末我国残障者总人数达 8 502 万人，占全国总人口的比例约为 6.34%。在各类残疾人之中，肢体残疾的人数高达 2 472 万人，占我国残疾人口的 29.08%。从残疾等级来看，重度残疾者约为 2 518 万人，中度和轻度残疾者约为 5 984 万人。① 可以看到，我国残障人群的数量十分庞大，然而我们在日常出行时却很少看见他们。事实上，残障人士在公共空间的可见度非常之低，他们常常被认为是不便出行的，其活动范围大多限定在家中。当下的社会处于转型时期，残障人群仍旧面临各方面的问题，例如教育、就业和无障碍出行等，同时面临较为严重的歧视问题。在以往的时代中，那些自称"正常"的非残障群体了解残障者的渠道大多来自传统媒体，加之残障群体在公共领域的可见度低，于是对这一群体的刻板印象就愈发严重，大多局限于"悲惨—励志"的二元叙事框架。②

　　情况或许正在改变。2004 年开始，短视频在国内逐渐发展；2016 年之后开始爆发式增长，从快手到抖音，再到微信视频号，短视频正在野蛮地占据人们的注意力。中国互联网络信息中心（CNNIC）发布的《第 49 次中国互联网络发展状况统计报告》显示，截至 2021 年的 12 月，我国网民规模 10.32 亿，农村

---

　　*　本章执笔者：邹露，复旦大学新闻学院硕士研究生。
　　①　中国残疾人联合会. 2010 年末全国残疾人总数及各类、不同残疾等级人数 [EB/OL]. (2021 - 02 - 20). https://www.cdpf.org.cn/zwgk/zccx/cjrgk/15e9ac67d7124f3fb4a23b7e2ac739aa.htm.
　　②　章玉萍. 残障文化与另类新媒体传播：基于传播行动者的视角 [J]. 中国媒体发展研究报告，2018（0）：216 - 232，256.

地区的互联网普及率为 57.6%，网络视频（含短视频）用户规模达到 9.75 亿，占网民整体的 94.5%。① 建立于 2011 年的快手是一个以短视频为主要传播形态的社交平台，该平台国内月活用户数约 4 亿，用户主要集中于教育程度较低的三、四线城市及乡镇；而抖音的用户集中在一、二线城市，25~35 岁的用户较多。② 在快手和抖音的用户群里，存在着大量残障人士，他们将自己的日常生活拍成视频发到平台上，又或者通过开直播与粉丝达成互动，甚至开起了"快手小店"，还有的利用平台进行直播带货。在这个过程中，短视频平台成为残障群体之间、残障群体与非残障群体之间建立连接的虚拟窗口。

一、文献综述

（一）残障研究的身体转向

在尼采的哲学传统中，身体并未获得其自主性，更多作为一种经济学维度上的工具，人们压制身体，贬低身体，又甚至于忽略身体，以笛卡尔和黑格尔为代表的哲学家将身体当成意识的对立面。从尼采开始，身体的动物性回归哲学领域的讨论，身体不再是一种无足轻重的工具。尼采将身体当作"权力意志"，权力意志是一种力与力的纷争关系，是可变形的基础本体。这种"力"的世界与德勒兹的"欲望"世界具有某种程度上的同构性，德勒兹的欲望机器在不停生产创作，创造也在生产着现实，这种欲望是积极性的。③ 继承了尼采关于身体的概念后，福柯相反地认为身体并不具备无坚不摧的主动性和生产性，而是被权力关系控制、干预着，被改造、矫正和规范化的身体具有被动铭记性。④ 布尔迪厄认为，身体同时是一种资本，在不同实践与习惯的引领下，身体会成为区隔人群的标记。从尼采到布尔迪厄，"身体"的意涵不断地变化：尼采认为身体是一种权力意志，德勒兹侧重书写身体的欲望，福柯提出被惩罚

① 中国互联网络信息中心. 第 49 次中国互联网络发展状况统计报告[EB/OL]. (2022 - 02 - 25). https://www.cnnic.net.cn/hlwfzyj/hlwxzbg/hlwtjbg/202202/P020220407403488048 001. pdf.
② 姚卓然. 中概股｜抖音 vs 快手 两强争霸谁占优？[EB/OL]. (2021 - 01 - 19). https://www.cdpf.org.cn/zwgk/zccx/cjrgk/15e9ac67d7124f3fb4a23b7e2ac739aa.htm.
③ 汪民安，陈永国. 身体转向[J]. 外国文学, 2004 (1)：36 - 44.
④ 米歇尔·福柯. 规训与惩罚[M]. 刘北成，等译. 北京：生活·读书·新知三联书店, 2003：7.

和规训的身体，布迪厄则将身体视为资本。在笔者看来，在当下的数字化媒介时代中，人们认识身体的方式发生了巨大转变，短视频平台的兴起让身体成为一种直接刺激欲望的景观，身体既是欲望的来源，也是被规训的对象，同时也是资本。

从尼采宣称"一切从身体开始"起，一种身体转向从哲学思辨蔓延至人文社科的各个领域。20世纪80年代以来，身体作为重要的研究范式和研究对象回归社会学视野，包括对残障群体的观察与研究。特纳将我们的社会看作一个"肉身的社会"（somatic society），而"体现"（embodiment）正是产生于日常生活当中的肉身实践集合，身体具有一定的个体主观性，但同时也是被特定社会文化与社会结构所塑造的结果。① 在特定的文化情境中，残障者的身体集合了一些关于脆弱、认同与控制的社会焦虑。② 戈夫曼认为身体的"残损"其实就是一种"污名"，被"污名"的残障群体在被贴上能力低下、悲惨的标签后，会内化其标签，并形成"残损"的社会认同，同时他们还会通过掩饰自己身体上的缺陷证明自己像个正常人一样有能力去争取社会接纳。③ 戴维斯则认为非残障者在与残障者的互动中会"虚假接纳"他们，同时残障者也会通过努力表现得像一个"正常人"一样，以期让非残障者接纳他们为一个"正常"的个体。④

在国内，聚焦残障的身体研究并不多，并且多为生物学、医学领域的研究。近几年也出现了一些社会学视角下的残障身体研究，黄盈盈在关于乳腺癌的文章中第一次提出残缺身体的概念。⑤ 鲍雨和黄盈盈根据时间相继性提出社会偏差、社会压迫、日常经验和身体"体现"这四种残障的西方社会学理论研究范式。⑥ 其中，残障的身体"体现"理论解构了偏差与压迫产生的原因，即"文

① ALBRECHT G L, SEELMAN K D, BURY M. Handbook of disability studies [M]. London：Sage，2001.

② THOMSON R G. Extraordinary bodies：figuring physical disability in American culture and literature [M]. New York：Columbia University Press，1997.

③ 欧文·戈夫曼. 污名：受损身份管理札记 [M]. 宋立宏，译. 北京：商务印书馆，2009.

④ DAVIS F. Deviance disavowal：the management of strained interaction by the visibly handicapped [J]. Social problems，1961，9（2）：120-132.

⑤ 黄盈盈. 性/别、身体与故事社会学 [M]. 北京：社会科学文献出版社，2018.

⑥ 鲍雨，黄盈盈. 从偏差到"体现"：对"残障"意义的社会学理解 [J]. 北京社会科学，2015（5）：57-64.

化或者说人们观念中的社会分类标准是社会压迫和社会歧视的根源"。① 受到现象学的影响,对于残障群体的"残损"分析愈发转向对其身体经验的考察,鲍雨将脊髓损伤者的身体作为关注点,考察残障者在日常生活中的身体经验,发现他们具有个体主动性,能通过护理肉身性身体和培育延展性身体来适应自身"残损"的身体,然而这也严重挤压了他们的时间与精力,进一步导致了个体与社会的疏离。②

(二) 短视频与媒介赋权

赋权(empowerment)又可以被译为"增权"和"赋能",从字面意思来看即赋予某一群体或个人权力,这种权力包括能力、社会资源、社会资本以及从此出发的影响力等,在实践中意指挖掘与激发个体、群体或者组织的潜能。③ 对于赋权的理解存在多种不同的维度,谢进川认为"权力"问题可以转化为"能力"问题,探讨赋权问题时应该先考察"失能"的问题。④ 赋权可以被理解为一种过程,即个人、群体或组织的能力与权力被强化并能够采取行动改善其弱势状态的过程。⑤ 赋权也可以被看作是一种结果,是客观上和主观上的弱势群体的自尊、自信以及权力感的获取,也涉及资源的重新分配。⑥ 赋权的对象既包括客观上处于无权或弱权的弱势群体或失能群体,同时也包括主观上认为自己"无权"的群体。残障群体包括智力或者生理缺陷的人群,本研究关注的肢体残障女性同时面临身体上的残损与女性身份边缘性的双重压迫。

赋权在发展传播学领域一直是一项重要问题,媒介赋权与技术赋权有所交叉但并不等同。当谈论媒介赋权的概念时,要注意到我们身处的是一个多形态多维度的视觉传播时代,而赋权议题也因此从偏向传播工具的技术赋权转向至

---

① 鲍雨,黄盈盈. 从偏差到"体现":对"残障"意义的社会学理解 [J]. 北京社会科学,2015 (5):57-64.

② 鲍雨. 身体麻烦:对脊髓损伤者日常生活中残障经验的考察 [J]. 社会学评论,2017,5 (3):76-86.

③ 杨绍婷,郭小安. 视觉传播时代的图像赋权:研究理路、展演策略及实现路径 [J]. 郑州大学学报 (哲学社会科学版),2020,53 (4):120-125.

④ 谢进川. 试论传播学中的增权研究 [J]. 国际新闻界,2008 (4):33-37.

⑤ GUTIERREZ L M. Beyond coping:an empowerment perspective on stressful life events [J]. Journal of sociology & social welfare,1994 (3):201-219.

⑥ BOEHM A,BOEHM E. Community theatre as a means of empowerment in social work:a case study of women's community theatre [J]. Journal of social work,2003 (3):283-300.

侧重介质与平台的媒介赋权。更进一步讲，当下的媒介生态不同于数十年前，在传统媒体时代，人们获知残障群体的渠道大多局限于报刊电视等大众媒介，如今的新媒介和自媒体作为一个社会链条嵌入人们的社会交流和实践中。① 艾晓明提出，图像时代的到来使得弱势群体能够借助视觉的可见度来提升抗争的力量。② 杨绍婷等提出"图像赋权"的概念，认为媒介赋权偏向于使用一种由外向内的视角，由上至下地赋予弱势群体以权力，而图像赋权则是基于由内至外的参与视角，将弱势群体的个体能动性纳入考量，"对弱者自身参与性的强调，通过激发其潜能实现对社会事务的主动积极参与"。③ Wang 等提出"影像发声法"，认为赋权对象具有主观能动性，能通过自主拍摄视频发声。④ 短视频时代的到来加速了这一由内至外的赋权进程，对于残障者来说亦然。有研究表明，残障群体并非全然被动，他们同时也是积极的行动者，试图找到颠覆日常生活中所经历的边缘化的方法。⑤ 然而，国内关于短视频与媒介赋权的研究并不多，其中更多聚焦乡镇青年和城乡差距，比如翁能以快手为分析对象，研究农民参与手机短视频制作生产的媒介赋权⑥。对于残障群体的赋权研究，多集中在社会工作学领域，关于残障群体的媒介赋权研究目前仍旧处于空白阶段。

通过以上文献的梳理，笔者简单回顾了残障研究的身体转向、短视频与媒介赋权的相关研究。我们不难发现，对于残障群体的研究已然发生身体转向，但更多对焦的是生物学上的身体治疗以及日常生活的身体经验，鲜有传播学者关注在各种媒介形态中作为景观的残障身体。赋权在残障群体的研究中是一个颇为重要的概念，过去这一块多为社会工作者需要关注的问题。当下我们已然进入"万物皆媒"的信息时代之中，短视频为残障群体创造了一个低门槛的发声平台，快手和抖音等短视频平台散布着大量自称残障的用户群体，他们已经不再像以往那样需要依靠电视台和报刊进行自我表达与公共参与。对此，笔者

① 黄月琴. 新媒介技术视野下的传播与赋权研究 [J]. 湖北大学学报（哲学社会科学版），2016，43（6）：140–145，164.

② 马杰伟. 视觉社运：艾晓明、卜卫对谈 [J]. 传播与社会学刊，2009（10）.

③ 杨绍婷，郭小安. 视觉传播时代的图像赋权：研究理路、展演策略及实现路径 [J]. 郑州大学学报（哲学社会科学版），2020，53（4）：120–125.

④ WANG C C, BURRIS M A. Photovoice: concept, methodology, and use for participatory needs assessment health [J]. Education and behavior, 1997（3）：369–387.

⑤ CARMEN Y. Sex and stigma: the impact of structural violence on people with disabilities in Taiwan [J]. China journal of social work, 2019, 12（2）.

⑥ 翁能. 农民参与手机短视频生产的媒介赋权研究 [D]. 武汉：华中科技大学，2019.

认为对于残障群体的媒介赋权研究十分有必要。

公众对残障的身体与性存在这样一种信念，认为残障者没有能力发展一段亲密关系，也认为他们缺乏性吸引力。残障者在短视频中的身体呈现也与非残障者有所不同，这种不同或许是天生的，但也有可能是后天习得，在一定的社会文化环境中被规训的。在这个过程中，由于女性自古以来作为性客体存在，女性的身体总是当作景观被观看着、审视着，因此我们认为，残障女性的身体更缺乏自主性，她们处于残障与性别的双重压迫之中。本研究聚焦于残障女性在短视频中的身体展演之原因便来源于此。

此外，由于残障的概念包括身体和智力、精神上的残损，而身体残损内部又被划分为各种类型，视障、听障和肢体残障者有着全然不同的身体经验和对世界的感知。为了避免繁缛而无效的研究，笔者最终将研究对象聚焦于女性肢体残障者。

要说明的一点是，自我是叙事性的自我，笔者认为身体与叙事是紧密结合的，评判技术平台对于某一弱势群体的赋权有效性时，并不能仅仅从身体这一方面入手，而应先考察社会普遍存在的污名和刻板印象，其中就包括对于残障群体的性污名和扁平化的传统二元叙事。在此基础上，我们再从这两个方面着手分析媒介赋权的有效与局限。

基于上文的研究综述、文献回顾和说明，我想可以明确此研究所要探讨的问题：

（1）残障女性的身体与形象面临何种污名？

（2）通过短视频，残障女性的身体展演与个体叙事发生何种变化？

（3）作为"产消者"的残障女性，通过短视频进行公共表达的同时受到了何种规训？

二、研究方法

本章主要采用了深度访谈和文本分析相结合的方法。在快手和抖音上持续三个月的观察中，笔者深度关注了四十名残障女性拍摄的短视频内容，加入她们的粉丝群，通过参与各种形式的直播与她们建立联系。

（一）深度访谈法

定性调查中访谈对象的选取涉及的"代表性"问题，向来饱受量化研究者的诟病。在这个问题上，潘绥铭等学者认为，定量研究和定性研究在"代表性"上的区别并非"能在多大程度上代表"，而在于"究竟要代表什么"。① 与定量研究希望代表"总体中的所有个体"不同的是，定性研究希望代表"与研究主题相关的所有信息"。在定性研究的领域中，有三种性质不同的思路，分别是"求同法""求全法"和"求异法"。② "求异法"即发现我们想当然或不知道的某现象的现实状况内部的多样性与差异性，或努力发现同一特征、现象在不同调查单位中的不同存在形式。建立在"求异法"的基础之上，我们可以通过"最大差异的信息饱和法"来寻找合适的访谈对象。扎根理论中提出的"持续对比分析法"（CCM）很好地回应了"求异法"的需求，基于信息饱和原则，在访谈过程中不断建构"理论饱和"，这也是研究者与访谈对象共同建构的过程。③ 最终，在最大差异选择法的指导下，笔者共联系到了五名访谈对象，皆为女性肢体残障者，具体信息见表4-1。

表4-1 访谈对象具体信息

编号	年龄	居住地	受教育程度	职业	主要发布平台
F01	30	山西太原	未接受过正规学历教育	婚纱摄影师	抖音
F02	52	辽宁沈阳	中专	民宿老板	抖音
F03	20	广东深圳	本科	公司客服	B站
F04	39	天津	小学	待业	快手
F05	40	广东东莞	小学	待业	快手

此外，笔者曾接触过一位患有脊髓性肌肉萎缩症（SMA）的残障女性Carmen，并与她进行过深度访谈，尽管她并未在短视频平台发表作品，但其访谈资料对该研究存在一定价值，因此也作为分析材料的一部分。

---

① 潘绥铭，姚星亮，黄盈盈. 论定性调查的人数问题：是"代表性"还是"代表什么"的问题："最大差异的信息饱和法"及其方法论意义 [J]. 社会科学研究，2010（4）：108-115.

② 黄盈盈，潘绥铭，王东. 定性调查："求同法""求异法"与"求全法"的不同性质 [J]. 中国人民大学学报，2008（4）：136-141.

③ 潘绥铭，姚星亮，黄盈盈. 论定性调查的人数问题：是"代表性"还是"代表什么"的问题："最大差异的信息饱和法"及其方法论意义 [J]. 社会科学研究，2010（4）：108-115.

（二）文本分析法

任何意义的传达必须使用以某种方式被接受者感知的符号，意义本身就是在符号组成的信息中产生的。关于符号，不同学者基于各自的细分领域和研究问题给出了不同的定义。在索绪尔的二元模型中，他将可感知的形式与未出现的对象分别表述为了能指（signifier）与所指（signified）①。此后，罗兰·巴特提出神话学，认为神话是"被建构来为文本读者或观众传送特别信息的关于人群、产品地点和思想的思考方法"②。巴特认为每一件物品都有可能是一种言谈，他们并不仅仅是事实层面的显现，总是想要意指更深层次的意义。③ 所谓意指，就是能指和所指之间的一种关系，能指与所指的简单结合是直接意指。④ 再往前推一步，第一系统中的能指和所指构成的符号表意过程，在第二系统中扮演着能指或所指的角色，一级意指形成符号的外延意义，二级意指产生内涵意义，能指与所指的结合形成一个新的能指，而所形成的新的能指又指向了一个更大的所指，这就是意识形态神话。它成为内化在社会个体中的集体无意识，现实成了按照一定"尺度"建构的被给定之物。⑤ 而神话则是符号在含蓄意指层面发挥作用。

在分析策略的层面上，费斯克曾提出符号的"意义化"（signification）概念，即认为符号的意义化存在三个层次：外延意义、内涵意义与迷思、意识形态或神话。在第一层次中，"外延意义"是指外显的普遍为人所知的意义，描述的就是能指与所指以及符号与现实之间的关系；在第二层次中，"内涵意义"与"迷思"将外延意义内嵌进价值体系之内，其中内涵意义指出了内容生产者在编码过程中主动选择所表现出来的成果，它强调的是制码者具有一定的主观能动性，而迷思则是在文化层面上进行的概念化，它指出了内涵意义的生成并不完全是"个人的"，因为人处在社会结构之中，在编码的过程中必然受制于社会规范和文化价值，在此共识上，迷思即在社会中占据优势的霸权观念；在

---

① 赵毅衡. 文学符号学 [M]. 北京：中国文联出版公司，1990：5.

② 乔纳森·比格内尔. 传媒符号学 [M]. 白冰，黄立，译. 成都：四川教育出版社，2012：13.

③ 罗兰·巴特. 神话：大众文化诠释 [M]. 许蔷蔷，许绮玲，译. 上海：上海人民出版社. 1999：172.

④ 赵毅衡. 文学符号学 [M]. 北京：中国文联出版公司，1990：5.

⑤ 罗兰·巴特. 神话修辞术 [M]. 屠友祥，译. 上海：上海人民出版社，2016.

第三层次中，"意识形态"指的是组织与诠释现实的原则，用以指导符号意义的勾连，从而发挥某种社会作用，即维护或破除社会秩序的合法性。[①] 在《电视文化》一书中，费斯克等将电视影像事件"符码化"，整个架构被分为三个层次，分别是：现实（reality）、表征（representation）和意识形态（ideology），强调影像中的文本并非封闭不变，而是不同意义角逐的场域。[②] 也因此，在研究文本的过程中，除了去关注主流意识形态，我们还应该注意到文本内部的矛盾之处，从而掌握意义的角逐与抗争。

通过上述理论的梳理和讨论，本研究将通过对现实（外延意义）的观察与记录，探讨残障女性在短视频中如何利用表征符码来形成一种独特的叙事体，并进一步分析在此场域中相互角逐的文化意义以及权力关系（见表4-2）。

表4-2　文本分析策略

现实（外延意义）					表征（内涵意义与迷思）	意识形态或神话
听觉元素			视觉元素		分析文本的选择与排他	文本的权力意向
音乐	旁白	对话	人物	场景	拍摄	叙事体	意义的抗争与妥协

根据"最大差异的信息饱和法"[③]，本研究在筛选样本时将主要发表平台、叙事类型和粉丝量作为主要参考系，最终将快手和抖音上的40名残障女性发布的短视频作为研究样本，鉴于短视频数量过多和篇幅受限，笔者将以其中具有代表性的11名作为重点的分析对象（见表4-3）。

表4-3　文本分析样本信息

编号	叙事类型	主要发布平台	粉丝量
A01	简单纪实叙事	快手	53.5万
A02	简单纪实叙事	抖音	27.8万
A03	简单纪实叙事	快手	4.6万

① FISKE J, HARTLEY J. Reading television [M]. New York：Methuen, 1985.
② FISKE J, HARTLEY J. Reading television [M]. New York：Methuen, 1985.
③ 潘绥铭，姚星亮，黄盈盈. 论定性调查的人数问题：是"代表性"还是"代表什么"的问题："最大差异的信息饱和法"及其方法论意义 [J]. 社会科学研究, 2010 (4)：108-115.

（续上表）

编号	叙事类型	主要发布平台	粉丝量
A04	简单纪实叙事	快手	1.6 万
A05	简单纪实叙事	快手	173
A06	社交美化叙事	快手	3 505
A07	社交美化叙事	快手	1 653
A08	社交美化叙事	抖音	227
A09	反转与戏剧性叙事	抖音	8.2 万
A10	应用解说词叙事	抖音	164
A11	混合型叙事	快手	12.1 万

　　参考以往的短视频叙事研究，大致可以将短视频的叙事类型分成简单纪实叙事、社交美化叙事、反转与戏剧性叙事、应用解说词叙事以及精良叙事。其中，简单纪实叙事所使用的拍摄手法较为简单，常常直接采取现场原声、一镜到底，甚至不需要镜头内部的蒙太奇调度即可完成，这种叙事类型在残障女性短视频中比较常见，但粉丝量并不多；社交美化叙事强调创作者为达到特定的传播目的，对视频画面和内容进行美化，比如使用滤镜美颜功能，这在残障女性拍摄的短视频中较为常见；反转与戏剧性叙事则是快节奏、小体量地讲述故事，通常在开始时会塑造人物形象，紧接着编排故事矛盾，迅速达到高潮时出现剧情反转；应用解说词叙事关键在于传递信息，通常搭配画面场景进行讲解。① 根据笔者观察，在残障女性拍摄的短视频中，精良叙事并不常见，因此本研究聚焦于简单纪实叙事、社交美化叙事、反转与戏剧性叙事以及应用解说词叙事。

三、身体的困境：残障的刻板化表达

（一）"去性化"的残障身体

　　在原生家庭中，残障女性被父母视为缺乏自主能力的被照顾者，其主体性和身体欲望常被忽略。来自山西太原的 F01 患有 SMA，这是一种遗传性神经疾病，会造成运动神经元退化，从而导致肌肉萎缩、无力，甚至会造成死亡。她

---

① 付彬彬. 浅析短视频叙事技巧 [J]. 戏剧之家，2017（23）：53 - 54.

小时候在农村生活，没有接受过正规的学历教育，由于患先天疾病，她被认为是不便出行的，活动区域被限制在家中。十二岁之前，她一直随母亲的意愿将头发剪成一寸长，在母亲看来，这样的头发"比较简单"，更容易打理；她表示自己从来没有穿过裙子，因为母亲认为这"不方便"。进入青春期，残障女性依旧被看作是"长不大的小孩"，尽管 F01 跟母亲表示"一直想留长头发"，但母亲仍然因为这件事情"比较麻烦"而不同意。

> 我记得我很小的时候就是寸头，就是很短很短的男生头，大概有一寸的样子。到后来我办残疾证的时候，上面都是那样的头发。我妈就觉得说比较简单嘛，也比较方便嘛。而且我妈从来不给我买裙子，她说我穿裙子不方便，穿衣服和裤子比较方便，所以说我就从来没有裙子。我感觉就是说我没有那个性别之分吧，然后我一直想留长头发，但是我妈不同意，就觉得可能是一件比较麻烦的事情。（F01）

笔者将 F01 所遭遇的这种情况称为一个身体"去性化"的过程，解释这个概念首先要回到如何理解"性"。区别于强调文化建构的"性别"（gender）和生物学意义上的"性"（sex），本研究中所采用的"性"更偏向于"sexuality"，这是一个意义内涵更复杂的概念，它不仅定义文化建构意义上的性别，同时还与权利、权力密切相关，也涉及性欲望。而本研究中提到的"去性化"，指的是残障女性作为女性的社会性别身份被剥离，忽略其产生的性欲望和性别气质的表达。

和 F01 一样，来自广东深圳的 F03 也是先天的肢体残障女性。母亲将她看作"被照顾的小孩"，认为她"没有性别"，但事实上她并不想按照那个样子生活。如今她在外租房，没有跟父母住在一起，尽管她表示"父母很担心"。

> 我个人感觉对于我们父母来说，特别是对于我妈妈来讲，我就是个被照顾的小孩。但是我现在可以改变这点，我现在的头发已经留到长得我在想明天要不要去剪头发的程度，就已经长到可以挡住自己的胸了。我想他们不要这个样子，事实上我不想这个样子——我不想变成我妈妈认为的那个样子。（F03）

公众对残障女性的刻板印象包括认为她们没有性需求，缺乏性吸引力。长期以来被当作性客体的女性身体在"景观社会"中被视为一种唤起性欲望的景观，而被排除在外的包括"丑女人""老女人"以及肢体残障女性。因事故致残的女性常常与自己的身体形象作斗争，因为她们的身体不再符合社会对健康美丽身体的理想期望。她们的性别角色受到了整个社会的质疑，因为她们不再被认为适合成为性伴侣或母亲。她们将这种负面形象内在化，认为自己在性方面令人厌恶。① 在父母和其他长辈的包裹之下，残障女性的身体在青春期阶段并未如她们的同龄人一样舒展出女性气质。

促成公众对残障女性身体认知的过程并非天然而成的，而是在一定社会文化环境和政策话语下形成的。Kim 指出，为了解决残疾人的性问题，政府机构在政策和实践中先发制人地排除对性和性的提及。这种"故意的排除"是作为服务协议构造的，这些做法强化了残疾人是无性恋的假设，同时淡化了嵌入政府政策中的系统性压迫。②

除此之外，由于残障者在线下生活中的可见度较低，公众在现实中并不会经常接触到残障者，存在一定的社会区隔，而大众传播媒介弥补了这一想象的缺口，成为非残障人获取残障群体信息的主要来源，因此媒体的报道和影视剧的叙事也是促成残障女性身体"去性化"的重要因素。在传统媒体和主流影视剧的叙事话语中，残障者，尤其是残障女性通常成为剧情的背景板或者推动剧情发展的角色，造成的结果便是给公众留下单一的刻板印象，缺乏对人物动机和欲望的深度挖掘。

> 因为我在特殊学校，我们从小到大一直在想，身体就是一个"臭皮囊"，你不用怎么样经营，就是有很好的脑袋跟心灵就好了。你穿什么，戴什么，剪什么头发，干净就好，就是这种概念。但是在大学的时候，我发现身边的女生都很漂亮，她们常常都在谈下课后要去什么地方逛街，买什么口红。我还记得我男朋友跟我说，你需要我圣诞节

---

① CAMPBELL M. Disabilities and sexual expression：a review of the literature ［J］. Sociology compass, 2017, 11 (9)：1 - 19.

② KIM E. The melodrama of virginity and sex drive：the gendered discourse of the sexual oppression of disabled people and its solutions ［J］. Sexuality research and social policy, 2010, 7 (4)：334 - 347.

给你买一个口红吗？当时我还没有擦过，我这辈子从来没有擦过口红。
我就在想为什么你要想口红的事情，我都没有想过。然后他就跟我说，
我觉得现在女生应该就是要有这一些东西吧。（Carmen）

"去性化"的基础是对身体和性的污名（stigma）。污名通常意味着低人一
等的、羞耻越轨的，是与"正常"相对的。被视为"他者"的残障女性被标记
为无性恋的同时，完成了对其身体和欲望的污名，而这种污名不仅仅改变的是
公众的认识，也会对残障女性自身造成影响：被污名化个体持有污名意识，这
种意识容易被内化到自身或投射在他人身上，进而加强自己被污名化的预期，[①]
同时强化被赋予的消极刻板印象，认为自己的身体并不"正常"，毫无女性美
感，指责自身的性欲望。Carmen 在上大学之前，没有想过要打扮自己，"我这
辈子从来没有擦过口红"，当男朋友提出要买礼物送给她时，她的第一反应是
"我都没有想过"。在与男朋友交往的过程中，Carmen 对自己"扭曲"的身体很
不自信："我们两个觉得自己的身体就是很扭曲，很不正常，所以我的不正常，
加上他的不正常，我们两个相处的时候，我很怕看他的身体，也很怕把我的身
体给他看。"可以看到，这种"健全至上"的社会意识形态会内化为残障女性
的集体无意识。

（二）"悲惨—励志"框架下的个体叙事

与"去性化"的身体相匹配的，是一套被表述为"励志"的个体叙事。从
"残废"到"残疾"，再到"残障"，可以勾勒出社会对于残障群体的观念演进
有去污名的部分。然而涉及残障群体的报道仍停留在对其悲惨经历和奋斗不懈
的书写，这种刻板化的话语和叙事体导向了一种不对等的权力关系和意识形态。
在以往的研究中，也有关于这一现象的分析。冯欢认为强调残障者的悲惨，是
处于"正常人"话语下的"不正常"，而何为"正常"，"正常"的标准由谁来
制定，这实际上是一个权力问题。他还提到媒体对于残障者的"节日式"报
道，每当节日来临之际，残障者就成了各种社会机构的"被关爱专业户"，借
此吸引公众眼球，或提升媒体形象，却忽略日常的报道。在这一类"关爱报

---

① BERGHE W V, DEWAELE A, COX N, et al. Minority-specific determinants of mental well-being among lesbian, gay, and bisexual youth [J]. Journal of applied social psychology, 2010, 40（1）：153–166.

道"中，残障者同样被塑造为悲惨，并且需要被"正常人"关爱的形象。①

与视障者被形容为"黑暗舞者"、听障者被书写为"无声世界的精灵"一样，肢体残障者被称为"折翼天使"是一件司空见惯之事。在此类媒体报道中，残障者的生活经历被刻意拔高，这种"巨人化"的叙事模式将他们塑造为可以激励他人的教化工具，其奋斗过程也被视为"感人肺腑"，这一系列叙事体共同指向的是一套关于残障群体的励志神话。笔者认为这是一种"健全者至上"的社会意识形态下的居高临下的健全人视角，并不能代表残障者的真实处境和想法。

> 我一直觉得不管是谁，不管是正常人还是残障人，总要有一个方法活下去。那我既然要活下去的话，我觉得励志什么的，反正我不喜欢这样的一个态度，但是又不得不承认，很多残障小伙伴是在拿这一点，我们说卖惨也好或者怎么说也好，但是他们是在拿这一点去博得世人同情，再说不好听一点，他们拿这去赚钱。（F03）

F03 在采访时说她并不喜欢拿"悲惨"去"博得世人同情"，因为她认为无论是残障者，还是非残障者，"总要有一个方法活下去"，而"励志"会让残障群体被特殊化，这种特殊化处理本身便包含着歧视的意味。

实际上，大众媒体生产和塑造的文本形式、人物形象和故事情节，构成大众对"他者"的想象世界，这种思考的视角容易被内化为这一群体的自我规范。在笔者观察的案例里，不乏这样的残障女性，其中包括 A01、A03 和 A04，接下来以 A04 的部分视频内容为例做简单的文本分析。

截至 2021 年 4 月 14 日，A04 总共发表了 71 部作品，这些作品的同质性较强。从视觉上看，画面中展示的场景为农村，她最常活动的地点是家里的客厅、厨房，以及家门口的一片空地，镜头所及的生命体只有她以及家门口养的鸡，几乎所有家务都由她一个人完成，她没有任何的社交活动。从听觉上看，背景音乐几乎全是苦情歌，同时还有她的口播内容，具体讲述她在视频中的状态。其中点赞量最高的视频题为"坎坎人生路"，视频展现了她艰难的生存环境，

---

① 冯欢. 被消费的残疾人：浅谈媒体残障报道的叙事误区［J］. 新媒体研究，2017，3（14）：109 – 118.

从家门口走到鸡笼喂鸡的路上结满了冰，伴随背景音乐向观众传达出悲惨的处境。在快手主页中，她对自己的描述为："我是小时候患的小儿麻痹症，家里贫困，没能得到及时治疗，导致四肢变形弯曲，现在每天靠药物缓解疼痛，我依然坚强、乐观、开朗，也因为残疾，至今单身，和父母一起生活。"在视频中，她的行动十分不便，步伐较为迟缓，同时搭配了"谁能理解残疾人的苦，再难也得坚持"的文字描述。可以看出，她在短视频中呈现的形象既是在指涉作为残障者的"悲惨"，同时也在宣扬"坚强、乐观、开朗"的生活态度，类似叙事体与传统的"悲惨—励志"框架如出一辙。

四、媒介赋权和对刻板叙事的抵抗

（一）短视频中残障女性的身体展演

1. 主动"再性化"

从媒介赋权的角度出发，在"去性化"的基础上，本研究对"再性化"作出如下解释：在一个"去性化"的社会背景中，残障女性借助媒介技术掌握一定话语权，通过个性化的身体展演和个体叙事，重塑其作为女性的社会性别身份，自主地表达其欲望和性别气质，最终使其性权得以提升。

> 到了我14岁的时候，我就说不剪头发了。也可能因为我比较大一些了，我妈也比较尊重我的选择，她就说那你就留一个那种女孩子的短发吧，就是到脖子那块儿的。后来我就从短发一直留到长发，最长的时候，头发是到我的腰上的。然后就是因为我总掉头发，到了二十五六岁的时候总掉头发，然后我把它剪成了现在你视频当中看到的这个中长发了。（F01）

在传统的性别规范中，性别角色指个人被期待表现出社会所要求的两性行为与相对应的态度，包括内在的心理特质和外在的穿着打扮、行为举止。其中，"长发"时常被用作女性气质的表征之物。从F01的表述中可以看到，过去尽管她并不情愿，但依旧被母亲要求剪寸头，后来终于长发及腰，她从原先的"去性化"到希望对自己的身体和性别表达拥有掌控权，在这个过程中，"留长发"成为一个重要的标志。

当下短视频平台的滤镜和美颜功能十分强大，残障女性用户在拍摄视频时也时常使用到这些美化功能。在视频的呈现上，她们对自己的形象有一定的要求。F01 表示出镜时几乎都带妆，拍摄视频前要做的工作就是打好底妆，抹上口红。"我总是觉得我想把自己最好的一面展示给别人，你可以从我的视频当中看得出来我很少有不化妆上镜的时候，基本上我都是带着妆容的，我觉得我的自尊心是比较强的，我不希望把我最糟糕的一面展现给别人。"（F01）

在短视频中的身体展演与性别表达对于残障女性来说是一个赋权的过程。这种赋权集中体现在可见度的提升以及心理维度上的赋权。受访者 F04 尽管平时不怎么打扮自己，拍视频的时候也不会打扮一番，但是在短视频中呈现的外形较"好看"，因为"有滤镜"。对 F01 的访谈中，她提到自己在抖音上有两个账号，其中一个账号发表的视频类型为社交美化叙事，内容包含她的歌曲模仿演唱，以及跟孩子的互动。但她认为在这上面呈现的自己"算不上真实"，因为只有"自己的大脑袋"，"没有其他的生活"，并且都有很强的美颜滤镜。

受访者 F02 是民宿老板，同时也在做布料和服装设计相关的工作，她表示自己每次拍摄视频前都要穿上漂亮衣服。平时她是一个爱美的人，讲究个人形象和周围事物的美感，她认为镜头里的自己也是要尽量给人以美感。但向来注重个人形象的她不太喜欢使用软件上的美颜功能，她认为保持真实的状态是最重要的。"穿漂亮衣服，那是我的日常生活，只要我见人，只要我出门，那是必须的，因为我本身也是女装设计师。但是化妆的话，我是不太（化）的，就是化也挺费劲，我能不化就尽量不化，开视频我也很少开美颜功能，我就觉得尽量真实点。"（F02）

2. 隐晦、暧昧的身体表演

在上文列出的文本分析对象里，其中 A06、A07、A08 的叙事类型为社交美化叙事，创作者为达到特定的传播目的，会对视频画面和内容进行美化，比如使用滤镜等功能。对她们进行分析时会发现，她们使用拼贴式的换脸滤镜的频率较高，也就是将自己的脸抠下来拼贴在其他动态背景中，在此扮演其他的角色。

在符号学里，能指与所指的关系称为意指，内涵意义指出了视频制作者在编码过程中主动选择所表现出来的结果。在 A07 使用的拼贴滤镜中，包含"美女""婚纱""草原""宫女"等，这当中存在一定的主观能动性，表征了传统的社会性别以及身份带来的女性气质，这种性别表达集中体现在两方面：姣好的容貌、浪漫的爱情和美满的婚姻，她幻想自己穿上婚纱和帅哥结婚的场景，也将自己的脸拼在身材姣好的美女的身体上。

随着私有的身体进入短视频平台的公共空间，必然会受到社会文化的各种制约，福柯将被规训为各种类型的身体称为"驯顺的公共身体"①。将摄像头视为一个隐匿的观看视角，残障女性在制作视频并将其发表至平台与其他用户互动时就会意识到身体是一种被观看的对象，在屏幕上的身体展演也是伴随着福柯所谓的规训权力而展开的。一旦进入公共领域，身体就已成为社会性的形象，其自主、独立和完整必将遭到破坏。也就是说，尽管制码者具有一定的自主性，但内涵意义的生成并非完全"个人的"，身处一定社会结构和文化环境中的残障女性在挑选和使用贴纸时必然受制于社会规范和文化价值。在性别二元的框架之中，规定了两性的性别表达和性别期待，对女性的期待更多是要求其温柔、美丽，"不结婚的女人是不完整的"等。在此共识基础之上形成特定的迷思，即在社会中占据优势的霸权观念。可以说，残障女性并非完全出于个人的意愿选择以这样的方式呈现自己，这其中包含了一定的权力意向。

"再性化"的身体展演始终是将女性的身体作为单向的性客体，而残障则给这具身体增加了一层猎奇心态。A11 是一个脑瘫患者，脑瘫指的是小儿在发育时期"非进行性脑损伤"所致的综合征，主要表现为中枢性运动障碍及姿势异常。在她拍摄的视频中，有一类是关于脑瘫患者如何换衣服的内容：她跪在地上，平视着镜头，缓慢地将身上粉色的睡衣脱下，露出肚脐的时候镜头切换至她换上蓝色格子连衣裙，其间露出其内裤的边缘。关于脱衣和换衣的视频还有很多，底下的评论内容多为"我想去你家里看看你""这么好看身材这么好却无奈命运"和"长得好漂亮太可惜了"，聚焦 A11 的身材和容貌，具有较强的男性主体视角。

这种"再性化"的身体表演不仅是隐晦的、暗含权力意向的，同时也是暧昧的、包含窥视欲望的。弗洛伊德认为，随着人的成长，人的性本能冲动会受到压抑，并且这种压抑会逐渐转化为一种"看"与"被看"的视觉方式。按照弗洛伊德的理论，他认为在"看"与"被看"的互动结构中，与"窥视冲动"相联系的主体性结构即"看者"包含看的快感，"被看者"获得被看的快感，

---

① 米歇尔·福柯. 规训与惩罚［M］. 刘北成，等译. 北京：生活·读书·新知三联书店，2003：7.

前者是主动的，后者是被动的。① 当"被看者"为残障女性时，作为观众的
"看者"既包括残障男性，也包括非残障男性。男性通过观看残障女性的身体
表演满足对其的"窥视欲望"，并从视频中获得猎奇的快感。在 A07 发表的短
视频底下，有男性观众评论："妹妹，嫁给我吧，我爱你。"另一个男性观众追
评"我要"。在 A06 短视频的评论区里，有男性观众问："小仙女，你下凡来干
嘛呢？"A06 回复："下来选驸马啊。"在另一个视频中，这位男性观众说："完
了你摊事了！我心化了，把你的赔给我吧。"还有人对 A06 说："自信点，看看
你的粉丝，有征婚的，把你嫁出去。"可以看到，这种身体表演并非封闭孤立
的，而是双向开放的。在互动仪式链中，每一个个体的自我形象呈现和塑造都
是在与其他人的社会互动中形成的。作为表演者的残障女性在评论区与观众进
行对话，文本意义在此得到延展，暗含着冒犯与越轨的互动交流在某种程度上
填补了残障者和其他观众的内心欲望。

（二）残障女性个体叙事的多样化

1. 戏剧性叙事：打破对残障女性的污名

> 我觉得这么多年来，无论我做什么事情都是想凭借自己的努力去
> 得到自己想要的东西，而不是像一些粉丝说的你在卖惨，你在博取别
> 人的眼球，你在博取别人的同情心。我不想通过这样的一个方式去出
> 现在别人面前，所以说后来我就选择做那个剧情类的（视频）。（F01）

F01 不喜欢别人称她为"励志女孩"，她在抖音上同时运作着两个账号，其
中一个账号发布的内容为剧情类小短片，已经拥有超过 8.2 万的粉丝，也就是
分析样本中的 A09。对 A09 的视频内容进行文本分析，会发现她在视频中被称
为"田总"，置顶视频的开头便是"田总你到了吗？我让李秘书下去接你"，一
出场便是穿着干练的职业高管形象。故事的开头往往会设置一个反派并营造冲
突，这时候坐在轮椅上的女主就会出现在画面里，开始口齿伶俐地推理，刺穿
反派的诡计后便向对方说理。在她置顶的其中一个视频中，一共出现了三段故

---

① 克里斯蒂安·麦茨，吉尔·德勒兹，吴琼. 凝视的快感：电影文本的精神分析［M］.
北京：中国人民大学出版社，2005.

事情节，画面背景为商场内，男主推着轮椅，一个路人前来对男主说："先生，给你老婆买个手机吧，原价 6 000，现在只要 600。"坐在轮椅上的女主对路人轻轻翻了一个白眼，还没等男主开口便说："你们一般都是先给真手机，再找个借口换一个模型机，这些小伎俩，怎么能骗得了我？"另外两个故事与此相类似，一个是关于路人冒充残障者去借钱进而被女主揭穿的故事，另一个则是关于路人冒充提供托运服务的工作人员却被女主拆穿的故事。这三个故事具有很高的同质性，在一个视频中将相同主题重复三遍，加强了视频创作者想要传达的信息。

在 A09 的视频中，还存在大量此类型的反转剧情。在这类剧情中，叙事体常表现为：设置外界冲突以为难女主，接着女主大胆出手，运用自己的聪明才智和善良品格解决冲突，促成皆大欢喜的结局，最终用说理来塑造一个善良、聪明、勇敢、正直的残障女性形象。我们可以看到，这一套叙事文本与传统的"悲惨—励志"的二元叙事话语截然不同，透过文本可以窥见意义的抗争，即创作者的主观能动性对于健全者视角的叙事结构和这背后的意识形态的对抗。显然，这种对抗是有效的。上文提及的置顶视频点赞数接近 4 万，相比对于女主身体残损的讨论，评论更多聚焦对剧情以及背后道理的延伸探讨，并对女主展现出的聪慧和敏捷给予肯定。

视频的编剧、导演、演员、后期剪辑和视频发布皆为 F01 本人，她说自己不太希望在镜头面前呈现一个糟糕的形象，因此在视频中都是妆发齐全，表现得精神饱满。她希望通过视频可以让公众认识到：残障女性的外表并不都是丑陋、扭曲且不修边幅的，也是可以精致、富有活力的。此外，F01 表示之后有可能会再注册一个新号，主要以口播的形式呈现自己的生活状态和即时情绪。但是她同时也有些担忧，因为她认为这种直接的情绪表达更有可能是"负面的""不如意的"，她并不希望让身边的人觉得这是她的生活状态。

2. 简单纪实叙事：一种残障倡导

上文提到的 F01 在拍摄剧情小短片之前就已经在运作一个抖音账号，当中的视频内容主要为与孩子的互动，她有时候也会将自己唱歌的视频发表在上面，并运用滤镜特效拍摄社交美化视频。她表示在"老号"上的内容没有经过事前策划和编排，都是"随便拍一拍，随便玩一玩"，她也并不在意播放量和点赞量，倾向于将其视为简单日常记录。她的爱好是唱歌，因此抖音也成了她舒展唱歌才艺的平台。"（发抖音）就是玩啊，想做一些简单的记录吧，其实也没有太多别的。就是随便拍一拍，随便玩一玩，这样的话也不会有压力，我也不用管它什么播放量好不好，点赞量高不高，我也不用去设计。"（F01）

对于非营利目的的残障女性创作者而言，她们并不追求过于专业的拍摄和剪辑技巧。相比起热门拍手，这一部分创作者尽管粉丝量并不高，但总量却很多，在整个残障内容创作领域占据很大的一部分，因此对这部分内容的考量同样重要。在重点分析的样本中，A05 认为自己只是"随便拍一拍"，并没有接受过任何关于拍摄的培训，同时她将拍快手看作是一件"挺简单"的事，短视频制作的低门槛让零基础的普通个体也有迅速掌握传播技能并进行自我表达的机会。她提到的制作软件"快影"，是快手旗下的视频编辑手机应用，具有视频剪辑、倒放、变速和转场等功能，适应了各种人群的视频制作需求，门槛也较低。

"一开始是别人叫我（玩快手），其实他们没有教我，我只是随便拍一拍，因为我也不知道怎么弄它。有时候拍得不好，我就不要。我在拍完之后用'快影'再做一下就行，其实也没什么。"（F04）对 F04 来说，她拍视频更多是为了即时记录日常生活，内容较丰富，比如接种疫苗、在楼下散步、在公园里赏花、观看才艺展示等。其中，她拍摄的内容未加剧本编排，反映的是即刻的生活瞬间，对素材的筛选机制也相对随意。

比起拍摄自己作为残障者的痛苦与挣扎，F02 更希望真实地呈现自己的日常生活。她的视频内容主要包括三个方面：民宿宣传、手作介绍和日常生活。这三个面向的内容覆盖了她的工作、爱好和社交关系，通过呈现这些丰富的内容，让残障者和非残障者看到"残障人也一样可以涉及各个领域"。在 F02 看来，拍摄短视频也是做残障倡导的一部分。而对于如何做倡导，她认为日常是充满力量的。"首先就是个人生活这一块，就是让大家认识到我是一个残障女性，我一样可以生活，让大家看到我的民宿，还有我做的手作，让大家共同体会我们残障人也一样可以涉及各个领域，这些是不受残障限制的。"（F02）她一方面希望能够让同为残障的朋友知道自己的生活状态是怎样，另一方面则想通过记录并展示身为一个残障女性的日常生活，做一些面向大众的残障群体的倡导。为此，她希望粉丝可以多起来，她说："越来越多残障朋友通过视频这种方式跟大众（交流），大家刷视频肯定都会刷到我们，人家会不会关注我们那是另外一说了，但是他最起码知道我们是怎样的一种生活状态。"

五、赋权的局限：受到商业规训的身体叙事

（一）作为牟利的工具

　　生完宝宝之后就是坐月子，因为自己比较分心嘛，就觉得不能全身心地投入这个店里（婚纱摄影店），不能投入工作当中了，也就有了我一开始跟你刚才说的那个想法，就觉得说我可能需要更多的时间回归于家庭，回归于孩子，所以在那个时候我就想着说是不是应该做一个能够替代现在这个店铺的工作，这才走上这个自媒体道路的。（F01）

　　F01 原先是一个婚纱摄影店的老板，工作日都得去店里上班。直到怀孕之后，她被告知有先兆性流产的可能，因此开始探索自媒体创业，希望能将拍摄短视频作为副业。F01 在抖音上开了商铺，其中的商品包括口红、口罩等，她还会在短视频中植入口红广告，嵌入剧情的发展中。在 F01 看来，目前在抖音上发视频只能作为一个副业，因为不够专业还没办法以此为生。

　　像 F01 一样在短视频中带货的残障女性还有很多，例如曾经上过电视台节目《幸福来敲门》的 A01，在节目中被定义为"积极乐观有孝心"的三姐妹。A01 在快手上发表的视频主要展现三姐妹的日常生活，粉丝量高达 53.5 万，这在残障女性短视频中已接近"顶流"，她们开了快手小店，出售的商品包括水果、小吃等食品，还在快手直播中宣传她们家乡的橙子，这已经成为她们主要的经济来源。在节目中，她们宣称"想挣钱带父母去旅游"。

　　快手小店是快手推出的电商服务工具，用户可售卖自建快手店铺商品，也可以售卖淘宝、拼多多、京东、有赞、魔筷等平台上的商品，还可以在主页、直播间、短视频作品中向观众展示商品，边播边卖，实现流量变现，粉丝点击小黄车就可直接购买，无须跳转到其他电商平台。除了 F01，在快手上开店、直播带货的残障女性还有很多，这已经成为残障女性通过快手平台进行牟利的重要手段。另外一位访谈者 F05 在快手上开了快手小店，在售商品主要是短袖T 恤和家用产品。她经常在快手上开语音直播，此外还组建了以残障女性为主的粉丝专享群，每次直播前会将直播链接发在群里，大家就会进入彼此的直播

间相互支持。在平台上，作为视频发布者的残障女性既可以获得精神上的满足，也能将其发展成谋生方式，并从中获得经济效益。

（二）从抵抗到迎合：商业逻辑下的"积极受众"

对 A01 的短视频进行文本分析，不难发现视频中呈现出的生活场景多在家中，视频内容多表现三姐妹无法生活自理的场景，字幕中常出现"心痛""难受""努力"等词。同样，上文分析过的 A04 和 A07 也开了快手小店，前者的视频内容将自己框定在"悲惨—励志"的传统叙事话语之中；后者则为社交美化叙事，其身体展演包含隐晦且暧昧的意味。对此，受访者 F02 表示很多残障人士在短视频中以"卖惨"和"励志"为噱头去吸引关注，并以此来牟利，她认为这会加深公众对残障群体的污名。

又如 A11 在快手上拥有高达 12.1 万的粉丝量，其主页介绍自己"是一名残疾人，生活完全不能自理"，同时开了快手小店。从 2017 年 5 月 23 日的第一个视频开始到 2021 年 4 月，三年多共发布了 1 400 多个视频。笔者根据时间脉络节选了部分视频（下文编号为 N）进行详细文本分析，发现她并非开始就将自己描述为"悲惨且励志的残疾女孩"，而是在 N04 表达自己"为什么不上热门"之后发生转变。在此之前，她以记录和母亲的日常生活和发布美颜自拍为主，比如和母亲一起去逛公园，此类视频的观看量和点赞量并不高。N05 为点赞量的第一个峰值，在视频中，她跪在地上困难地吃面，文案为："22 岁了一直都这样吃饭，这样的女孩还能找婆家吗？"在此视频受到欢迎后，她之后多次拍摄了同样内容的视频——同样的姿势吃面、换衣服等，多次出现"嫁不出去""痛苦""无助""不公""残酷"和"坚强"等标签。上文分析了其暧昧、隐晦的身体表演，实则迎合了将残障女性性客体化从而取悦异性恋男性观众的凝视快感。

20 世纪 80 年代阿尔文·托夫勒提出"产消合一"，在这样的社会里闲暇与工作的界限彻底被打破。在 Fuchs"产消商品"论①的视角下，视频发布者所生产的内容（数据）具有商品化属性，平台中大量用户通过商品的内容生产、流通、社交以及情感劳动为平台化资本市场创造剩余价值。在传播政治经济学的

---

① FUCHS C. Presumption, and surveillance ［J］. Surveillance & society, 2011, 8 (3): 288.

视野中，在各平台发布短视频的残障女性是具备主观能动性和生产性的"积极受众"，她们是"意义的真实制造者"①。作为一种生产性劳动，发布视频的活动处在一条平台化的资本链条中，媒介生产过程包含了受众与平台之间不平等的权力关系。在这一生产关系中，商业资本通过"强迫性、异化和产消商品化"②来剥削受众平台劳动的剩余价值。我们既要看到残障女性通过平台实现自我赋权，也应洞察其处在更大的资本形构（figuration）的权力"黑洞"之中，即视频创作者与平台间极其不平等的生产关系。

正如传播政经学者文森特·莫斯可提出传播的商品化属性，"商品的使用价值不仅限于维持生计的需要，还延伸到社会建构的范畴"③。我们不能抛开资本的属性谈论平台，更不该剔除"产消商品"的社会建构性而单纯谈论它的实用价值。正如前文所论述的那样，残障女性通过发布博人眼球的视频得以谋利，然而她们却也难以避免地接受了一整套指向"励志神话"与性化身体表演的规范性符码。

在此，身体作为景观和商品，满足的是无处不在的视觉消费。在网络短视频的空间中，任何的身体表演都脱离不了背后的资本铸造起来的以经济利益为主体的娱乐文化工业，残障女性也不例外。在达到一定粉丝量后，她们往往会开始发展直播业务，直播打赏，直播带货，开快手小店，甚至接产品代言。反过来看，为了迎合这一商业逻辑，她们被动地改造自己的身体，通过暧昧的"再性化"表演和刻板化的传统叙事吸纳关注量，实现流量变现。她们的身体展演和个体叙事连接的一头是经济效益，早就已经被置入娱乐文化工业之中。

对任何一个弱势群体来说，媒介赋权的局限性，或许在资本逻辑前置的新媒介技术环境中早已不是什么新奇事。我们所处的社会，是一个规训社会，也是将身体对象化的景观社会，是一个身体彻底被纳入消费计划和目的的社会。身体的外在性、可观赏性和被动铭记性④在新媒介语境下不是被缩小了，而是

① 蔡润芳. "积极受众"的价值生产——论传播政治经济学"受众观"与 Web 2.0 "受众劳动论"之争 [J]. 国际新闻界，2018，40（3）：114－131.

② FUCHS C. Dallas Smythe today—the audience commodity, the digital labour debate, marxist political economy and critical theory [J]. TripleC，2012，10（2）：692－740.

③ 文森特·莫斯可. 传播政治经济学 [M]. 胡春阳，等译. 上海：上海译文出版社，2013.

④ 米歇尔·福柯. 规训与惩罚 [M]. 刘北成，等译. 北京：生活·读书·新知三联书店，2003：7.

被放大了。也正因如此，残障女性难以在资本逻辑运行的平台中实现自我赋权，尽管每个弱势者都有发出自己声音的自由，但只要在平台上行动的信息价值由货币来决定，媒介使用者便会沦为无意识服膺于平台资本主义的"产消者"。

六、小结

研究之初，围绕数字化参与式传播时代的媒介赋权，笔者提出了三个问题：残障女性的身体面临何种污名？通过短视频，残障女性的身体展演与个体叙事发生何种变化？作为"产消者"的残障女性通过短视频进行公共表达的同时，是否也受到了某种规训？

首先，笔者对大众关于残障女性的刻板叙事进行了批判，公众对残障女性的刻板印象包括认为她们没有性需求，缺乏性吸引力，即描述为一个"去性化"的身体；媒体多将残障女性的叙事框定在"悲惨—励志"的二元叙事框架中，同时这也会内化为她们自身的行为规范，使她们在短视频中的身体展演和个体叙事局限于此，陷入自我表达的困境。

其次，在此基础上，笔者从这两个方面入手，探讨媒介赋权的有效性。研究表明，在视觉传播时代中，短视频作为一个技术门槛较低的社交平台，赋予了弱势群体自我表达的机会，在这个过程中，残障女性的身体展演和个体叙事当然发生了显著的改变：残障女性可以借助媒介技术掌握一定话语权，通过个性化的身体展演，重塑其作为女性的社会性别身份，自主地表达她们的焦虑、欲望和性别气质，从而实现"再性化"过程；此外，残障女性拍摄的短视频具有题材和内容上的多样性，她们意识到社会塑造了一套关于残障群体的励志神话，并有意识地进行有效抵抗，试图通过对日常生活的真实写照和对残障女性不同面向的深度挖掘打破这一套刻板印象。

最后，作为"产消者"的残障女性，有一部分是通过拍摄短视频、在平台直播等方式牟利，这甚至是她们重要的生计来源。然而，她们通过短视频进行公共表达的同时，不可避免地受到了商业逻辑的权力制约，这可能会加深社会对于残障女性的污名。

那么是否存在出路？通过短视频，每个人都可以让自己的身体影像化，进而景观化。这种景观化既是主动的，也是被动的。当一个残障女性主动展现自己的身体，以及她的日常生活和个人形象时，她的身体不可避免地带有商品的意味，这是作为景观的商品。当一个人面对镜头，尤其是当知道视频要传到社交平台，被所有人审视时，这种自我规训就很难避免——作为景观的身体在社交平台中总是被规训的。在福柯看来，被动的身体的最终出路只能是"隐秘的自我美学改造"，即根据美学目标来自我发明①，这无疑是悲观主义的。在传播政治经济学的视野中，批判资本主义文化工业和平台经济的落点最终该指向何处，也是一个需要讨论的问题，但本章并无力展开论述。

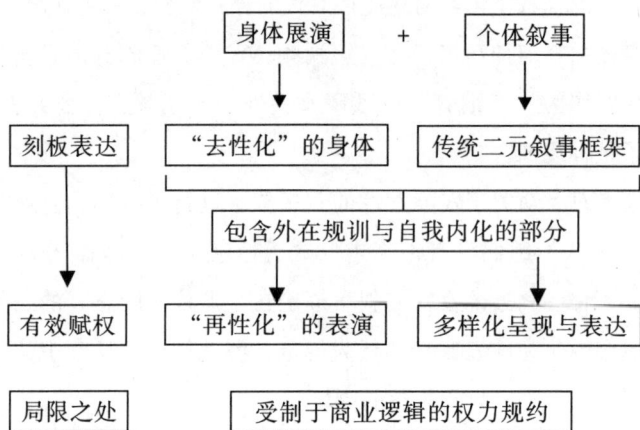

```
                    ┌──────────┐   +   ┌──────────┐
                    │  身体展演  │       │  个体叙事  │
                    └────┬─────┘       └────┬─────┘
                         ↓                   ↓
┌────────┐    ┌──────────────┐   ┌────────────────┐
│ 刻板表达 │    │ "去性化"的身体 │   │  传统二元叙事框架  │
└───┬────┘    └──────┬───────┘   └───────┬────────┘
    │         ┌───────────────────────────────┐
    │         │     包含外在规训与自我内化的部分      │
    │         └───────────────────────────────┘
    ↓                ↓                   ↓
┌────────┐    ┌──────────────┐   ┌────────────────┐
│ 有效赋权 │    │ "再性化"的表演 │   │  多样化呈现与表达  │
└────────┘    └──────────────┘   └────────────────┘

┌────────┐    ┌────────────────────────┐
│ 局限之处 │    │  受制于商业逻辑的权力规约   │
└────────┘    └────────────────────────┘
```

图 4-1 考察媒介赋权的有效性和局限性结论

本研究存在一定的局限，由于不同平台的价值观存在较大差异，抖音、快手、B 站和微信视频号所面向的人群是不同的，内容创作模式也并不相同，因此不同平台的残障女性存在各种偏差。笔者找到的访谈对象来自不同平台，但在论证过程中并没有将其作为影响因素进行分析，对此感到遗憾。此外，笔者也认识到作为批判性研究，在有限的篇幅内并没有办法论证出实际的解决方案，但是笔者希望可以通过这次研究澄清视频背后残障女性面临的商业收编逻辑，从而引起人们的注意。

---

① 汪民安，陈永国. 身体转向 [J]. 外国文学，2004（1）：36-44.

第五章

认同展演的三种路径：B站残障女性的实践经验[*]

残障人士长期以来面临科学、社会建构的多重障碍，一方面，医学上的分类使他们个人不得不面对"健全"与"残损"的二元区别；另一方面，社会的话语建构使得残障人士和非残障人士转移了对自身残损伤害和痛苦的关注。其中残障女性更是面临着"残障＋女性"的双重歧视和偏见，在现实社会中隐形不可见。

过去不少残障女性将去视觉化的在线交流、论坛作为掩藏身体损伤、获得工作和交往机会的屏障，然而在互联网空间也依然隐形不可见，这并不利于连贯的身份认同建构。随着互联网技术和文化的蓬勃发展，我们发现近两年来，一些残障女性开始通过拍摄并公开发表短视频作品，在以B站为代表的视频平台进行视觉化展演。本章正是立足于中国本土语境，以残障女性个人的视觉化认同展演实践为关照，通过短视频文本分析和深度访谈的研究方法，凸显出残障女性个人的主体性，主要考察残障女性如何通过视觉化展演进行认同实践。研究问题具体可分为：残障女性如何处置现实生活中的身份认同？如何通过短视频自下而上控制自身的身份认同？

一、文献综述

（一）残障女性的性别视角

19世纪以来，资本主义、实证主义、自由主义风靡，科学、正统的医疗行

---

* 本章执笔者：崔颖，暨南大学新闻与传播学院硕士研究生。

业通过其专业的医学知识和诊断治疗系统，在决定健康者与病人、异常与正常之间的界限方面具有了合法性。由此，西方工业化社会中一种着眼于医学视角的残疾的传统"医疗模式"被广泛接受，并成为被界定之人的本体论，它认为残疾引发问题的根源在于个体身体的反常、失调和缺陷，这种偏离正常生物功能尺码的判断准则将个体指认为"不正常"或"异常"，医疗化是其中一个重要的构成要素。在此框架下，残损的人被期待通过医学治疗获得康复、实现正常化，得以参加工作劳动，并趋向于发展为一个自给自足、独立进取的理想公民，由此国家实现了对残疾群体的主体性控制。①

然而，这种身体的障碍植根于新自由主义、个人责任、能力主义的理论基础当中，其以赋予残疾人工作、自由、尊严和幸福的生活为名义，主张残疾人要通过自身足够的努力调整自己的思想和行为趋于正常化、规范化，背后却也隐藏了对残疾人生存的阻碍条件。残障问题不仅体现在功能损伤和它对残障者的个体后果，更重要的是它存在于残障者和健全人的关系上，无用、残损、有病等不同于健全人的印象将他们从普通人理应享有的社会利益和物质繁荣中抽离出来。② 残障者的不平等的经历反映了社会结构和价值系统扭曲的深层问题。

到20世纪70年代左右，伴随着欧美残障人士争取更大自决性的政治化活动和对个体、医学的残障模式的抗议，一种聚焦于社会而非个体身体的功能局限和差异的社会模式研究获得了广泛认可，并非以往的医疗或个人身体问题，残障是社会使然，是那些遭受肢体的、精神的或智力的损伤的人所遭遇到的经济、环境和文化的障碍，残障的真正原因在于压迫、歧视与偏见。③

然而，一方面，残疾运动家和理论家虽主张社会变革，却往往也无法摆脱规范性的理想向往。另一方面，以 Paul Abberley 为代表的学者也指出了社会模式的局限性，认为为所有残损人士排除全部障碍是一个基本无法实现的童话，譬如残损带来的持续的生理痛苦、一些残损因素难以转变为就业机会是无法消除的。消费文化和健康主义的兴起使得残障身体成为巨大焦虑来源，健全身体的理想化标准对残障人士衰弱的外表形成了贬损，一些残疾人拒绝认定自己在生理上的残损，背后蕴含的却是更大的内在压迫和虚伪的自由意识。

① GALVIN R. A genealogy of the disabled identity in relation to work and sexuality [J]. Disability & society, 2006, 21 (5): 499-512.
② HUNT P. Stigma: the experience of disability [M]. London: Geoffrey Chapman, 1966.
③ SHAKESPEARE T. A response to Liz Crow [M]. Coalition, 1992: 9, 40.

Shakespeare 和 Erickson 认为，一个充分的社会残疾理论包括残疾人生活经历的
所有方面——生理的、心理的、文化的、社会的、政治的，而不是主张残疾要
么是医学的，要么是社会的。①

　　20 世纪 90 年代以来，随着对作为障碍的残障的关注由残障与健全人士的
二元论到引入社会分配的多维、同步经验，残障与性别的研究需求被提上日程，
残障女性的特殊境遇问题得以被探讨，避免"被划分为一个无差别的社会群
体"②。残障女性面临的是双重障碍，她们自然的性别、消极的形体和受限的性
别角色均对其生活进程进行了塑造。③

　　日常公共事务有能力的思维和实践削弱了残障人士的物质资本，使她们的
身体失效，甚至覆灭了真实的身体——建立社会交往的先决条件。在公共空间，
残障人士被视为"不能成为积极的实干者"，在有能力者或非残疾人想象中，
残疾人陷入谈判、重组和重新配置社会关系的两难境地。④ 而对残障女性来说，
她们面临的是公共壁垒、男性凝视和美的理想化向往的多重矛盾，身体的缺陷
使她们不仅内心对亲密伙伴关系的建立充满害怕被拒绝的消极想法，还难以联
想和接受自己的不符合身体美理想的受损身体。⑤

　　残障女性如何应对文化观念的刻板印象来形成公众态度和自我意识是一个
重要的过程，沿着情感路径运作的残疾维度受到文化表征的影响，残疾人对自
身心理情感障碍体验富有灵活性和能动性的解释，尽管可能需要付出情感代价，
而目前这种对于残障人士心理和情感障碍的研究关注依然存在不足和不深入的
问题⑥。

---

　　① SHAKESPEARE T W, ERICKSON M. Different strokes: beyond biological essentialism and social constructionism [C] //ROSE S, ROSE H. Coming to life. New York: Little Brown, 2000.

　　② THOMAS C. Sociologies of disability and illness: contested ideas in disability studies and medical sociology [M]. Basingstoke: Palgrave Macmillan, 2007: 71.

　　③ BEGUM N. Disabled women and the feminist agenda [J]. Feminist review, 1992, 40 (spring): 81.

　　④ PAPADIMITRIOU C. "It was hard but you did it": the co-production of "work" in a clinical setting among spinal cord injured adults and their physical therapists [J]. Disability and rehabilitation, 2008, 30 (5): 365 – 374.

　　⑤ LOJA E, COSTA M E, HUGHES B. Disability, embodiment and ableism: stories of resistance [J]. Disability & society, 2013, 28 (2): 190 – 203.

　　⑥ HOUSTON E. The impact of advertisements on women's psychological and emotional states: exploring navigation and resistance of disabling stereotypes [J]. Media, culture & society, 2018, 41 (2): 1 – 17.

然而，残障女性不单单因为性别和残损在经济、社会、心理层面与残障男性和非残障人士产生隔阂，还在试图接近女性主义者时遭遇了"玻璃墙"①。那些非残障的女性主义者将残障女性与妇女团体隔离开来，残障女性被认为是无能的、脆弱无力的，一些非残障女权主义者在生殖或护理等问题上鼓吹残疾人有问题，与残疾人运动理念背道而驰。因此，尽管女性主义包含了多元平等的概念，残疾妇女仍然感到她们的经历被无视，她们的声音被边缘化，② 而残疾人权利运动也因将妇女的要求边缘化而受到批评。③

20世纪80年代末和90年代，不少学者深刻认识到女性主义理论和残障研究两门学科交叉结合的力量，强调要将残障女性自身具体经验作为为残障赋权的形式，如果残障人士不以自己的方式重新认识他们的身体和损伤，那么个人或医学模式就会占据这片空白。④ 其实，对妇女的压迫和对残疾人的压迫有许多相似之处，这两个群体都被看作是被动的、依赖的、孩子气的，他们的能力和社会贡献都被低估了。⑤ 超越残疾的视角崭露头角，Allan Sutherland 谈到需要打破"正常"和"残疾"的错误区分，认识到残损并不是一小部分人的生理状态，而是人性中正常的一部分⑥，这种接受残损的普遍存在和生理局限的方法体系为残疾研究提供了新的定义方式。而随着新兴技术的发展，多重障碍下的残障女性如何以自身的具体实践认知、协商和反抗、重建自身在多个面向的定位，依然有很大的研究空间。

（二）残障女性与信息通信技术

长期以来，针对残障女性在残损与性别上的偏见与刻板印象根深蒂固，残

---

① CONEJO M A. Disabled women and transnational feminisms: shifting boundaries and frontiers [J]. Disability & society, 2011, 26 (5): 597-609.

② SHELDON A. Personal and perplexing: feminist disability politics evaluated [J]. Disability & society, 1999, 14 (5): 643-657.

③ MORRIS J. Encuentros con desconocidas: feminismoy discapacidad (Encounters with strangers) [M]. Madrid: Narcea, 1997.

④ BÊ A. Feminism and disability: a cartography of multiplicity [C] //WATSON N, ROULSTONE A, THOMAS C. Routledge handbook of disability studies. London: Routledge, 2012: 363-375.

⑤ SAXTON M, HOWE F. With wings: an anthology of literature by women with disabilities [M]. London: Virago Press, 1988.

⑥ 沙龙·巴尼特，芭芭拉·奥尔特曼. 残疾理论研究进展及学科发展方向 [M]. 郑晓瑛，等译. 北京：北京大学出版社，2013：20.

障女性经常成为家长式偏见的目标。家长式偏见是针对带有混杂成见的群体提出的一种不尊重但带有同情、怜悯意味的观念。① 同时，由身体带来的物理障碍和先入为主的社会障碍使得残障女性在建立社会关系中遭遇歧视和自我怀疑。② 而信息通信技术的快速发展，可能为残障人士提供一个逃离现实排斥、与社会相融合的栖息地。③ 在现有文献中，国内关于信息通信技术研究的文献很少着眼于残障人士，而国际文献多是集中于普遍的残障人士，在不区分残障人士内部结构性差异的条件下，针对互联网对普遍残障人士的影响的研究探讨可谓是喜忧参半。大多数学者对信息通信技术于残疾群体而言是促进平等与包容还是加剧了不平等持有很大的争议。有学者认为，信息通信技术的运用和发展改变了相当多工作的特点，构造出一个更具包容性的就业市场，技术不仅能够为残障人士参与社会工作和运转赋能，还可以帮助他们控制生活，从而获得自尊和自我价值的升华。④

　　而残障人士生存的数字空间，更像是一个异托邦，是融合现实世界和虚拟世界的一个模糊的结合体，具有怀疑、中和或颠倒他们碰巧指定、反映的一系列关系的作用。在中国，政府通过数字空间对残障群体进行治理，形成了一个协同一体的宣传网络；这种数字空间又为残障人士提供一个政治参与的场所，随之带来社会秩序转换和颠覆的机遇；同时它还成为残障人士构建主体性、分享情感经验的自我管理空间。⑤ 由于社会对残障人士的排斥、驱逐和忽视，互联网为残障人士建造了一个出逃的新生存地带，技术为残障人士带来了一个由数字包容向社会包容转化的应许之地。

　　Bowker 和 Tuffin 认为网络媒体提供了一个"平地"，在线交流为残障人士提

---

① FISKE S T, CUDDY A J C, XU J. A model of（often mixed）stereotype content：competence and warmth respectively follow from perceived status and competition［J］. Journal of personality and social psychology, 2002, 82：878 – 902.

② TAUB D E, MCLORG P A, BARTNICK A K. Physical and social barriers to social relationships：voices of rural disabled women in the USA［J］. Disability & society, 2009, 24（2）：201 – 215.

③ LIN Z, YANG L, ZHANG Z. To include, or not to include, that is the question：disability digital inclusion and exclusion in China［J］. New media & society, 2018, 20（12）：4436 – 4452.

④ OSMAN O M, DIAH N M. Empowering people with disabilities（PWDS）via information communication technology（ICT）, the case of Malaysia［J］. International journal for studies on children, women, elderly and disabled, 2017, 2（June）.

⑤ LIN Z, YANG L. A digital promised land? Digital landscape as a heterotopia for disabled people in China［J］. Information, communication & society, 2020, 23（8）：1220 – 1234.

供了一种非视觉的自我展现媒介，虽然可能在发展深远关系中遇到阻碍，但可以将残障人士置于常态化的假设之下，让残障人士的损伤隐形，在互动中将自身的残疾程度排除在外，并能够有机会自主控制在社交互动中的表现方式，主要通过语境关联性、匿名性、常态性的资源决定披露残损信息的不同选择，使得残障人士的自我建构进入一个流动的、不稳定的创造性空间，并使之得以被作为一个完整的人来看待和判断。①

也有学者表示信息通信技术纵使可以为残障人士带来更多的工作可能性，成为其融入社会的一大必备技能，但是也要考虑残疾群体进入、获取和使用技术的机会和条件充满限制，他们往往缺乏正规教育和培训，由此信息通信技术为残障赋权的进程还取决于其他影响因素。尤其是在中国特定的背景之下，信息通信技术与残障人士的关系不再仅限于数字鸿沟的探讨，也不是简单的"信息富有者"和"信息匮乏者"之间的博弈，而是融入了数字化与社会融合的可能性。互联网为残疾人带来了数字化包容，然而我们也要警惕隐藏其间的深度数字排斥，注意到信息通信技术可能让残障人士沉溺于幻想的虚拟满足中而与现实社会生活脱离，造成更为严重的社会排斥。

有学者谈到残障女性在女性群体中几乎处于沉默、隐形状态，网络在线平台的发展让她们在 Metoo 等运动中得以发声，在个人和集体层面为她们赋权，从而促进残障女性的自我意识觉醒。② 残障女性由于身体的残损往往远离女性化的、健全的美的标准，与丑陋和沮丧联系在一起，因此社会对残疾妇女的评价相对于其他女性是消极的。③

而由于网络的匿名性，社交媒体为残障女性的残损蒙上了伪装的面纱，模糊了正常和特殊之间的界限，由此残障女性也获得了更多网络劳动的经济援助，同时社交媒体还为残障女性提供了一条社会交往路径，增强了她们的自信心。在在线交友约会方面，部分实证研究表明，建立信任和自我表露，有助于在数

① BOWKER N, TUFFIN K. Disability discourses for online identities [J]. Disability & society, 2002, 17 (3): 327 – 344.

② LIN Z, YANG L. Individual and collective empowerment: women's voices in the #MeToo movement in China [J]. Asian journal of women's studies, 2019, 25 (1): 117 – 131.

③ HANNA W J, ROGOVSKY B. Women with disabilities: two handicaps plus [J]. Disability handicap and society, 1991, 6: 49 – 63.

字空间发展亲密关系。① 传统的社交"规则"的缺失要求在线约会者自己在数字空间中重新设立一套规则来塑造其互动的程序和模式。② 残障人士可以通过在互联网这种无实体的数字空间设置公开披露的信息类型和特征，尝试建构"可能的自我"。

Joinson 在一项关于视觉匿名与披露的研究中发现，与面对面交流相比，参与者在在线互动过程中可能会存在更大程度的自我信息披露。③ 而实际上亲密关系的在线交往并不可能独立于线下环境的影响，考虑到离线交互涉及更深度的关系扩展，自我披露的影响最终可能依然取决于信息类型以及信息接收者的接受能力，是否隐藏损伤的选择于残障人士而言成为一项复杂的决策过程。④ 在带来机遇的同时，残障女性还是会面临网络欺凌、性别歧视、法律保护不足、技术排斥等风险挑战，残障女性充分融入社会依然任重道远。

（三）残障女性的身份建构

身份认同不是一个预先确定、不可改变的自然的事实。一直以来，对残疾人身份的定义主要围绕两个模式展开，一者是具有国家合法性、权威性的医学模式对健康和生病、正常和受损等群体类别的本质主义划分；一者是将残障归因于社会的障碍的社会模式，它力图通过社会变革而不是改变残疾人本身来实现机会均等。社会模式的提出使得人们对残障问题的关注焦点由生物学意义上的个人问题转向了社会学意义上对法律政策、社会权利的追寻。从这个意义上讲，身份可以被看作是将社会意义插入个人经验的关键机制，是连接权力与主体性的主要渠道。

但是这种社会模式也存在很大缺陷，一味地强调社会话语对残疾人的身份建构，忽略了残疾人因自身的残损所必须面对的残酷的物质生活现实。McRuer 提出残废（crip）理论，认为强制健全的身体可以创造一个理想的公民主体，

① LAWSON H M, LECK K. Dynamics of internet dating [J]. Social science computer review, 2006, 2: 189-208.

② HARDEY M. The formation of social rules for digital interactions [J]. Information, communication & society, 2008, 11 (8): 1111-1131.

③ JOINSON A N. Self-disclosure in computer-mediated communication: the role of self-awareness and visual anonymity [J]. European journal of social psychology, 2001, 31: 177-192.

④ SALTES N. Disability, identity and disclosure in the online dating environment [J]. Disability & society, 2013, 28 (1): 96-109.

试图强调残障人士所感受到的共同压迫。① 然而，有学者表示通过身体规范性话语来建构残疾人身份，本身就是建立在先验假设和本质论的基础之上的，使得残疾并不必然存在于残障人士的身份范畴内，也就没有形成一个连贯的身份。② 换言之，身体损伤的可见性建构了残障人士的身份，是残障政治的核心所在。③ Arstein-Kerslake 认为残障女性的脆弱性并不是与生俱来的固有特质，而是对残障女性软弱、无能和无效的错误认知导致残障女性的正常权力遭到削弱甚至剥夺，从而造成脆弱性的恶性循环。④ 同时，这种社会模式将残障群体分离在外。Hutchinson 等学者认为，从改变自我的个人因素、改变社群的社会背景因素到个人采取身份对抗和探索策略的一系列承认和尊重残疾人身份的系统性改变才可能会对抗社会建构的残疾身份。⑤

而在中国语境下，适应效率与发展的社会转型政策架构，中国政府将残疾人纳入特殊福利和保护的制度范围内，残障人士的自我身份认同与国家叙事勾连起来。⑥ 还有研究发现残疾人甚至更倾向于直接否认社会歧视问题，而不是主动争取社会权利来寻求一个更加包容的社会生存空间，这种极力掩饰自己内心真实感受和处境的方式可能阻碍残障群体真正融入主流社会。⑦ 随着互联网空间不断更新换代的动态化深度发展，互联网文化处于一个逐渐丰富的进程，对残障人士身份认同的研究关注点不是处于离线环境，就是处于文字式的在线交流、论坛语境，将残障人士为残障赋权的物质实践延伸至数字化空间的研究依然存在不足，尚有很大的探讨空间。从这个意义上讲，曼纽尔·卡斯特的信

---

① MCRUER R. Crip theory: cultural signs of queerness and disability [J]. Scandinavian journal of disability research, 2006, 10 (1): 67 – 69.

② WATSON N. Well, I know this is going to sound very strange to you, but I don't see myself as a disabled person: identity and disability [J]. Disability & society, 2002, 17 (5): 509 – 527.

③ JENKS A. Crip theory and the disabled identity: why disability politics needs impairment [J]. Disability & society, 2019, 34 (3): 449 – 469.

④ ARSTEIN-KERSLAKE A. Gendered denials: vulnerability created by barriers to legal capacity for women and disabled women [J]. International journal of law and psychiatry, 2019, 66.

⑤ HUTCHINSON K, ROBERTS C, DALY M. Identity, impairment and disablement: exploring the social processes impacting identity change in adults living with acquired neurological impairments [J]. Disability & society, 2018, 33 (2): 175 – 196.

⑥ LIN Z, YANG L. A digital promised land? Digital landscape as a heterotopia for disabled people in China [J]. Information, communication & society, 2020, 23 (8): 1220 – 1234.

⑦ LIN Z, YANG L. Denial of disability discrimination by disabled people in China [J]. Disability & society, 2018, 33 (5): 804 – 809.

息时代三部曲着力关注了网络社会与身份认同力量,这种力量由以往集中于国家、组织和符号控制者之手到散落在虚拟化、流动性的网络空间中,存在于信息符号和视觉影像当中;其进一步提出了合法性身份、抗拒性身份和计划性身份的概念,将技术力量与文化、政治和生命交融一体。① 从这个意义上讲,卡斯特的这一研究理论对本章尤其具有借鉴意义。

不同于卡斯特立足于北美、拉美、欧洲的经验研究,本章以残障女性在中国语境下的本土化、微观具体的实践为关注焦点,将残障女性的身份认同建构实践延展至数字化空间。另外,Jay 指出,视觉感知可能会导致一个人对某一特定身份的认同。② 以往研究表明网络媒体通常成为残障女性掩饰身体的工具,最近却出现了一批在网络短视频中进行自我视觉化呈现和展演的残障女性。本章进一步将焦点投射在这类残障女性更加微观具体的行为实践上,考察这类残障女性如何在网络社会中通过短视频进行身份认同的抵抗、可能身份的建构以及实践行为背后数字化空间的自我身份呈现,展示其具有创新性、独具特色的残障女性身份认同力量,同时这种力量正逐渐侵入残障女性现实的社会生存空间。

二、研究方法

本章以哔哩哔哩(简称 B 站)中的残障女性为研究对象,以其短视频文本和访谈文本作为研究单位和研究样本,采取目的性抽样的方法。目的性抽样是指研究者运用自己的判断来选取那些对研究现象提供的最好的观点,然后自觉地将这些特定的观点纳入研究。B 站作为我国年轻一代多元文化娱乐的优质视频社区,不同于抖音、快手追求即时的快感,其视频内容主题更鲜明、制作成本更高、各具风格且用户黏性更强。残障女性在 B 站发布短视频虽然存在一定的盈利动机,但其内容是对真实生活状态的记录,并且表达了一定的观点,值得进一步探究,因此本章选择 B 站作为研究平台,所有分析所用经验材料来自下列途径。

---

① 曼纽尔·卡斯特. 认同的力量 [M]. 夏铸九,等译. 北京:社会科学文献出版社,2003.

② JAY M. Downcast eyes:the denigration of vision in twentieth century French thought [M]. Berkeley:University of California Press,1994.

截至 2021 年 8 月 21 日，笔者在 B 站寻找到 64 位拍摄短视频的残障女性（按 1 至 64 号编号），并选取其截至 2021 年 8 月 21 日的短视频文本，共计 2 805 个，对其短视频文本进行观看、记录整理并分析。自 2020 年 10 月至 2021 年 8 月，笔者先后联系到 64 位拍摄短视频的残障女性中的 21 位，并对她们进行了深度访谈。访谈主要以微信语音通话或手机电话的形式进行，对于个别听障者或有特殊阻碍的残障者，笔者采取了微信文字形式来交流。每次访谈时间在一个半到两个小时之间，个别三四个小时。访谈问题的设计在短视频文本分析的基础之上进行，主要涵盖两大核心内容：一是残障女性现实生活中障碍的感知和处置；二是残障女性在短视频平台中如何进行视觉化认同的抵抗和构建。

三、支配性认同：认同抵制的"不可见"空间

残疾研究学者和残疾活动家指出，已经制度化的社会误解是需要克服的最重要障碍之一。而在我国的语境下，一方面，残障女性的合法性身份认同并不是一种孤立的建构，而是碎片化地散落、附着于传统文化、宗教信仰和时代价值理念的各个角落；另一方面，当代现实社会所对应的社会背景是一个"个性化"社会，不同于传统社会个体可以在家族、团体内部协商探讨，在高度市场化、有不确定性、流动的当代社会，个体成为个人，更多依靠个人处置不同的情境。在某种程度上，每个人之于现实空间的任何人都是陌生人，残障女性不仅不例外，且可能更甚。在这个意义上，尽管支配性身份根深蒂固、不易动摇，但是残障女性对于支配性认同的个性化具有可容纳、可扩充的空间，而这个空间却受制于物质的、实在的陌生人社会，其出现外在的普遍"不可见"，只能局限于精神的、抽象的内在层面。

（一）内在的"个性化"脱嵌

"脱嵌"（disembedded）一词源于乌尔里希·贝克所提出的"个性化"社会这一概念，"个性化"社会正是意味着个人重返社会，以新的生活方式对原有社会的旧的生活方式的先脱离（disembedding），再嵌入（re-embedding），而脱嵌展示的是其运作机制。在这个过程中，个人成为自己生活、身份、社会关系网、承诺和信念的演员、设计师、魔术师和舞台监督。简而言之，个人不再是社会当中拥有标准生活经历的角色扮演者，而是所有的材料都来源于个人的

所思所想，个人通过自我生产、自我设计和自我上演来聚拢所有的生活。在这个意义上，尽管残障女性遇到合法性身份所设置的外在和内在的多重障碍，经受过心灵创伤，但在身份认同具体实践过程当中，我们发现几乎所有受访者在认知态度层面对合法性认同都具有非常明显的自反性脱离现象：

> 这些报道很搞笑啊，那凭什么我走两步路就是身残志坚，那别人走两步路就没有什么关系呢……如果我去运动的话，那也是因为我想运动，那是出自我自己的意愿，我只是满足自己的需求，怎么就成身残志坚，然后是个励志榜样了，我就觉得这不能理解。所以在残疾和残障这两个词加到一个人的前面后，就感觉这个人很特殊化了，就感觉这个人天生比其他人要弱，我们就要去帮助他，我觉得这种感觉很不好……都是人，我们都应该平等对吧？凭什么我就要受这些优待？（受访者 37 号）

> 我是运动员嘛，然后很多人因为我的残障、运动员身份，会对我的一些经历、会对我的一些成绩有质疑，这就算一个标签，他们认为我是不可能做到的……希望对我的定义里面不要有残障，更不要有什么身残志坚这种词……我并没有把残障作为一个不好的词，但就是说现在不太适宜用残障来形容我……当残障和运动员结合在一起……是反差特别大的。我不想搞得反差这么大，搞得我有多神一样。（受访者 32 号）

> 我觉得不被定义吧……不管我是（属于）这个残障人士的群体，还是说我是一个母亲，或我是一个妻子，我是任何角色，但是我觉得不能把我定义到一个类别里面。（受访者 03 号）

> 我认可我的肢体跟健全人是不一样，但是我不认为我是残疾……英文里面的残疾残障是 disabled……就是没有能力去做某事的……把残疾人或者残障人士定义为没有能力，那我是不认同的。（受访者 04 号）

> 别人会问你有没有残疾证嘛，就是会抵触嘛，就是不想回答。因为这是一个残障的标识吧，但是我可能不想让别人知道我有这个东西，有这个标识。（受访者 16 号）

基于合法性身份认同中偏于消极、侮辱和歧视的内涵倾向，残障女性对残障或残疾这些标签、说法不予认同。特别是当残障或残疾身份与其他积极的身份放在一起时，往往会形成两个极端：一是积极身份遭到残障身份浸染而使整个身份饱受质疑；二是积极身份在残障身份的基础之上虽居于上位却产生一种"悲情英雄叙事"。由此，很多受访者在意识形态上脱离了传统社会与当代社会形成的种种合法性身份。但是这并不能意味着其没有接纳自我，她们接受、认同自己的肢体或某一项生理特征确实跟普通大众不一样，但能力却不差；一些受访者表示即便残障身份能为她们带来帮助，但健全人也很不容易，凭什么她们要受到优待。某种程度上而言，社会、历史、文化赋予残障的合法性身份之于残障女性个人而言却是陌生的、排斥的。

既往研究指出，目前在中国语境下，残障本土文化缺位，残障身份正位于健全文化和残障文化之间的缝隙而呈现出一种悬浮状态，残障人士往往缺乏群体归属感。[①] 特别是在个性化社会，几乎所有的受访者都既否定自己是健全的，又否认自己是残障的，抑或表示残障在自己的生活中并不占有重要的地位，就像是"脸上的一颗痣""屁股上的一个胎记"。但是这不意味着她们对自己的身份认同是缺乏文化的。特别是笔者在残障女性身份认同的具体访谈实践过程中，发现几乎所有的受访者都拥有基于个人自身生活经验的身份认同，并且怀揣着将自己这份身份认同再嵌入当代社会当中的美好愿景：

> 只能说她 different，不一样，但是你不能够说它 disabled……我有能力啊，我能够骑行，健全人能够做的事情我能够做呀……we are able to do things that no more people can do（我们能做很多其他人没法做到的事情）。（受访者04号）

> 我小时候成绩比较好，成绩好就是我的保护伞，这个保护伞会让我免于很多人的非议……我在别人的印象里就是一个努力的学习好的女孩，这个印象会大于我是一个残疾人。（受访者43号）

> 我就是我呀……就是身体不太方便，但是我还是我，就是整个的我自己，也是一个属于我自己的个体，就是我所拥有的东西，身体不方便，坐轮椅，这些都是我自己……我不喜欢把一个群体或者是一个

---

① 赵勇帅，邓猛，汪斯斯. 西方残障身份发展理论述评及本土化思考［J］. 残疾人研究，2020（1）：8.

人归到某一个群体，把一个群体特殊化。每个轮椅使用者，包括每个不同残疾程度的人，他们都是一个独特的个体，都是不一样的，正常人也是一个独特的个体……我觉得每个人就都是独一无二的存在。（受访者 23 号）

我一直觉得你想要让别人觉得你是怎么样一个人，那你自己要去怎么做……你想要在这个社会上以怎么样的一个身份去和社会相处，和你想跟别人怎么去交流、沟通、社交，其实和你是怎么样的一个身体情况是完全没有关系的，这取决于你个人的一个综合素质，你的个人的涵养……无论是正常人还是残障人。（受访者 25 号）

跟那个人他自身的生命力量，和他自己的生命价值、所创造的价值有很大的关系，每个人身上都会有很多的标签，但是哪个标签是他的第一标签，是别人就是旁人对于他的认知的第一标签，完全取决于他自己能够创造什么样的价值。（受访者 21 号）

几乎所有的受访者在谈到对自己身份的描述时，用到最多的定语便是"正常人""普通人""我"，前面的形容词会加一些自己的性格特质、身边人对自己的评价以及自己的身体状况，不再是模糊的、概括的、歧义的残障或残疾。在这个意义上，如前文所说，在残障女性的再嵌入过程中，她们全部的自我便是其本土身份文化的材料，而这些材料由她们自己书写、管理和掌控，不再受到合法性身份认同的操纵。尽管其中一些受访者的自我身份认同存在能力主义的价值导向，但这不能说是对能力主义的迎合和推崇，只不过是在中国本土语境下，作为个人的个性化的自由选择。也有一些受访者虽然不希望被分类、被标签，但也并不排斥残障或残疾的标签、说法，并认为这是有好处的：

其实社会上就是有很多标签，我觉得真正的包容或者说真正的接纳并不是不允许标签的存在……我觉得现阶段可以有这些标签，因为标签就是给人讨论的，标签不是束缚人的，如果我们可以把这个标签摆在这里，大家讨论开了，只有现在有标签，未来这个标签才能被摘下……我们才可以去更多地讨论，不光是我们自己，还有社会各界共同的讨论，然后共同地去克服这个标签，共同地去撕掉标签。（受访者 33 号）

这种称呼我觉得是什么也好，最重要的是大家通过了解去认识，

然后把这个名称抛开来说……我是觉得你首先是把这两者很明显地区
分开了，才会让他们融合在一起。（受访者07号）

这些残障女性寄希望于能够以残障标签为靶子、通道，来为其自反性身份
认同开辟出外在的再嵌入空间。由此可见，残障女性身份认同的内在"个性
化"脱嵌绝不仅仅是一种个人的、私密的、内在的日常生活实践经验，更是潜
藏着亚政治意义上的合法性身份修补、重造。

（二）外在"不可见"的陌生人

个性化社会的到来不会自动改变陌生人在现实空间政治中的合法性支配地
位。① 而个人冲开和超越确定性的、结构化的、规范化的、组织化的合法性身
份认同的界限，是一个杂乱而矛盾的相互作用过程。特别是在当下中国的陌生
人社会语境中，陌生人不只是不熟悉的人，还意味着是我们没有很好了解过的
任何人。在这个意义上，残障女性对于任何人而言也具有两方面的陌生意义：
一是"不可见"的个人的"我"；二是"不可见"的权利主体。

如前文所述，在现实社会空间中，面对支配性、主导性的合法性身份认同，
残障女性完成了个人内在的脱嵌机制，尽管其希冀在现实空间中冲破制度化身
份的边界，但受制于陌生化社会的隔离，依然只能止步于认知态度层面。这一
点我们在访谈过程中能够深刻体会到，即那种"他们看得见我，他们又看不见
我"的无奈，基于此，很多受访者都慨叹"无法改变"：

陌生人的话，他一看到你，就对你指手画脚，然后在心里面已经
把你刻在他脑海里，想一下你是怎么样的，这个是无法改变的，但是
身边的人跟我接触下来，都觉得很好，就是大家好像也没有觉得有什
么跟我相处要特别特殊的一些地方……那陌生人的话没办法，因为整
个社会对残障者的认识就摆在那，他看你一眼你就被那么定义了，你
也没办法去改变人家不是吗？（受访者23号）

因为我们国家的大环境如此，大家在日常生活中很少在街道上看

---

① 张杰. 通过陌生性去沟通：陌生人与移动网时代的网络身份/认同：基于"个体化社
会"的视角［J］. 国际新闻界，2016（1）：102–119.

到残障人士。（受访者25号）

我们自己的群体很少出来，就是我们的群体是比较隐形的，尤其
是在大众的印象中，很多人可能会尽量不要出现在那种太大众的场合，
尽量不要去吸引目光。（受访者04号）

外界的标签有时候我会觉得无解，因为人们都只会相信自己想要
相信的，加上一些习惯了享受这种标签的残障者，形成了一种完美的
闭合。（受访者05号）

关键现在大众第一眼看到你的身体情况是这个样子，因为不了解
你，所以他们的印象就流于表面了，就是因为不了解。（受访者07号）

如受访者所述，在多数情况下，尽管残障女性在现实空间被看到，陌生人
也只是停留在残障女性合法性身份的想象空间。而进一步说，尽管残障女性在
现实空间表现得超越刻板认知，陌生人也往往会因残障这个突出的身份遮蔽，
而看不到甚至不愿意去了解现实空间真实的"个性化"的"我"。这时候，残
障女性由内在到外在、由想象通往现实的外在的再嵌入路径被严重堵死，他们
的"个性化"脱嵌也被迫停留在想象空间。而停留性会使得作为陌生人的残障
女性在陌生人关系中被空间所规训、定义甚至排斥，并处于被支配地位。在这
个意义上，作为陌生人的残障女性与陌生人之间的现实空间处于沟通、理解的
空白状态，两方都面临着被历史、社会和政治合谋支配的命运。

如前文所回顾，新时代语境下我国对残障人士的认识由"救济对象"转变
为"权利主体"，深入关注残障人士在教育、就业、文化等方面的需求。但是，
在访谈的过程中，笔者能够深刻感受到，从权利主体的实现至残障女性在微观、
具体的日常现实生活需求的满足，皆任重道远。就如受访者43号感叹的："就
觉得她都有残疾了，那她活着就已经很好了，她还有什么能力和权力活得更好
吗？"可见，对于支配性认同，由残障女性的视角出发，不是"生活"，而是
"活着"。这相当于，残障女性依然是作为"不可见"的权利主体而存在于现实
社会空间中：

现在公共设施障碍主要是路不平，或者是那边没有无障碍（设
施），那些坡道不是平坦的，有一个马路牙子，然后还有一些比如说超
市前都是大石墩子，然后还有一些楼梯，它根本就没有无障碍的可以

通行的地方，还有就是乱停车。但是这些问题我提了有用吗？我觉得我没有地方可以提，他不能为我来修路吧，而且因为我处在一个二线城市嘛，所以我也没想提。然后现在遇到这些问题，我主要是想自己怎么克服。（受访者37号）

有些人选择沉默，认为发声没有用，那么话语权似乎也处于一个真空状态。而有些人则在现实空间中多次对支配性认同进行抗争，可这种反抗却总是具有一次性的、临时的、短期的等特征：

> 外面遇到对我不友好的，我也会特别不友好地还击。有一次我们坐电梯……因为我上不了步梯，那我就要去坐直梯，那我去坐直梯的时候，有些人嘴里面就特别不干净，哎呀，等下一部啊，挤什么挤啊，你的轮子压到我的脚啊，你不要撞到我啊，怎么怎么样，反正就感觉特别嫌弃我吧，然后我就会很直地说出来，我说有手有脚你去走步梯吧，为什么要跟我们残障人士来抢这个无障碍电梯呢，反正就很直接地去说。（受访者03号）
>
> 我觉得我受到侵犯的时候……他不让我上学，读书的时候很穷，扭头我就回去找我们高考的一个什么地方把这个事搞定了，我就去读书了……我的不满都是反驳回去的……基本上那段时间处理什么事情我都会录音。（受访者58号）

这时候，争取本就合理合法的作为"人"的基本权利，从一种理所应当的权利变成了一次次高成本、高投入却低收益的劳动。也有一些受访者一针见血地指出无法完成外在现实空间自我身份认同再嵌入的根源问题——权利主体缺失，并试图以自己的非正式方式面对不平等的权利：

> 从小就隐隐约约感受到了一些不同，小学报名的时候，校长以身体原因为由拒绝了我的入学申请。出门遇到障碍不会有人觉得是障碍有问题，会觉得是我不应该出门。去书店有台阶家人会说这些是给正常人修的，不是给我修的。一开始因为我没有见过什么是正常的，大家都这么说，觉得不舒服也不敢说什么，后来随着接触的事物变多，

明白了有些权利是每个人应当有的，才知道了原来以前那些心理不适
并不是我有问题，是那些那么觉得的人有问题。（受访者 05 号）

因为他们提供不了残障群体需要的教育环境，导致很多的残障人
士根本就得不到应该有的教育，所以没有教育的话她们就走不出来，
走不出来的话她们就不会被看到，她们不会被看到的话，那么她们就
越来越符合大众对她们的刻板印象……那我们根本就无力去改变那种
刻板印象了。（受访者 04 号）

我也会做一些残障相关的公益项目，就比如说给残障人进行一些
职业培训，我会觉得首先我们还是要把残障人自己的这个职业技能搞
上来，因为不可否认部分残障人的职业技能，因为他的身体原因或者
是说因为他的心理原因，还是存在一些比较大的问题……我觉得我自
己会治愈一点……我觉得这是一种面对不公平的方式。（受访者 33 号）

残障女性的抵制支配性、合法性身份认同的具体实践表明，"不可见"的
个人与权利主体成为外在"个性化"再嵌入的根本阻碍，即便这不等同于残障
女性缺乏自我身份认同，滞留在"不可见"的现实社会空间中，也等同于其认
同抵制是不可见的、失效的。

四、抗拒性认同：认同展演的"可见"空间

既往研究表明，尽管视觉是一种感官，却是由历史、文化偶然决定的知识
调节的，根据身体的文化符号类别进行等级排序，这种视觉力量使得自我建构
的权利被迫让渡给他者。而残障人士的身体从外观和功能上都被定义为不正常、
失调、不符合理想的，所以"凝视"可能会对残障人士产生负面影响。在以往
传统媒体是残障女性唯一的视觉传播渠道时，这种观点还可成立。但是在中国
语境下，互联网已经完成了从文字到图像的演变，打破了官方的垄断，《第 49
次中国互联网络发展状况统计报告》显示，截至 2021 年 12 月，我国网民规模
达 10.32 亿，互联网普及率达 73.0%，其中短视频的受众规模达 9.34 亿，占比
达 90.5%，短视频正在成为全民新的生活方式。

而面对自身的支配性、合法性身份认同，残障女性开始有意识或无意识地
运用短视频消解与陌生人的界限，使"不可见"的个人脱嵌通过视觉化表演来

实现"可见"。特别是互联网短视频空间的权利逻辑与特定的现实社会文化逻辑并不是连续性的关系，这种由现实到网络短视频的流动性为残障女性展现抗拒性表述、翻转现实价值判断带来一定的空间权利，而网络空间的"凝视"这一视觉力量也成为残障女性自下而上抵抗支配性"凝视"的中间地带。这种认同抵抗既不是文献综述里所讲到的被动逃离至数字空间，也不是卡斯特所指的全球性、宏观的政治认同抵抗，而是对中国历史积淀形成的"无用废人""悲惨怜悯"等多种消极合法性身份认同进行微观、亚政治意义上的主动抵抗。在B站中，我们发现有很多残障女性展演认同拒斥的短视频。

（一）直接"问题化"抗拒：生成社会权利主体

在残障女性的短视频中，认同反抗最为显著的一类文本是直接"问题化"抗拒叙事，旗帜鲜明地指出个人在现实社会中遇到的各种各样的障碍。这类短视频并不止步于一个现象、一个事件，而是以第一视角"我"出发，条理清晰地将已经发生的伤害事实和潜在的风险整合分析为一个需要关注的社会问题，有些甚至以激烈的言辞展现出当事人"暴风雨般"的愤怒，正如受访者04号的定义"我个人的存在就是一种反抗"。

在这一文本叙事中，直指障碍是最明显的特征。大多数残障女性的短视频或多或少、有意无意地呈现以个人为中心延展出去的障碍。如较为激进的04号残障女性的短视频，她擅长面对镜头的方向层层剥茧、条分缕析地用自己的语言讲述自己的故事。她讲到自己遇到的婚恋问题："有一件事对我一直没变：我妈催婚。封闭落后的县城，不被尊重、身不由己的残障女性，家里人以为嫁出去有人照顾，其实是很多女性面临的困境……个人自我认知，我不认为我是残障的……很多人眼里，残障价值降低。"她也分享了自己作为残障女性找工作受到残疾、性别的双重歧视的经历，并在短视频中放出自己找工作时与人事（HR）的对话录音，真实展现HR如何以是否应届、专业限制、薪资低、年龄限制、没有职位等理由拒绝或暗示性劝退，将她和其他人区别对待，并描述了HR翻白眼、嫌弃、躲闪的小动作，将遭受各种障碍的真实的自己置于大众的"凝视"下。这时候，实际上这些现实社会空间的障碍被残障女性挪用到了短视频空间，通过回忆和具身化的讲述将具体的障碍再现到影像世界，而后抽象为一种新生的合法性、支配性身份认同。在这个过程中，合法性、支配性身份认同不再是冷冰冰、固定的、限制的历史、文化和时代记忆，而是嵌入了残障女性个人的生活历程框架，就如 04 号在访谈过程讲到的：

> 我会尽量地跟我自己联系在一起，就是比方说一个社会热点，我
> 会尽量以我自己的视角去解读它，把它跟我的生活联系在一起……我
> 所有的视频、我所有的文案都尽量会以我自己的一个视角来讲述，来
> 展现给大家看……我就只是想从个人的一个生活的角度、一个很私人
> 的方面去以小窥大，把这个社会的一些不合理、不公平的现象展示给
> 大家。

换言之，残障女性首先在合法性、支配性身份认同中，由被动的、统一的
"提线木偶"开始转向显现出身影的发展趋势，甚至其身影愈发清晰有生机。

因此，现实社会中的合法性、支配性身份认同并不是简单地挪移至短视频
中，更是通过这种个人化影像叙事为认同抵抗提供了合法性空间。当 04 号的日
常生活甚至人生受到婚姻和工作背后不行、无能、生育者等合法性认同逻辑的
阻碍时，抗争便应运而生，短视频中她直白地呼吁道："我们要去呐喊、去反
抗，只有我们的反抗，才能让他们不把这些当作理所应当，才能让这些不合理
的现象断绝掉。""如果能够平等沟通，我们何至于嘶吼。""佛陀对蛇说：我
叫你不要咬人，但没叫你不能嘶嘶作响啊。"通过将合法性、支配性认同当作靶
子，在反驳的过程中实现抵抗，这种短视频的认同反抗并不局限于一时的不公，
而是上升指向社会"问题化"逻辑的解决，带有一定的公共政治意味。

那么与此同时，在这种认同反抗的过程中，自然而然地生成了社会权利主
体。其中无障碍出行主题的短视频抗拒较为显著。在短视频文本分析过程中，
不少残障女性以热点事件为导火索，发出痛心疾首的呐喊。2019 年 7 月 7 日，
北京截瘫者之家创始人、13 年来致力于推广无障碍出行的公益人文军，在探索
无障碍线路的途中因私家车占用无障碍通道而绕行跌入停车场两米深的大坑，
不幸殒命，类似的还有深圳"瓷娃娃"陈小苹因无障碍通道坡度过大导致轮椅
翻倒而意外离世等事件。很多残障女性举起手机摄像头走出家门，开始以第一
视角深入社会生活空间，记录生活中遇到的各种沟沟坎坎。其中以 09 号残障女
性的短视频最具代表性。视频开头 09 号便以文军事件为由头，直接阐明自己做
vlog（视频博客）的初衷便是关注无障碍设施建设，她一条腿穿着假肢，拖着
行李箱，以手机为眼睛，以第一人称的在场独白为阐释，一步步逼近口中的

"奇葩无障碍"，并情绪激动地怒喊："啊哦！为什么呢？为什么此层不停呢？完全让人不能理解！如果说重庆西站这个无障碍电梯它不在三层停的话，那它为什么要修呢，是不是很搞笑，如果它不能在这一层停的话，它为什么要修我想请问一下！""我当时看的时候差点气死了，大家来鉴赏一下，奇葩无障碍共赏，大家来看一下，凭什么不到商业层啊，如果你不到的话你为什么要修呢？""难道整个重庆西站的管委会没有意识到吗？"而最后她面对着镜头认真地总结了此次出行遇到的障碍，并表达道："希望有更多的人意识到这一点，并且我们一起去剖出来，告诉这个管理者他做得不好……让每一个人都可以没有障碍地加入这个社会，在这个社会中生活。"从怒气冲天、直接喊骂的不满升华为对于社会主体权利的追求。

在这里，尽管只有残障女性作为拍摄主体在现实社会空间遇到障碍设施，但在其与现场的互动通过短视频视觉化展演的同时，残障女性个体也被抽离出来成为数字化的图像中介，"不在场"的观众能够具身在场于残障女性建构出的短视频虚拟空间，完成与现场的虚拟互动。在这个意义上，这段情绪失控和对不合理无障碍设施的控诉不只是残障女性自身在地化的真实心理感受，更可能成为观众感同身受的具身真实。特别是这种当时当地的情绪意外迸发并非来自普通人，而是一个被大众视作弱势、无力、无能的残障女性，当这种激烈的、尖锐的反抗情绪和独立的意识形态作为一个意象被安置在残障女性的身体这一地点时，便会生成一个"积极有效的图像"[①]，而这个图像一吸一呼的细节都被真实地放大在观众面前，其所带有的真实的、强烈的情感力量与观众潜在、固有的印象当然不相符合，从而使得观众不可置信、难以忘怀。某种程度上，这可以通过感觉的补偿、支撑、建立起大众对于残障女性这个权利主体的印象，并加深印象强度，使之与其发出的争取应有权利的概念之间产生联想和记忆的桥梁，从而指涉对已有合法性、支配性身份认同的抵抗、削弱。

当然在中国语境下，这种尖锐指向官方的反抗虽显著，但更多是星星点点地分布在残障女性影像世界的某一瞬间。更多的残障女性并不将自己的愤怒情绪直接表达出来，而是冷静客观地全面呈现出周遭的现实环境。就如01号残障女性的短视频：以第一视角记录第一次独自乘坐公交车，等了很久发现只有一

---

①　阿莱达·阿斯曼. 回忆空间：文化记忆的形式和变迁［M］. 潘璐，译. 北京：北京大学出版社，2016：250.

辆轮椅可以上的公交车，而司机一开始坐在座位上让她自己找人帮忙抬轮椅，僵持很久后才拉下后门的踏板，踏板坡度非常陡，轮椅上去很艰难；坐上车后，司机要求她将轮椅掉头，用严厉的口吻说要么掉头，要么下车。下车后明显听到等车的路人的惊叹声："还有这样的！"（惊叹轮椅能够上公交车）这一系列客观的、动态的视觉化展演，拓展了残障女性周遭的现实生活情境，通过短视频让"不在场"的观众得以具身化体验司机的冷漠、路人的惊讶等真实可感的艰难障碍，从而与自身作为一个普通人的生活记忆形成鲜明的对比，同时也与自身相似的记忆形成"图像的毗邻"，这时候 01 号自然地提出政策建议：希望得到制度保障而不是司机的好心，更加得到观众对这一作为人的权利主体差距的理解和共情，无形中影响他者自发拒绝合法性、支配性认同。

（二）脆弱"呈现式"抗拒：揭露脆弱性建构机制

有一部分残障女性基于年龄、性格、经历等因素，并不倾向于正面的直接的认同拒斥，正如她们自己所言：

> 我就是想说，我就是看不清，我就是想解释，但是我又不敢当面解释，我就又想吐槽，可是我又不想跟谁，我又不知道我要跟谁去吐槽这些方面的问题。另一方面，我想说我就是看不见你能拿我怎么样，也算表达自己观点。（受访者 32 号）
>
> 我跟我长辈肯定不会去当面理论，但是我对这件事情是有想法的，我自己内心的想法是不一样的，并不是我当时没有跟他抗争的那个状态，就是我当时没有回应他，并不代表我真的无所谓，所以我要把我真实的想法通过另一个方式去说出来……我当时其实没有说出来，那我心里的想法我想要说出来，放到一个平台上面说出来。（受访者 43 号）

尽管她们在短视频文本中的认同抵抗并不是那么激进直接，也没有上升到公共权利与使命的高度，但她们可以完全利用个人日常生活经验作为原材料，诉诸脆弱的视觉化呈现，间接创造拒斥性认同的论述，这一类短视频文本的认同抵抗带有明显的个人化色彩。

其中一些残障女性直面摄像头，娓娓道来个人的成长故事和独特感受，以个人化自由倾诉的形式展现自己脆弱不安的内在自我。如 17 号残障女性便是坐在自己的小屋子里，面对镜头，缓缓回忆过去的经历：

> 我是一个残疾女孩，残疾这两个字跟随了我 20 多年。我以前很自卑，不敢踏出门，不敢去人多的地方……可是有的时候还是会特别特别的自卑……我会经常一个人在外面笑着说，哎呀没事没事，我不用去在意别人的眼光，我很坚强，我很可以的，但是也会经常导致回到家一个人之后就哇哇地哭了掉眼泪……还记得那个时候，我跟一个很爱很爱的男孩在一起，然后他的爸爸妈妈跟他说，你不能跟这个女孩在一起。就意思是，他是正常人我不是正常人，我配不上他。然后那个时候就很难过很难过。一直在想，为什么我不能跟一个正常的人在一起，为什么我不值得被爱。一系列的为什么全部都出来了。在那一刹那我突然间就意识到了，哦对，可能我这辈子就没有被人爱的能力或者说不能被大家接受得很好。然后抑郁了很久很久……真的不知道，自己前面的路该是什么样子的。

在这个过程中，没有脚本，更没有文案，将镜头另一边"不在场"的他者当作虚拟在场的倾诉对象，由于这一对象是存在的、虚拟的、未知的、陌生的，所以其当下才能够尽情地自由宣泄，袒露自己多年来苦闷、自卑等的消极情绪，短视频视觉化特有的虚拟互动特征挖掘出拍摄主体更深层次的内在真实。而这种真实自然的独白、神情动作不仅如前文所说化为一个"能动的意象"，铭刻在观众的印象之中，也塑造了一个脆弱的残障女性形象记忆，而这种"脆弱性"认同的背后并不是本体本质意义上的脆弱，即残障女性合法性、支配性身份认同的限定记忆，而是指涉到对社会文化预先假设的多重障碍的认同抵抗。

就如 49 号残障女性同样面对镜头的方向，讲到自己的朋友"小仙女"因为路上无障碍设施有缺失从轮椅摔下，头部直接着地而抢救三天去世，她细致描述了自己头部着地那一刻的无助感受："我非常能体会小仙女当时倒在地上的那种绝望，因为我也倒过无数次……撞地的那一瞬间，就像是灵魂出窍，我完全感受不到肉体的疼痛，眼前的一切都在旋转，就像死了一样，在我醒来的时候，我两眼冒金星，头才开始很痛，很晕很想吐。那种感觉生不如死，我能感受到她当时是有多害怕，多绝望。"12号和15号残障女性会对着镜头将自己平日生活中因为障碍遇到的委屈一一诉说，诸如经常被陌生人盯着看、对着身体问东问西，抑或是拿不动快递重物却沟通无果等琐碎的不便。而37号残障女性更是直面镜头记录了自己因为婚恋崩溃的瞬间，坐在床上一边努力平复情绪说"不好意思"，一边抑制不住地抽噎哭泣。

这些脆弱瞬间比比皆是，残障女性通过个人自述，把观众当作知心朋友，倾吐自己脆弱的原因、过程和感受，全方位展演自己不同程度的脆弱性，其真实的面部表情和声线富有着直观强烈的视听冲击力和感染力，观众仿佛被拉进了数字影像空间，成为她们面对面的个人心灵倾听者和陪伴者。这时候，这种脆弱性的个人话语实践以影像的形式定格在数字化媒介记忆当中，某种程度上会造成数字化空间记忆与现实社会空间传统的记忆发生扭曲、错位，而现实社会的合法性、支配性身份认同记忆可能会随着时空的推移和转换渐渐没落，数字化影像空间的记忆却除非主体自己抹掉，否则会永久留存，并被反复观看、吸纳和刻写，这样一来，与个人印记相关的身份认同记忆便会逐渐翻转并取代传统的以谱系为依据的国家、团体或家庭的合法性身份认同记忆，渗透进现实社会空间。

特别是有一部分残障女性的脆弱性呈现并不以个人面对镜头倾诉为主导形式，而是以第一人称视角的镜头语言不经意地打通与观众之间的脆弱共感。就如09号残障女性的短视频：这个一条腿穿着假肢、拖着行李箱的女孩子，以第一视角出发的长镜头展现了重庆、成都的无障碍设施，没有电梯，只能拎着行李箱一步一步下台阶，这时候镜头晃动得厉害，画面中只出现陡峭而望不到尽头的楼梯和一个红色行李箱，周遭传来其手忙脚乱的杂音，而这种长长的不同的楼梯接二连三地出现。在这里，持续抖动、杂乱粗糙的画面暴露出拍摄主体应对障碍环境的全过程和内生感受，加深了观众对其主观性的信任和理解。

又如44号残障女性的短视频画面中多次出现此类镜头：一个轮椅车头前方是一个巨大的陡坡，有时轮椅上到一半走不动，又倒着滑了下来，有时44号会做特效标示出它的大概坡度，然后镜头随着轮椅在一直往后倒退。这不仅寓意着克服障碍的艰难，也暗示着残障女性面对障碍内心的无奈、恐惧和抗拒。甚至画面中出现便利店，但距离便利店却有六七级陡峭的台阶，这时只能面对着高高的台阶坐着喊"老板"。这些短视频通过第一视角的 AR 沉浸式体验，模糊了社会现实和虚拟现实之间的界限，让"不在场"的观众能够远程体验残障女性在现实环境中遇到的各种障碍，并仿若亲历式地体会她们面对障碍的无助和绝望。而不管是上文所说的脆弱性个人话语实践展演，还是这里的脆弱性个人沉浸式呈现，其表达的内容都在试图阐明：她们的脆弱性一直都并非合法性、支配性身份认同预设的残障女性独有的生物性脆弱，而是与其所处特定社会环境的互动相关联。

更加讽刺的是，烙印在她们身体上的脆弱性剥夺了她们在社会活动中的独立决策权，掩盖了不在同一起跑线的不平等关系，反过来更加支持了残障女性易受伤害、弱势、需要同情帮助的观点，这种脆弱性生成机制才是导致残障女性外在与内在脆弱建构的真正原因和后果。在这个意义上，脆弱性视觉化呈现便是揭露合法性、支配性身份阴谋的认同抵抗。

（三）策略"演绎式"抗拒：迂回婉转的表意策略

面对合法性、支配性身份认同，有很多残障女性并不是完全直白地呐喊、怒斥抑或是吐露心声，既没有火药味，也没有悲情戏，而是故意或无意识地在细微之处安排一些演绎式表达，既引而不发，又不失讽谲，采用迂回婉转的表意策略，让观众入眼入心，这也与我国含蓄的文化环境有关。正如受访者 05 号所言："我觉得有时候直接提出问题，可能会被有心人认为是在找茬。在不像提问题的状态下提出问题，虽然好像一晃而过，但是明眼人心里都会有自己的一个意识。自己的意识，远比别人灌输的意识更有力。"

反讽包含了解释者的"瞬间推理"，具有社会认同功能。在短视频文本分析中，我们发现有些残障女性会如实展现她们与生活中障碍的互动，并以戏谑化表达进行认同抵抗。05 号残障女性的短视频中就有多处：去照 X 光片，看到脊柱的弯度，说自己不是正常人，是龙的传人；出行遇到台阶，说这是自杀的好地方，但她不能，为了以后还能撸到猫，她要活下去；去博物馆，因为展台太高而看不到，说她太矮了，看不到宝石，好气。又如 28 号残障女性的短视频：一开始说对于视障者来说盲道应该是最基本的安全保障了吧，可是她遇见的盲道通常长这样（画面：被电动车占用的盲道），这样（画面：被汽车轧住的盲道），还有这样（画面：公共设施直接建在盲道上），最后得出结论，所以盲道这东西啊，不可不信，但更不能全信；坐公交车怎么看清来的是几路，她说这个我自有妙计，早些年是用放大镜来看公交车的，后来改成了用手机摄像头把画面拉到最大，不过也有失手的时候。还有 24 号残障女性的短视频：开头是一个破碎的倒下的闹钟（字幕：不合常识的话叫笑话），最后这个闹钟被扶了起来（字幕：一个笑话怎么活在字典里的，一定也有趣得像笑话），这里破裂倒下的闹钟实则隐喻的是身体残缺的自己，暗指和正常人不一样的残障女性在这个世界格格不入。这样幽默反讽的表达还有很多，戏谑、反讽主要是指说者口头表达和心中所想是完全相反的。在这类作品中，作者借他人的话语说话，但在其中引入一种与他者话语意向相反相对的语义、声音，使得内部话语发生冲撞，为与原有相反的话语目的服务。在这些短视频文本中，"不是正常人""好地方""展台太高""盲道是最基本的安全保障不可不信""不合常识的话叫笑话"等这些话语均符合大众一直以来的印象认知，某种程度上就代表着合法性、支配性身份认同，而残障女性并没有反驳它们，而是自己如实描述出来并潜在地承认它们的合理性。但是紧接着话语却朝着始料未及的相反方向发展，"是龙的传人""自杀""为了撸猫我要活下去""我太矮了""我遇到的盲道长这样、这样还有这样不能全信""我自有妙计""活在字典里的笑话也有趣得像笑话"等这些语义方向与之前所谓的规范的、正常的话语形成了张力，或自我贬低式、或游戏式地反衬出起始设定的荒诞、谬误，这样一来，无须多置一词，那些对残障女性原有的刻板印象便显得滑稽可笑。尽管这些事件、现象、问题本身包含着令人无法接受、怒不可遏的元素，但是这些残障女性可以暂时地将自己的言说距离拉远，经过语言和表意收放自如的巧妙排列组合，自然而然地解构合法性、支配性身份认同，实现认同的反制与抵抗，而此时的残障女性徘徊于主观与客观之间，既在叙事主体之内，又在叙事之外与观众一起成为冷静的观察者。

身体作为视觉化展演的原材料，是残障女性认同抗争的言说资源、武器和力量。如 04 号残障女性小时候因意外事故被烧伤，其面部也留下了很深的痕迹，当将自己的脸对着镜头展露在大众视野下时，她声称："我是个生理和心理都正常的女性，为什么就不能谈恋爱？"紧接着娓娓道来她从中学到现在 30 多岁以来被表白的经历以及两情相悦的数段恋爱史。而 07 号残障女性小时候因车祸导致双腿截肢，轮椅便成为她走路的一双腿脚，在短视频中，因车辆占道，她推着轮椅面带笑容地走在机动车道上，阳光洒在她的身上，配音是温暖和谐的："我对这些早已习以为常，我也很少去抱怨，因为你无法改变整体的环境，你只能让自己去适应。走在路上，阳光明媚，心情是轻松的。"而突然之间一辆高大的公交车贴着她呼啸而过。这些抗争展演策略的背后都是具体的身体抗争，残障女性的身体往往被合法性、支配性身份认同规定为无力、丑化、去性欲望的，而在这里，这种身体没有被排斥，反而是化为了残障女性视觉化展演的武器，不美观的脸与其经历的甜蜜爱情、无力却乐观的身体状态与周遭的障碍风险形成巨大且鲜明的对比、反差："在我的脸没出来之前，如果那样讲，他们可能也觉得就是普通的谈恋爱的经历嘛，但是脸出来之后，他们会说：啊？你也能谈恋爱啊？你还有人喜欢呀？就很颠覆认知。"（受访者 04 号）换言之，残障女性也在有意识地发现和挖掘自己身体的特质，将其作为视觉化认同抵抗独有的"优势"工具，继而让观众在反叙事的"震惊体验"中加深这种抗拒性论述的印象。

一再重复出现的视觉化展演公式包含着特定的潜在的能量，一般情况下，这些影像在大众记忆中会发挥着能量储备的继电站功能，而在某些情况下，其意义、能量也会面临倒换。在残障女性的短视频文本分析中，我们发现有些残障女性在视觉表演上具有反复、重复性，就如 01 号残障女性的短视频展演了自己和健全人男友一起坐轮椅出行，在遭遇一些出行障碍后，健全人男友奋力不停地推着轮椅在道路上狂奔；51 号残障女性的每一个视频并没有什么故事性、戏剧性的实质内容，所有都围绕轮椅女孩简单、模式化的出门日常，大多数是以第一视角演绎其不停歇地在马路上、在地铁骑着轮椅车，画面中多出现一个车头和前方视野；而 21 号残障女性也是如此，她小腿穿着假肢，在短视频中展演自己一直重复练习走路、一直沿着湖边不停奔跑的背影、双脚不停在地面上蹦跶等影像。类似这样重复出现的视觉化展演行动还有不少，一般来说，残障女性的形象会唤醒合法性、支配性身份认同刻写下的无力、病恹恹、待在家里不该出门、救济对象等象征意义，更不必提无障碍建设的权利主体。而这些残障女性反复上演轮椅出门、跑、跳、走等相似的影像公式，正是试图通过网络短视频空间与现实社会的大众接合，将大众原有的认同记忆置换，赋予、储备新的意义和能量，从而具有改写、倒换合法性、支配性身份认同的可能性。

表情包、图片等元素的拼贴在残障女性的短视频中也频频出现。如 37 号残障女性的短视频大量运用了二次元的表情包和图片，主要是辅助展演自己的处境和悲伤、愤怒的情绪，如前男友劝她以后跟别人结婚隐瞒病情时，画面中出现了一个丑陋的恶魔和女生质疑的表情包，暗指自己气愤、不认同的观点，紧接着出现女人躺在床上、男人对老婆孩子冷暴力和一个蓬头垢面的人孤独地待在破败屋子里等一系列图片，这使得现实中尚未发生的生活幻想凭借图片的拼贴得以延展开来，描绘了合法性认同为残障女性设定的现实命运，再加之情绪高潮的渲染，也塑造了认同抵抗的可视化、易感知的形象。

由此可见，残障女性通过反讽、身体、重复出现的影像公式和拼贴这四种"演绎式"呈现，在与观众"不在场"的交流和互动中实现策略性、智慧性的认同抵抗。

五、计划性认同：认同构建的对话空间

让残障人士的生命可见，可能会解开人们对残疾身体的误解。[①] 沿着卡斯特所提出的"支配性认同—拒斥性认同—计划性认同"的路径，短视频使得残障女性个人的存在由"不可见"到"可见"，而她们在创造各种各样视觉化认同抵抗表述的同时也在重新嵌入"个性化"身份认同的内涵，继而为从虚拟空间走向现实社会的主体计划性身份认同的重构准备条件、积蓄力量。

（一）展现物质现实：个性化的普通人

如文献综述中所言，残障的认同理解要么是本质主义意义上的医学模式，着眼于根据医学标准和规则来确定一个人正常或残损的本质和分类，要么是批判现实主义的社会模式，即认为残障是由社会造成的，却忽略了其本体身体损伤残酷而具体痛苦。尽管后结构主义关注语言和物质世界的实践，但其主要注重的是语言对于物质世界产生的巨大影响，认为语言建构了物质实践及其意义，这确实有助于解释残障者是如何被污名化和压迫的，但是在这个阐释视阈下，残障者个体的感受和能动性依然是不可见的。而"本体论转向"的新唯物主义则将语言符号和物质现实放在了同等的地位，认为两者相互影响，并且更加强调物质世界先于任何语言符号而存在，这种阐释路径使得关注本体与反本质主义得以兼顾，同时更为残障女性的身份认同提供了行动的方法论以及阐释路径。特别是在中国语境下，短视频为每个人提供平等地、自由地展演自己的物质现实生活的机会，而残障女性也不例外。

通过影像世界真实的可视化传达，这些残障女性的身体损伤不可避免地暴

---

① MARKS D. Dimensions of oppression：theorising the embodies subject［J］. Disability & society, 1999, 14：611 – 626.

露出来，而这种"可见"又在一定程度上脱离了现实社会框架，在短视频影像空间这个新兴领域构建出新的"可见"，也就是自觉地扔掉了作为残障女性的合法性身份认同，在短视频里再嵌入了自己作为人的"个性化"身份认同，主动地让个体的、去残障化的、多面的"我"在大众视野下"可见"，从而与陌生大众产生对话的数字化窗口、渠道和空间。我们在 B 站短视频文本观察和分析中发现，这些残障女性专注于展现自己物质现实中的方方面面、点点滴滴，而与此同时她们的性格特质、日常生活、思想观念和社会关系等作为个人的部分都会自然而然地显露出来。然而值得注意的是，由于这种身份认同是自发地建立在互联网络领域的，残障女性个体之间的认同建构往往缺乏沟通、联结和组织，因此其内部身份认同展演也出现相似又不相同的表征；同时随着个体在不同时间、情境下的变化，其认同建构的创作实践也出现矛盾与转变。

有些残障女性发布的全部或大多数短视频内容都偏向于展现自己积极正向、背离传统的真实一面。如 09 号残障女性右腿戴假肢，几乎所有视频中都包含了动态的画面：独立出游、举重、游泳、跳绳、攀岩、穿性感的运动内衣、万圣节带着夸张的 cosplay 造型穿假肢蹦迪、做新冠肺炎疫情防控志愿者。03 号、07号和 28 号等残障女性分享了自己与男朋友的甜蜜互动，或是与伴侣在婚姻中互相扶持的温暖场景。还有 21 号、25 号和 30 号等残障女性展现了她们开心地出去玩、画不同风格的妆容、文身、戴假肢或坐轮椅搭配不同风格的衣服等情景，还有的甚至将轮椅当作了玩具和装饰品，表演自己的特长……这些影像将残障女性日常生活中快乐美好的细节、瞬间一一呈现，特别突出了其优秀能干、风格多变、拥有幸福亲密关系的特征，甚至其身体损伤在借助高科技、自适应的情况下还具有可以化为无障碍的潜能。这种积极的分享实际上是残障女性有意识地针对现实社会框架中传统支配性认同的"抵抗的延长"。正如在访谈过程中一些残障女性所言：

> 可能很多社会中的人对于这个群体的标签就是弱势群体，会说是很可怜的人，或者说有比较没有被社会所（接纳）、比较落后的一个固有印象、刻板印象在。那我视频所展现出来的我就是一个比较努力生活、比较积极开朗的个体……通过展现不一样的视频内容图片、风格和传达出来的生活片段，来展现另外一面，那我就自然反驳掉了不好的东西。（受访者 25 号）

　　我的视频你可以看到就主要都是比较欢乐的、比较轻松的，那是因为我想向大众传播一下吧，就是渲染一下，我们残疾人并不是像你们想象的残疾，我们要有正常生活，也可以正常生活，所以你们不需要以那种怜悯的心态来看我们。（受访者 37 号）

　　在某些现实社会情境中，这种合法性认同概念下的身体由于得不到正常期待，不得不主动隐匿，而短视频的影像空间使得残障女性再次掌握了身体表达的主体权。不再基于本质主义框架内作为人固定的、不可变的基本属性和特征而被排除在外，而是通过身体媒介化、影像化主导、操纵以"身体"为中心的一切物质现实，有选择地、针对性地剔除、更新观众根深蒂固却依据不充分的刻板印象，让自己的身体回归物质现实生活的同时，也回归本质主义所谓的"正常"。

　　有些残障女性会展现自己的积极向上，也会展现自己的消极不堪，还有的在一直坚持展演积极一面的过程当中偶尔也会转向低沉失落，开始展现全部的自己。较为典型的如 12 号残障女性的短视频中不乏做任何事都用脚、身体不适蓬头垢面、生活中受到委屈等内容；55 号残障女性会展演自己穿鞋、吃饭、写字时克服诸多困难的场景以及对身体损伤痛苦感受的细致描述；04 号、43 号女性诉说了自己的抑郁症和理想美的挣扎；还有以运动乐观风格为主的 37 号，也插入了自己的生病经历和坚持克服病痛的日常片段……这种消极悲观的身体状态与自强自立的意志形态一结合，按照以往传统媒体的报道逻辑，往往会被冠以"卖惨"、身残志坚、励志的标签。然而经由残障女性作为"我在说"的视角叙述和呈现，这种真实的生活细节和自我感受化为一套对人类普遍生存命题的回应。换言之，这不再是媒体新闻生产的演绎"符码"，而是一个个活生生的人对本就不会一帆风顺的人类生活的自我处置机制，这种机制的主体化、结构化呈现却往往会让观众产生不同的解读。但对于残障女性而言，这就是生活。如一些残障女性客观地把这些标签解读当作身体真实情况，忽略了背后的贬低侮辱意味："我非常承认我是个残疾人，我只是身体上的残疾，但是我心里并不残疾……我做任何事情需要经历很多的事情还有练习才会做到和你们一样，所以在这方面我们付出的比较多……这是我的生活，我的生活状态就是这个样子的。"（受访者 12 号）

　　还有一些残障女性虽然不喜欢"励志"的形容，但她们承认、接纳自己的生活确实很励志，并将自己与"普通人"面对生活的坚强联系起来："我表现的就是我正常的生活。我确实是表现出了身残志坚、励志这些，但是那是因为我自己本身就是这样子的……可我很反感这个标签，很反感给我们弄的这种标签分类，但是没办法，我就是这么坚强，我就这么正能量，就这是我作为一个人的一个特征……我们是很坚强，那我们跟普通人一样坚强啊……它确实展现了残障群体的一个困境，真实的困境……其实普通人也会遇到很多的困难，普通人也想着去克服这个困难，他们也是坚强。"（受访者04号）

还有一些残障女性只是展现自己日常朴实、平淡的生活，如好好吃饭、装饰房间等，从生活中的点点滴滴展现她们各自独有的气质。甚至她们中不止一个人将说明自己身体残疾的视频删掉。笔者在观察中向一位受访者问到删除视频的原因，她回答说："不想被关注吧。"这种"个性化"视觉化展演是其对现实社会框架内残障特殊性的去除，也是其渴望回归普通人生活的心灵写照。

而无论如何，这些视觉化展演的前提是她们将自己的身体损伤当作一个人的众多特征之一，目的在于脱离残障女性群化的合法性身份认同，呈现出"个性化"的"我"的物质现实。这种物质现实并不只是局限于残障女性的人生经历，就如受访者38号分享了其在宣讲会演讲和短视频视觉化展演的区别："在线下的分享里面，你要先惨，然后再反过来让人家知道你现在有多好……翻翻以前的视频……真的很直观看到，一个坐轮椅的小姑娘，就可以这样子生活，而不是通过什么很绚丽的词汇跟你聊出来，我曾经怎么样，我后来又怎么样。但是现场你就只能在那个时间、那一刻让人知道你是谁，你做了些什么。"

而往往这个时候残障女性不得不去走一些煽情路线，反而固化了强势、空洞、扁平的合法性认同记忆。因此，短视频更像是一个"探头"，深入地踏足残障女性生活的每一个角落并可视化显现出来，这种物质现实不是其重要、高光的节点，而是其生活的一蔬一饭、一颦一笑，指涉的是普通平凡的作为人的身份认同，正如受访者05号所言："无论是否认标签的存在，还是竭尽全力摆脱身上的标签，都会被标签限制，唯一出路就是做自己。"

（二）构建情感连接：通往观念共同体

以往依托于妇联、残联等官方架构组织，残障女性在得到帮助的同时也强化了其在现实社会中的悲惨、救济对象等合法性、支配性身份认同，无法摆脱特殊的、区隔的身份认同。在当今社会，越来越多与残障相关的民间非政府组织（NGO），如"残障姐妹best"等残障理念进步平等的机构建立，残障女性之间确实产生更紧密的联络、交流和情感，基于相同或相似的身体感觉和体验，形成互相影响、互助互惠的集合共同体，这些组织在某种程度上承担了自我认同建构的唤醒功能。但是这种参与互动的实践依旧大多数局限于群体内部的制度化、组织化途径，并且覆盖到的参与实践的残障女性毕竟是少数。尽管有些组织通过公众号等以文字、图片形式传播，但其受众基数小、范围狭窄、知名度低，基本依旧处于情感联结和认同深化的内部循环过程，难以跨越差异、时空与社会和更广泛的陌生人产生真正的勾连、接合。然而，这也在某种程度上为卡斯特所说的计划性身份认同重建储备了一支觉醒的生力军，譬如在访谈过程中我们发现不少残障女性本身就是某些非政府组织的负责人、助教和成员，或是会固定参与公益组织的活动。短视频作为时下流行的全民性媒介为残障女性提供了更广阔的对话平台，富有视觉冲击力与感染力的影像优势也带来了体验、感觉和情感聚集的"刺点"，使得那些觉醒的残障女性可以自发地散落在互联网络短视频空间中，通过灵活而有创造性的"生活化"展演构建起鲜活的、充满人情味的身份认同。我们观察和分析到的短视频文本，如03号、07号、09号、12号、28号、33号等残障女性的短视频，都是脱离合法性认同的身份定义，挖掘身体残损的物质事实与作为人的主体之间的情感联系，通过情感视觉化展演身份认同进一步模糊、消解正常与残疾的边界。

09号和03号的短视频中对比模拟了无障碍和有障碍的体验。前者通过情境化的专门表演，如没有无障碍设施时搬箱子上台阶、开门等的费劲，提着行李箱上台阶和走坡道的区别，坐轮椅上台阶和上坡道的区别，不同坡度大小的坡道区别等，在地化展现无障碍设施对每一个人的重要影响，而不只是限定残障人士；后者则展示健全人全程坐轮椅进入公共空间的生活细节，如遇到陡峭的斜坡吃力地上不去，遇到减速带轮子被卡住差点翻车，遇到台阶只能冒着危险绕一大圈找无障碍通道，遇到人行天桥想过马路还被施工防护带堵住，遇到乱停乱放的单车需要坐着轮椅用手挪开，在餐馆就餐因为桌子太低轮椅挤不进去只能另寻他处等，全方位地以一个健全人的视角说明身边人为制造的小障碍对轮椅使用者的低容纳、高风险、高劳动。在这里，实际是通过影像刺激日常相似的生命体验唤醒情感记忆，从而使网民与残障女性产生共情。既往研究认为，大脑中的镜像神经元让人们能够透过内在的镜像模仿网络镜像地经历影视剧人物的经验和场景，了解、感知他人的心理状态和情感变化，与他人分享情绪、经验、需要和目标，在心灵和情绪上达至结合。① 就如评论中不乏"婴儿车在路上都会遇到很多问题""我一个正常人都差点被摩托车撞到""没有想到对于有些人来说正常的出行都那么困难""我以后出去的时候也会注意不占用无障碍道路"等回应，某种程度上，这种表演认同就相当于将人们大脑中的镜像神经元模拟内容经过残障女性有意的设计加工而可视化再现，让看到视频的网民能够自然而然地感同身受，从而建立起情感认同，并进一步作用于其现实社会的具体认同行动。

而 07 号、12 号、28 号等残障女性的短视频则有不少以爱为主题，包含了亲情、爱情和友情，通过唤起每一个人对亲情、友情的情感珍视来引发与残障人士的情感共鸣。如 07 号记录了自己从异地坐动车去与男朋友过春节，分为"喜欢你就是不辞辛苦去见你""喜欢你就是和你一起吃好多好吃的饭""喜欢你就是想和你一起看遍所有风景"三个部分，其中两人自然流露的深情对视、趣味互动、十指紧扣以及分别时的不舍、相互鼓劲等影像，不仅是他们的记忆，更是每个恋爱中的男男女女对于爱情欣喜又苦涩的情感再现；而 12 号和 28 号的短视频主要展现婚姻中执子之手、与子偕老的细水长流的平淡爱情，如画面中记录了和伴侣在江边散步，伴侣牵起她没有手臂的手说"爱情就是这么简单，就是要牵着她的小手手，一直往江边走，好幸福哦"，由这些生活经历萃取出的感动与幸福的情感、情绪、体验和感觉连接着每一个步入爱情婚姻的普通人。

还有 30 号、33 号、43 号等残障女性的短视频则分享了她们找工作和工作中遇到的故事。工作、生存是每一个人人生中抛不开的命题，某种程度上，她们通过求职和就业中的内在挣扎和感受，与广大就业人群产生共情。如受访者 43 号所说："我觉得我的视频会让人觉得，啊，我不是一个人，其他的人也是这样的，也是在这样迷茫地找工作，也是不如意的。我觉得我给他一种我站在他旁边、我和他是一样的感觉，这样他就会觉得我安慰到他了，我做这个事情是有价值的，我让很多人找到了归属感。"

由此可见，通过视觉化展演其日常的、微观的、具体的物质现实实践，以流露其间的经历、体验、感觉、感受、情感、情绪为纽带，残障女性得以与不同的陌生人个体在不同层面、不同领域取得不同程度的联结、对话，形成情感

---

① 吴飞. 共情传播的理论基础与实践路径探索 [J]. 新闻与传播研究，2019, 26 (5)：59－76.

的共同体，并随着情感的累积和迸发进一步走向身份认同的观念共同体。

（三）高媒介化渗透：认同行动的联结

残障女性通过自发的视觉化认同展演召唤、联结和凝聚其认同实践和权力，并为认同进一步实现现实社会主体权利铺垫了可能路径，某种程度上，短视频的影像空间成为卡斯特所言说的商议性的公共空间。但与此同时，"个性化"的脱嵌并不是现代社会和短视频到来的必然结果，而是在一定程度上还需要个人自我组织、自我管理、自我行动的能动性。在访谈过程中，我们也发现这些残障女性在教育文化水平方面相对而言具有一定的精英性，年龄段处于18~35岁，是较为年轻又不失理性的一代，要注意到的是，基于性格、经济、教育水平的差异，并不是所有残障女性都能够像她们一样对自己的生活规划做到一定程度的反思、觉醒，更多的残障女性可能难以接纳自己，甚至很少走出家门。因此从社会整体来看，残障女性内部还是存在不同程度的身份割裂、价值观差异。而这些残障女性的短视频视觉化展演的认同实践更多是以每个残障女性的短视频平台为单位一圈一圈扩散开来，目前仍旧是一种小范围、自组织、互相影响的计划性身份认同行动联结，但其认同展演材料的叠加积累也为其一致的、主体的、成熟的计划性身份认同奠定基石。

我们在短视频文本分析的基础之上，对残障女性的一些视觉化展演针对性地进行了提问。在访谈过程中，我们发现很多残障女性以分享、展现自己积极乐观的生活经验和真实图景为主，旨在为其他残障人士提供信息交流支持和不同生活的可能性，逐渐影响并改写她们的身份认同理念和行动。如23号残障女性在访谈中多次提到无障碍建设在现实生活中不尽人意，但在视频中却全程展示了自己一个人坐飞机、乘高铁的优质无障碍体验，她这样解释道：

> 我视频里面呈现出比较乐观的一方面，其实我的想法就是能够鼓励更多的人出来，然后告诉他们其实这个社会已经有无障碍了，我虽然不说它的程度做得有多好，但是它至少在很多场合都相对来说比较方便，就是能够鼓励更多的人去有信心走出来，走出家门去感受这个社会……当更多的人走在街上也好，去搭乘交通工具、去公共设施公共场所也好，他们的需求会被看见……那政府、国家等就会在这方面加大力度去改变，整个环境会得到一些改善，那么更多的人就能出

来……就是一个比较理想的状态，大家都能够出来正常地去生活，然后觉得这也不是什么奇怪的事，就是一件很司空见惯的事情，然后能够达到那样一个状态时就可以把这个标签摘掉，你可以不是那么特殊。

在这里，视觉化认同展演作为一种行动模式，为线下行动带来示范与动力，通过推动残障女性的主体性在政治意义上"被看见"，进一步反作用于残障女性个体与主体的身份认同建构。

又如42号的短视频中展现了其四处旅游以及玩转轮椅的精彩生活，在坐轮椅玩越野车并穿越腾格里、巴丹吉林沙漠的视频中，她写下了"世界上最大的谎言就是——你不行"："针对残障人士，我想要告诉他们坐轮椅同样会有精彩的生活，我也同样可以去穿越沙漠，我也同样可以去西藏，我也同样可以去旅游，然后去进行交流生活……我其实觉得轮椅就是我们的玩具，而且我也觉得坐轮椅挺酷的……我就想说拍视频让更多人看到，其实你们还可以这样子生活，可能刚受伤的人看到我这样的视频会说，噢，原来我坐轮椅还能这样子去生活。"（受访者42号）

再如03号的短视频大部分展现了自己的幸福婚姻："很大一部分人的认知还是觉得说残疾人好像是不配拥有爱情的，也不配有一个好的婚姻伴侣，甚至不能够有这种选择，所以我就想让更多的残障朋友知道我的这种亲身经历，我们是有权利去追求爱、去追求健全的爱人、去拥有一个完美的婚姻生活的。"（受访者03号）

这些残障女性通过视觉化展演与其他残障人士形成沟通、对话，让自己与传统认同不一样的生活状态被陌生的残障者"看见"，帮助她们摆脱合法性认同框架，与个人的身份认同形成联结，同时关涉到内在的自我认同和外在的认同联结，这是一种由内向外、扁平互助的身份认同联结行动。

在私信、评论中，她们也会相互交流政策信息、分享生活经验、给予情感抚慰，并通过建立社群产生进一步的讨论、交往。如25号残障女性创建了名为"今天你好好走路了吗？"的微信群，通过假肢经验的线上分享互助，作用于线下残障者整体生活状态向好发展，继而激发出计划性身份线上线下认同行动的新的内源力量；又如受访者33号会将想要学习的残障人推荐到一些公益项目的社群中去，帮助他们提升就业能力，增加社会交往："我自己的能力太有限了，所以我更希望把他们拉到一起来，就有一种抱团取暖的感觉……大家可以一起去思考一些新的出路。"

在这些过程中，残障者交换的不仅仅是具体的信息和经验，更是身份符号意义，凝聚成一个巨大的认同磁场。在这个意义上，短视频空间成为联结新的身份认同行动的公社或社区，并从线上走向线下，从虚拟真实走向现实真实，又从现实集结至线上，在空间不断交互的过程中持续吸纳、联结更多残障人士参与到新的认同行动中来。

这种视觉化展演不仅是联结残障人士的认同行动，还为联结没有身体损伤的人之于残障女性的认同重建提供可能路径。如 28 号残障女性的短视频分享了自己周围视障朋友的职业、兴趣爱好等情况，并且希望通过这种方式影响健全人参与残障身份认同行动："很多人的固有观念会觉得说视障者就是做按摩的，听障者拿个本本在外面去要钱，但是其实并不是这样子的，你看我的身边……我觉得有各种各样的可能性，就是想要告诉大众，其实盲人不一定做按摩……他可能今天在这边有一个这样的收获，他说，啊你知道吗，盲人原来也可以在这边上班，然后他可以跟他周围的人分享，可以去聊这个事情。"

受访者 07 号拍摄了一些无障碍视频，她认为："如果说能影响到他们本身那么一点，比如说他们开着车在马路上面不要随便停靠在自行车道，或者用车辆占道，因为有的时候轮椅没有办法很顺利地走到人行道上面，可能就选择走下面的机动车道或者自行车道，他们可能就会稍微自觉一点，不要长时间或者不会去占用那个车道。或者比如说他家是开便利店的，然后门口也有那么一步台阶，那他会不会看了这个视频之后，自己主动在那个地方加一个小坡，哪怕他开店到现在从来没有遇到过坐着轮椅上门的顾客，他看了这个视频之后，觉得有这个意识，自己在那个地方加一个这个。"

而很多视频的评论中也会出现"第一次了解这个群体""第一次知道轮椅人出行这么艰难""我以后注意不占用无障碍道路"等的话语行动，并延伸至现实社会空间的具体认同行为实践，反哺计划性身份认同在现实空间的再嵌入进程。短视频视觉化展演成为残障女性认同发声、可见的阐释空间，并在短视频的强交互性功能下成为与大众的对话空间，逐渐化解合法性认同框架内健全人和残障人的分界线，由外向内地联结健全人的认同行动实践。

从这个意义上来说，以上的案例中都有着内在的规律，无论是联结健全人还是残障人的认同行动，短视频影像空间的高媒介化渗透，都使得线上话语认同联结与线下认同具体实践的边界正在模糊，残障女性的视觉化展演通过线上联结线下，线下联结更深层次、更丰富的社会关系和变革，构建出自下而上、由内向外又由外向内的联结认同行动、抽离支配性力量的运作机制，为主体计划性身份的持续再嵌入摸索创造出可能的方法论。

（四）进化内在自我：自我认同的建构

在中国语境下，不同于传统社会的稳定秩序依据家庭、工作单位、团体和信仰等赋予个体和群体固定的行为和角色，现代社会市场经济的发展、资源的高速流动、风险的急剧显化等削弱和摧毁了个体在社会中的定位法则，也让个体由之前高度自觉的身份意识转向为一种悬浮的身份状态，而其中残障女性的认同既受到大环境的影响，又有着不同的特点。作为客体的身体是觉知自己和探索外在情境的感受、行动系统，但残障女性的身体往往因为不符合他者与自我的理想期待，"被投入"了污名化、刻板化、消极化的合法性认同框架之内，而随之身体与合法性认同的相融、身体与理想自我的纠葛又使得个体陷入深深的耻辱感之中。而基于外界的变动和生活的压力，残障女性又不得不处于适应现实和调整自我认同的夹缝之中，谋求一个从身体到内在的连贯性的身份认同。

笔者在短视频的文本分析和身份认同访谈过程中，就深深感受到了这些残障女性自我认同的挣扎。一些残障女性在视频中对着镜头讲述自己焦虑不安的经历和感受，并一直不停地安慰自己，阐明纾解方法，为自己鼓劲。如 17 号残障女性的短视频就倾诉了最近生活的瓶颈期，但同时也自言自语地鼓励自己；又如 04 号在短视频镜头中，对着镜子向自己告白。这样的影像在很多残障女性的视觉化展演中或多或少都有痕迹。某种程度上，这些认同展演专注于残障女性个人本身，是个人内心张力的影像化、可视化再现。在自我认同中，个体依据个人的经历来反思性地理解自我，这些残障女性一方面因为固有的、难以改变的文化环境认同力量的桎梏而内心"被脆弱痛苦"，另一方面也主动突破被给定的认同限制，向内发力，关注自我内在感受，依据自己的经验来调适、重塑自我认同。既往研究指出，互联网为残障女性提供了一个隐藏、虚构身体的社交平台。而在这里，视觉化的展演和交流则意味着身体与自我认同能够容纳为一体，她们可以直面曾经被自我理想预设所排斥的身体，直面长期被合法性认同影响同化的脆弱内心，进行自省反思、对抗并广而告之，将合法性认同的群化、集体化定位与自我认同剥离开来，继而建构出一个身体与自我连续性的真正的自我认同概念。

与此同时，短视频影像成为这些残障女性自我反思、自我认同的觉醒空间和工具，以实际行动探索和践行着"媒介即认同"的理念。就如这些受访者所言：

> 我在做视频的时候，会通过一个文案去解释这句话，然后我会举一些例子或者说一些论证。那我对这句话的理解就会更深了，我就真的相信了这句话，这确实也是一个自我疗愈的过程，并且是通过镜头大声地去讲出来，就更确信了。（受访者04号）
>
> 我之前一点都不敢拍照，一点都不敢拍视频，现在不管是我爸我妈拍的（还是别人拍的），我都能够坦然地去接受，就是这样的，自己的视频能够反复去看，能从一种不想见自己的行为状态转变为现在能够去打开摄像机来拍摄自己。（受访者55号）
>
> 我之前不是发了二十八天的挑战吗？原本我做了十几天的时候已经不想做了，就觉得哎呀好烦呐，但是我既然承诺了，我就得做下去啊，然后我就逼着自己每天做。（受访者37号）
>
> 收集的资料越多，我就会越来越能正视我自己的残障。因为在这之前我也是稍微有一点不接受的嘛，但我发现我也慢慢地消除了对残障者的一些刻板印象。（受访者32号）

在这个意义上，短视频表现的主题内容固然重要，但是短视频实践本身更成为这些残障女性自我反思、不断觉醒的契机和过程，她们通过视觉化的创作、叙事、展演一遍又一遍地建立、确信自己在自我"个性化"的身份定位，从而实现自我认同的应有之义。

自我认同的构建除了通过短视频视觉化展演实践外，基于短视频高度双向交互的对话功能，各种反馈、交流和互相分享为她们提供了极大的社会支持感和精神归属感，也成为她们自我认同的原材料产地和能量补给站，如几乎所有的受访者都谈到温暖、鼓励的评论和私信对她们认识自己发挥了很大的作用：

> 看到那些评论，一条条、一条条去读的时候，每一条都是很温暖的，真的整个人就是很开心很开心的那种状态……别人如果跟你说加油肯定比别人骂你要让你的心情更加温暖的，这也是重建的一个过程。

（受访者 17 号）

会有很多好的朋友过来说没关系，我觉得你很棒，你没有这个标签，我们就是没有想到你是在一个残疾的状态下，我觉得你生活得很棒，我觉得这些话相当有力量，就认可我生而为人的价值。他们也像我设想的一样，没有把我当作一个残疾人来看待，把我当作一个正常人来看待，这让我受到了尊重。（受访者 43 号）

从这些观众们的互动和反馈上面，你会觉得自己的确可以算是一个优秀的人，可以增加一些自己的自信心，因为当你看到下面大部分都是对你的正面评论的时候，你就会更加肯定自己。（受访者 07 号）

我会在某一点上觉得有一些共鸣，或者是说能够理解他们的处境，但是能跟我达到惺惺相惜的只是精神上的共鸣……看到那些评论和私信，会有一种归属感，找到自己的一个团体或一个群体。（受访者 04 号）

拍视频就是获得更多的认同感……看到很多视频的留言知道自己的思想和行为对别人产生了一定影响，自己也因此变得自信，觉得也有价值感。（受访者 30 号）

还有一些残障女性直言现实生活很难交到朋友，而自身身体障碍也使得其与原有的朋友因缺乏共同话题而渐行渐远，而拍摄短视频是为了增加自己的社会交往：

也是一种交朋友的方式，觉得没有那么孤独。（受访者 30 号）

我觉得能在 B 站上认识这种很优秀的残疾朋友，也是一种收获吧。我们还都加了微信，所以对我来说网上是一种交朋友的主要渠道……因为在外面交朋友很累，知道吗？现实当中人家都会问你怎么怎么样啊……因为我拍了视频，别人会看到我的样子和我的一些经历，所以别人会了解我，会认同我，他才会来跟我交朋友……我在现实当中还真没交多少朋友，我之前去参加那个比赛……有一个小女孩直接问我要微信的……她是我 B 站的粉丝……我现在跟她关系特别好，她有啥事都跟我说，她也会跟我分享她目前的情况。（受访者 12 号）

既往研究表明，建立信誉资本需要身体上的真实性，这是友谊等日常社会交往的先决条件。基于视觉化的展演和对话，残障女性能够脱离被合法性、支配性身份认同排斥的现实社会空间，转而通过短视频社交平台在更广泛的群体中寻找到理解、认同自己的人，甚至更容易因视觉真实与他们建立点对点的深入交往，随着志同道合、志趣相投的人的累积叠加，共同体的形成也成为可能。尽管这是一种主要缘起、存在于虚拟世界的交往，但是对现实社会空间中残障女性的自我认同却是有着真实、切身的影响。

由此可见，短视频视觉化认同展演不仅在于联结他者认同，更是在展现、交流的过程中重建自我、发现价值、建立社会关系的认同觉醒空间，而自我认同的建构也为计划性身份认同再嵌入现实社会打下内源发展的基础。

六、小结

本章聚焦于中国语境下残障女性本土化的身份认同建构问题，探讨残障女性在现实社会中如何进行认同的脱嵌，短视频影像空间为残障女性如何进行认同抵抗和认同计划性再嵌入带来了怎样的契机。本章主要发现：

第一，由于长期以来历史、文化、政治等因素合力促成的对于残障女性的合法性、支配性认同根深蒂固，残障女性的认同抵制只停留在"不可见"的精神层面，而缺乏"可见"的文化空间和制度性空间。残障女性通过短视频平台进行视觉化展演的行为实践呈现出"个性化"的特征，即残障女性作为一个个独一无二的个体展现自身真实的、动态的、细碎的物质现实生活。这时候，残障女性不再是合法性、支配性认同框架下"不可见"的失语者，而是借助短视频影像空间成为自身身份认同构建的"可见"主体。

第二，不同于合法性、支配性认同脱离不开的残障、女性的标签污名化，残障女性构建的身份认同既是个性的又是相似的。从个体的视觉化认同展演来看，每个残障女性展现出的个体生活、个人风格特质都是与众不同的，其身份带有明显的去残障标签的个人化烙印。但从整体的视觉化认同展演来看，残障女性的身份认同又共同指向"普通人"，身体残损只是其作为人这个整体的一部分、一个特征，均是旨在突出残障女性作为人的丰富多彩却又平淡无奇的生活状态，从而试图消弭健全与残障的固有界限。

第三，残障女性的身份建构呈现出对多种策略的运用。首先，视觉化展演的物质现实深入残障女性真实的日常生活状态，一点一滴地拼凑出其个体的身份认同，而并非印象深刻、跌宕起伏的人生经历，是通过个体的物质现实去建构身份话语。其次，其视觉化展演认同针对合法性、支配性认同带有或明显或含蓄的抵抗色彩，通过直接呈现、控诉障碍，反讽，拼贴、重复图像公式等方式反复刺激、加强人们新的认同记忆，抑或是将身体这一特殊特征转化为认同拒斥的功利性优势和武器，制造反差。最后，残障女性不仅通过情感式倾诉、共同的生活经历构建起情感共同体，将残障人与健全人基于共通的情感体验连接在一起，还通过展演自己的物质现实、私信评论交流探讨来团结内部残障人士的身份认同观念和实践，从而在更高的层次上促进全社会自下而上形成包容理解的氛围，为计划性认同的实现提供可能路径。

第四，从身份建构的效果来看，在外在认同方面，短视频作为一个沟通残障女性精神层面与现实社会的中介地带、对话空间，成为由残障女性所主导、决定的身份认同再嵌入现实社会生活的有效路径；在内在认同方面，视觉化认同展演行动实践本身便是促进其自省反思、心理疗愈、自我认同的过程。

与此同时本章的核心问题是沿着卡斯特提出的网络社会与身份认同力量概念的脉络进行的，即"合法性认同（又可称支配性认同、主导性认同）— 抗拒性认同（又可称拒斥性认同、抵抗性认同）— 计划性认同"，但是本章并不是完全套用卡斯特这一身份认同分析框架，而是立足于中国特色本土语境和短视频这一新兴的影像社交媒介，发现残障女性的身份认同实践呈现出不同的特征：

首先，互联网短视频平台为残障女性提供了一个认同抵抗的空间，卡斯特认为这种拒斥和抵抗的力量来自公社或社区的集体。由此一些残障女性转至短视频这一支配力量尚未完全统辖的空间，但是这并没有形成组织或社群，而是由自发的、散落的、缺乏计划性的个体所进行的不约而同的认同实践，却又因为共同的生命体验，联结成无意识达成认同一致性的默契实践。

其次，短视频形象化、动态化、可视化的高媒介化特征为残障女性的具体认同实践开辟出更多创造性表达的拓展空间。卡斯特认为认同抵抗会强化被排除者与排除者之间的对立、疆界。但是，基于中国人几千年来积淀的理性与情感共在的语言策略以及含蓄内敛的文化气质，再加上短视频技术空间的支持，残障女性不是理性地剖析问题、讲道理，就是在理性思维下以情感感性地揭示合法性认同的内在矛盾，而情感也是女性与生俱来的优势，又或者是通过反讽、身体、重复的行为动作、表情包图片等巧妙而婉转的言辞技巧来联结到更多不同的群体。不管哪一种表意策略，最后指涉的都是残障人与健全人、残障人与残障人之间的对话、理解和相融，而并非一方对于另一方的排除。

最后，短视频高互动的社交属性为残障女性的认同表演提供了一个对话空间。如卡斯特所解释的计划性认同，社会行动者不仅能建立一个新的认同以重新界定他们的社会位置，还能借此延伸到社会结构的全面改造。在这个意义上，短视频的认同实践确实为残障女性内在与外在的认同确立源源不断地输送了丰富材料，但是这需要一个漫长累积的周期。

那么本章的现实意义也正在于此。不管是显性的物理障碍还是隐性的文化、情感障碍，其根源"都要追究于这个社会对于残障者不正确的观念"（受访者32号）。

当然我们发现残障的先天和后天、轻重程度以及残障时间长短都会对残障女性的障碍遭遇和身份认同产生一定影响，本章在控制身体损伤时间和类型方面还有不足之处，未来在这一方面还有一定创新空间。

第六章

信息通信技术的可用性：视障者的探索性直播实践[*]

信息通信技术的发展给处于技术弱势的残障群体带来了深刻影响。基于信息通信技术的网络社区、社交媒体、视频直播、无障碍技术（如读屏软件、音频转换设备）等给残障者带来了社会参与、自我表达和教育工作等方面的新机会，促进了残障者自我意识的提升。① 但是，残障者在使用信息通信技术时仍然面临着软件设计、技术开发以及服务提供等方面的现实障碍，这在一定程度上阻碍了残障者的新技术融入。② 换言之，即使解决了基础的技术"可及性"（accessibility）问题，残障者依然面临一系列技术"可用性"（usability）问题，导致新的数码排斥和社会排斥，这在直播应用中体现得尤为明显。为此，本研究基于残障社会模式的研究视角，通过对残障者的深度访谈及其视频直播实践的参与式观察，探索信息通信技术为何以及如何给残障者带来新机会，但又可能制造什么新障碍甚至是新困境。

残障的社会模式理论和理念主要来源于残障群体反对种族隔离联盟（UPIAS）于1976年发表的《残障基本原则》，该原则表明残障不是由个体自身

---

* 本章执笔者：林仲轩，暨南大学新闻与传播学院教授，大数据中心副主任；唐嘉闻，暨南大学新闻与传播学院硕士研究生。

① SHPIGELMAN C N、GILL C J. How do adults with intellectual disabilities use Facebook？［J］. Disability & society, 2014, 29（10）: 1601 – 1616; PACHECO E, LIPS M, YOONG P. ICT-enabled self-determination, disability and young people ［J］. Information, communication & society, 2019, 22（8）: 1112 – 1127.

② MACDONALD S J, CLAYTON J. Back to the future, disability and the digital divide ［J］. Disability & society, 2013, 28（5）: 702 – 718; DARCY S, MAXWELL H, GREEN J. Disability citizenship and independence through mobile technology? A study exploring adoption and use of a mobile technology platform ［J］. Disability & society, 2016, 31（4）: 497 – 519.

的损伤（impairment）造成的，而是社会中的残疾障碍（disabling barriers）所导致的①；换言之，社会压迫和歧视是造成残障的真正原因。残障的社会模式打破了损伤与残障之间的因果关系，即残障不是由身体损伤引起的，而是由社会障碍建构的。② 在一些学者看来，社会模式甚至不只是一种理论，而是一个可以用来改善残疾人生活的实用工具，因为该模式也呼吁通过实际的行动来改变社会对于残障群体的歧视和压迫，帮助残障者真正实现社会融入。③

一、文献综述

（一）残障的社会模式理论

社会模式理论倾向于使用社会政治框架对残障进行分析，一些学者不满其过于宏观的视角，开始提出一些反思和批评，一是其过去强调话语而对实质性的身体损伤缺少关注，二是其将残障作为一个整体来呈现而忽视了不同障别乃至不同残障个体间的差异。④ 首先，Shakespeare 认为将损伤完全归因于社会，可能导致残障者身体出现的"灵活性差、选择少以及不适感"等问题被忽视⑤；Shakespeare 和 Watson 指出残障者的个人损伤和社会障碍实际上是"一枚硬币的两面"，因此残障不应该被简化成为一种医疗状况或是一种社会障碍⑥；相应地，社会应该在去除社会障碍的同时也要适当提供治疗或康复服务，以真正消除阻碍残障者融入社会的因素。⑦ 其次，残障社会模式对致残原因的社会化概

---

① OLIVER M. The social model of disability: thirty years on [J]. Disability & society, 2013, 28 (7): 1024 – 1026.

② THOMAS C. Disability: getting it "right" [J]. Journal of medical ethics, 2008, 34 (1): 15 – 17.

③ OLIVER M. The social model of disability: thirty years on [J]. Disability & society, 2013, 28 (7): 1024 – 1026.

④ OLIVER M. The social model of disability: thirty years on [J]. Disability & society, 2013, 28 (7): 1024 – 1026.

⑤ SHAKESPEARE T. Disability rights and wrongs revisited [M]. London: Routledge, 2013.

⑥ SHAKESPEARE T, WATSON N. The social model of disability: an outdated ideology? [C] //Exploring theories and expanding methodologies: where we are and where we need to go. Bingley: Emerald Group Publishing Limited, 2001.

⑦ FURNER J. Recovering the social interpretation of disability [J]. Disability & society, 2020, 35 (10): 1535 – 1555.

括导致其很难处理个体与环境之间的复杂关系，反而很难在现实社会中真正实现无障碍的目标。①

总体而言，残障的社会模式将个体的损伤与差异从致残原因中抹去，倡导残障研究理论在现实应用层面的可行性，但是损伤与差异的消失，又导致有学者开始担心社会模式的实践性。同时，随着信息通信技术的发展，残障研究中关于信息通信技术的研究也在增多，并且进一步批评了传统的残障社会模式研究未能充分关注到新兴信息通信技术的影响，从而呼吁我们对残障与信息通信技术的及时研究。②

（二）信息通信技术带来的机会与障碍

信息通信技术的发展给残障者带来了更多的可能，满足了更多的需求，实际上其还拥有巨大的潜力。具体而言，信息通信技术在生活、学习、工作、兴趣爱好以及沟通等方面都给残障者带来了新的机会：首先，残障者可以使用这些技术与他人联系，既包括保持与现有的家人和朋友的联系，也包括在网络社区中建立新的联系，同时一些残障者也会使用新的技术来改善交流方式；其次，残障者会通过使用这些技术来推动自我的发展，包括通过网络自学知识和拓展个人的兴趣爱好；最后，残障者也会把信息通信技术作为日常生活管理的常用工具，通过使用这些技术可以更好地掌握个人的生活节奏，从而支持甚至实现个人独立的生活。③

但是，在残障的社会模式视角下，信息通信技术对于残障者来说是一把双刃剑，技术可能不单纯是补偿残障者损伤的工具，也可能成为新的障碍来源。这是因为，残障者实现无障碍使用信息通信技术需要考虑机会和技能两个前提，机会包括影响残障者接触技术和参与社会的各种社会因素，技能则代表着与使

---

① SHAKESPEARE T. The social model of disability [J]. The disability studies reader, 2006, 2: 197-204.

② FEELY M. Disability studies after the ontological turn: a return to the material world and material bodies without a return to essentialism [J]. Disability & society, 2016, 31 (7): 863-883; GOGGIN G, NEWELL G, NEWELL C. Digital disability: the social construction of disability in new media [M]. Washington DC: Rowman & Littlefield, 2003.

③ BARLOTT T, APLIN T, CATCHPOLE E, et al. Connectedness and ICT: opening the door to possibilities for people with intellectual disabilities [J]. Journal of intellectual disabilities, 2020, 24 (4): 503-521.

用技术要求相匹配的个人能力。^① 因此，社会经济发展、设备价格、网络普及
程度等社会机会因素都有可能对残障者获得和使用技术造成阻碍，从而出现新
的残障数码排斥问题^②；同时，个人数字能力和信息素养等也会直接并深刻地
影响残障者获得或是使用信息通信技术^③。因此，尽管整体上残障者可以通过
使用技术来减少某些障碍，但实际上只能在"现有的社会条件和不平等的范围
内发挥作用"^④。为此，Goggin 等人也明确指出，信息通信技术实际具有压迫性
和残障性这两大特性，而这甚至将进一步加深残障者所面临的数字鸿沟问题。^⑤

　　总体而言，在残障的社会模式视角下，尽管残障者可以通过信息通信技术
来满足自身的部分需求，但依旧面临多种因素所带来的障碍。本研究则进一步
从更微观层面上去探索信息通信技术如何改善或者加剧现有的社会障碍。具体
而言，是聚焦残障者使用信息通信技术的个体经历与体验，期望回答以下研究
问题：在中国情境下，残障者面临怎样的社会排斥现实，信息通信技术如何为
其带来自我呈现的新机会，又可能暴露出什么新问题，而这如何启发我们反思
传统的残障社会模式理论？

二、研究方法

　　本研究的参与者王恒（化名）是一名双眼只有光感的视障人士，但他能够
基本独立使用台式电脑、笔记本电脑、智能手机等设备，并且已经有 14 年的使

① MÄKINEN M. Digital empowerment as a process for enhancing citizens' participation [J]. E-learning and digital media, 2006, 3 (3): 381 – 395; BARLOTT T, APLIN T, CATCHPOLE E, et al. Connectedness and ICT: opening the door to possibilities for people with intellectual disabilities [J]. Journal of intellectual disabilities, 2020, 24 (4): 503 – 521.
② ADAM A, KREPS D. Disability and discourses of web accessibility [J]. Information, communication & society, 2009, 12 (7): 1041 – 1058; ELLCESSOR E. Bridging disability divides: a critical history of web content accessibility through 2001 [J]. Information, communication & society, 2010, 13 (3): 289 – 308.
③ GELFGREN S, INELAND J, COCQ C. Social media and disability advocacy organizations: caught between hopes and realities [J]. Disability & society, 2020, 37 (7): 1 – 22.
④ GUO B, BRICOUT J C, HUANG J. A common open space or a digital divide? A social model perspective on the online disability community in China [J]. Disability & society, 2005, 20 (1): 49 – 66.
⑤ GOGGIN G, NEWELL G, NEWELL C. Digital disability: the social construction of disability in new media [M]. Washington DC: Rowman & Littlefield, 2003.

用经验。在与王恒充分沟通之后，我们共同决定选用当前较受欢迎的"短视频直播"模式进行探索性研究，因为直播给我们提供了一个残障者创造性使用信息通信技术的真实情境，让我们可以直接观察信息通信技术给残障者带来的机会、障碍与困境。在这种探索性研究过程中，我们既是处于直播之外的观察者，同时也是和残障者一起面对障碍、克服障碍的参与者。

在这种某种程度上"把自己作为方法"的探索性实践基础之上，本研究具体采用了深度访谈和参与式观察相结合的方法。在正式直播开始前，我们对王恒进行了五次深度访谈，每次访谈持续时间为一小时左右，通过访谈我们确定了拍摄直播的设备、进行直播的平台以及具体的直播内容，并在其中六次直播之后根据直播情况对王恒进行了补充访谈。从 2020 年 12 月至 2021 年 1 月两个月时间里，王恒与研究者共进行了十次网络直播，其中研究者五次现场跟随王恒进行直播，五次通过直播间参与式观察直播情况。所有访谈内容均有录音记录并已转录为逐字稿；参与式观察也记录了两万字左右的田野笔记。

三、社会排斥的现实

既有研究已经指出，信息通信技术特别是社交媒体等，可以让残障者获得自我表达和塑造形象的机会，这能在一定程度上回应残障者的理想期待。[①] 但是现实中，这些新技术总存在各种技术障碍甚至给残障者带来新的障碍与困境。这种循环式的悖论，在中国情境下尤为突出，也鲜明地体现在王恒的直播实践中，即尽管王恒可以使用经过无障碍化优化的智能手机基本独立完成直播，但是这个过程有许多非常难克服的技术障碍。这一方面体现出了技术可供性的重要性，另一方面则又暴露出在基本的可供性基础上，技术可用性不足的深层次问题。

王恒之所以跟我们确定要选用视频直播的方式，是因为其认为残障者很大程度上处于社会排斥的境况，而他渴望融入社会，为此愿意尝试一切可能的方式。因此，王恒对于直播有着自己的理想和期待，一方面他希望能够通过视频让更多的人了解残障者的真实生活状况，另一方面他想要在直播中与更多人进

---

① GELFGREN S, INELAND J, COCQ C. Social media and disability advocacy organizations: caught between hopes and realities [J]. Disability & society, 2020, 37 (7): 1-22.

行互动交流，进而实现其更深融入社会的目的。

王恒对于社会排斥的感受，很大程度上是由社会中对于残障群体的刻板印象和不了解造成的。如文献综述中提到的，残障在传统社会中普遍被认为是"个人的悲剧"和"不得不接受的生活不利"①，特别是在中国传统社会中，残障者不仅是悲剧和生活不便的主角，同样也是需要被帮助的人和"不可见的人"②。这种刻板印象被认为有其历史文化根源，特别是与传统儒家文化对于残障的看法有关，比如《礼记·礼运》描绘理想大同社会"矜、寡、孤、独、废疾者，皆有所养"，将残障者视为需要社会支持甚至供养的对象③。民间社会甚至将生育残障儿童与父母过去的不当行为或是整个家庭将会有不幸的未来等信念联系在一起。④ 这些传统的刻板印象至今依然保有一些影响力，王恒便讲述了他曾被看作是需要依靠他人的人和做过"错事"的人的经历：

> 有一次，我出门上班有点赶时间，一个女孩子过来帮助了我，在路上走的过程中发生了以下对话："你去哪里？""我去上班。""你还上班吗？""不上班我吃啥？""你不是看不到吗？""看不到也可以上班。"感觉在她的思维中，看不到就不需要上班，我感觉她受一些传统刻板印象的影响比较深。
>
> 有一天早上，我走在上班的路上，听到有一个父亲和他的小孩说："如果你要是还不听大人的话，那么你就会跟他一样，你可以回头看一下他。"他虽然是在教育小孩，但是他这种观念其实在某种程度也会影响到他的小孩，小孩可能长大之后也会有类似的观念。

上述这种对于残障者固有的负面观念和刻板印象，主要存在于传统社会之中；新近媒体报道残障形象则有所不同。已有研究指出，残障者在长期以来的

---

① TAYLOR S. The right not to work: power and disability [J]. Monthly review New York, 2004, 55 (10): 30 – 31.

② LIN Z, YANG L. The power to see: visualizing invisible disabilities in China [J]. Visual communication, 2021, 20 (4): 605 – 616.

③ 汤一介. 略论儒学的和谐观念 [J]. 社会科学研究, 1998 (3): 78 – 81.

④ CAMPBELL A, UREN M. "The invisibles…" disability in China in the 21st century [J]. International journal of special education, 2011, 26 (1): 12 – 24.

中国新闻报道中属于"边缘地位"①，主要以一种"受助者、弱者以及需要关爱的特殊人群"的形象出现，有时也作为"自强自立的典型人物"出现②。但是无论是弱者的形象还是自立自强的代表，都是不完整的残障者的形象。近年来有一些新闻从业者有意识地摒弃"受害者"式和"英雄"式的报道，使得残障者在报道中呈现出"更加多元且饱满"的形象③，但这还是远远不足的，也并没有给公众印象带来太多的实质影响，特别是其仍然主要基于一种较为宏观的视角，忽略了残障者生活中的微小细节，而这些可能对于社会大众理解真实的残障者来说却是重要的。这些在社会中根深蒂固的观念与报道中不全面的形象相互作用，导致残障者的真实形象在中国社会是模糊的、缺少细节的，这加深了社会中既有的各种障碍，进一步阻碍残障者真正融入社会，如王恒所感受到的：

> 简单来说，就像你站在一个玻璃房里面，你能看到外面人来人往，但你跟他们都没有任何的连接，也没有任何的沟通，就他是他、你是你那种感觉，没有任何的交集……感觉根本好像没有融入，就好像你在社会里，但你跟社会却没什么关系。

正是在这样社会排斥的现实背景下，信息通信技术被残障研究者和残障者寄予厚望，期待其能够通过提供自我表达的新渠道而带来挑战刻板印象、塑造自我形象的机会。④ 王恒也对此抱有很高的期待，希望能通过使用这些技术来满足他内心深层的需求，即不仅仅能与他人进行有意义的互动，也希望作为一个残障者能够被社会看到和理解："我也是想被看见，或者说需要一些陪伴。"他希望能够通过直播来记录和分享自己的生活，让更多的人认识和了解残障者，而不是一直保留着对于残障者的刻板印象："一个人通过我的直播可以看到视障人士现在是这种状态，他就有可能会反思自己对这个群体之前的一些固有的认

① 穆小琳. 残疾人报道"边缘化"的困境与对策［J］. 中国记者，2012（3）：57.
② 孟书强. 弱势群体报道理念的误区与转型：以残疾人报道为例［J］. 青年记者，2013（16）：24-25.
③ 刘璐，杨柳. 残障群体深度报道探析［J］. 青年记者，2020（24）：52-53.
④ DARCY S, MAXWELL H, GREEN J. Disability citizenship and independence through mobile technology? A study exploring adoption and use of a mobile technology platform［J］. Disability & society, 2016, 31（4）：497-519.

知，最起码我能够带给他的是一些思考和不一样的看法。"

因此，王恒直播实践的背后，是中国残障者社会排斥的现实与社会融入的理想。王恒在现实生活中经历了社会对残障者的歧视、排斥和不理解，他希望通过直播将残障者的真实生活展现给更多的人，并以此作为与他人交流互动的渠道，从而实现其找到归属感、融入社会的目的，甚至可能在一定程度上改变社会对残障者的刻板印象。

四、自我呈现的机会

在社会排斥的现实和社会融入的理想背后，是信息通信技术给残障者带来的新机会，而当机会摆在残障者面前时，他们能否以及如何把握住机会则是本研究关注的重点之一。信息通信技术作为残障者满足其需求的基础条件，还需要残障者自身教育程度、经济条件和互联网技能等的支持。[①] 生活在广州的王恒基本具备上述几个支持要素，才能较好地使用这些技术来与他人联系、追求个人兴趣和组织日常生活，并在此基础上通过使用信息通信技术来满足更深层的需求。

互联网已经成为满足参与者的需求和获得他人支持的一种工具，直播作为一种渠道让原本被外界忽视的残障者的生活细节获得了被看见的机会，同样观众也得到了看见多样社会的机会，直播为双方"看见的权利"的实现带来了可能。王恒的直播主要包括他的上下班路程和居家的日常生活，他将通勤路程的直播看作是一种对于自己生活的记录，并希望通过直播能和他人一起分享路上发生的趣事。同时，他还希望直播的观看者能够与他进行互动，因此他也会直播一些居家的日常和自己学习的网络课程，作为讨论的话题。通过这两部分的内容，王恒的直播呈现残障者真实生活中的细节，并且获得了和其他人交流、互动和自我表达的机会，这是王恒进行直播的最大动力：

（网络直播）可以让多一点人有机会看到一个视障人每天是怎么在这么拥挤的城市里面上下班的……我挺想在上下班的过程中做一些

---

① GUO B, BRICOUT J C, HUANG J. A common open space or a digital divide? A social model perspective on the online disability community in China [J]. Disability & society, 2005, 20 (1): 49 – 66.

> 直播的，因为我在路上会遇到很多很有意思的事情，我就觉得可能直播作为一个记录好像也挺好的……我不是只是想赚更多的钱，有钱肯定更好，但是没钱，我觉得我也很有动力去做这个事情。

通勤路程的直播向观看者展示和分享了王恒作为一个视障人士的生活细节，主要包括他如何使用盲杖避开路上的障碍物、如何乘坐扶梯和地铁，以及路上的行人和工作人员如何帮助他等。这些细节的呈现可以帮助补充社会中残障者的形象，甚至帮助观看者加深对于残障者的认识或是引发他们对于残障世界的想象。直播的观看者 A 受到王恒使用盲杖场景的启发，开始想象自己如果是一名视障人士该如何独自行走："要换我看不见就用手摸着走。"这部分直播同时也展现了残障者与其周围生活环境之间的关系，朝向地面的直播镜头恰好可以拍摄到城市的路面和王恒手中的盲杖。城市中存在的可能给视障人士带来不便的设施也在直播中被呈现了出来：不平整的路面、突然"消失"的盲道、正好挡住盲杖的台阶等。这种关系的呈现创造出了一个用户双方都同时在场的情境，通过观看网络直播，观众会以"再现的身体"出现在这一情境当中①，王恒的直播间中的一些观众甚至对他经历的事情产生了共鸣："我今天看到有一条留言……我从地铁×号线出来，想进那个直梯，然后我刚走到那门口，直梯门就关了。然后那个人（在直播间里）就发了一个'卅'……可能他会觉得明明我已经走到了直梯口，但是里面的人还是直接关门了。"王恒通勤路程的直播通过向观众呈现原本不会出现在公众视野当中的残障者生活细节，创造出了一种情境，这种情境作为一面"镜子"反映了残障者与其周围人事物的关系，同时观看者从这种情境中获得了体验残障生活的机会。

受视力障碍的影响，在通勤路程的直播中王恒未能和观看者进行互动，因此他希望能通过直播自己学习的心理学课程来获得和观看者互动的机会："我更想做一些互动式的直播，我不想单方面的输出，我不是只想表现自己，我觉得互动可能才是真正更有意义和价值的东西。"这部分直播内容为他提供了自我呈现和自我表达的话题：

---

① 张丽华. 阈限性情境：经由直播媒介的身体实践与关系变迁 [J]. 新闻记者，2021（3）：3-14.

　　它（心理学课程）里面讲的一些东西，其实在我们现实生活中都会有很多场景是可以运用的或者可以思考的。听完了这一节可能我会暂停讨论……如果说我自己听的话，可能有些点我听到的确挺有感觉，但可能听过了就过去了。但如果在一个直播平台去听，然后假设会有人来跟我讨论这个事情的话，可能这个点会更深地学到，或可能让我自己去理解或者去思考的点会更多……其实这个讨论不单单是对我有用，我相信只要他们去讨论，他们肯定也有一些变化。（这些）对他们也是有用的点。

　　前人研究认为信息通信技术给残障者带来了新的机会，特别是表达自我和参与社会的途径①；信息通信技术特别是直播确实给王恒带来了自我呈现的新机会。不过，能够使用技术和获得机会仅是他融入社会的第一步，这些技术能否真正为他所用才是决定王恒能否融入社会的关键。

五、社会融入的障碍

（一）可用性不足的障碍

　　实际上，王恒无法通过使用信息通信技术得到理想中的结果，因为无论是让更多人了解残障者，还是与他人交流互动，都无法通过直播很好地实现。王恒直播的效果并不好，不仅观看人数不多（在十次直播中"看过直播"的人数最低为 123 人，最高为 1 129 人），也没有观看者与他深入互动。在一次日常生活直播结束后，王恒说："我都想不到有那么少的人。"这与他理想中的直播相差甚远。当残障者有意识地去使用信息通信技术来满足个人的需求时，技术层面的障碍往往会影响他们的需求被满足。② 在直播过程中，王恒遇到了来自硬件和软件方面的障碍，包括价格高昂的直播设备却仍无法满足王恒的需求、智能手机电池容量不足、直播平台与辅助功能不完全兼容、直播平台要求复杂操

---

　　①　BALANDIN S, MOLKA-DANIELSEN J. Teachers' perceptions of virtual worlds as a medium for social inclusion for adults with intellectual disability ［J］. Disability and rehabilitation, 2015, 37 (17): 1543－1550.
　　②　HEBBLEWHITE G, HUTCHINSON N, GALVIN K. Adults with intellectual disabilities' lived experiences of wellbeing and the internet: a descriptive phenomenological study ［J］. Disability & society, 2022, 37 (4): 1－24.

作等。这些技术障碍与被忽视的个体损伤和差异相关。

在硬件方面，王恒首先面临着专业设备性价比不高的问题。由于开发者设计信息通信技术时并没有将残障者视为技术的消费者，因此残障者往往需要自己负担解决技术障碍的额外开销。[①] 尽管王恒能够负担起智能手机、笔记本电脑等硬件设备的费用，但在选择是否购买一些可能提升直播质量的设备时，除了考虑设备是否便于他使用之外，"性价比"也成为影响他购买的一个因素："我之前想买一种类似于大疆摄像头的设备，淘宝页面上的介绍也是说直播可用，我就问客服这个（设备）可不可以固定在衣服上，客服说要拿着类似自拍杆一样的东西才行。然后我就没买，因为也挺贵的。"因此，由于性价比上的障碍，王恒最终选择了自己常使用的智能手机作为直播设备。

而这一硬件障碍导致了另一个障碍的出现——智能手机续航能力不足。作为一种"辅助技术和信息通信技术"，手机对残障者的"工作、娱乐和创造性表达"产生了深刻影响。[②] 对于王恒来说也不例外，他在出行、购物、工作中都无法离开手机。当他的手机还要作为直播设备时，其续航能力就显得明显不足了。因此，他不仅放弃了直播自己工作场景的想法，并且改变了计划好的直播频率："其实我之前也有想拍过（工作场景），但是我觉得我的手机电池坚持不了……那天没直播是因为当天工作比较忙，上班时我一直在用手机，用到下班就剩不多，我回到家后，手机好像才剩6%的电。"

与硬件所带来的障碍相比，软件障碍对于王恒直播的影响更大。尽管他已经选择了个人认为操作较为简便的微信视频号以及自己长期使用的、辅助功能较为完善的苹果手机作为直播平台和设备，但在实际的直播过程中，平台的复杂操作以及手机系统辅助功能的不完全适配依然给他带来了障碍。作为一名视障人士，王恒在使用手机时需要借助"读屏"功能，而在具体的视频直播中，还需要使用手机系统的"旁白"功能和"屏幕识别"功能来读取屏幕上的内容，但这些功能无法读取直播间中观众的全部留言：

---

① MACDONALD S J, CLAYTON J. Back to the future, disability and the digital divide [J]. Disability & society, 2013, 28 (5): 702−718.

② DARCY S, MAXWELL H, GREEN J. Disability citizenship and independence through mobile technology? A study exploring adoption and use of a mobile technology platform [J]. Disability & society, 2016, 31 (4): 497−519.

　　它（留言）有时候也会被读出来，但我不是每个人的留言都能听
得到。因为屏幕上的几个焦点是轮流被读出来的。这还是因为我升级
到苹果最新的系统后，就有一个屏幕识别的功能，我打开了那个功能
后才能识别多一点（屏幕上的内容）。如果只是打开旁白的话，其实
有很多（内容）都是读不出来的……有时候可能人家（给我）的留言
我未必能看得到……我就发现我看别人的直播的时候，观众的留言我
是能看得到的。我自己去做直播的时候，我就好像不太容易能看到
（留言）……因为我看别人直播，别人的直播都会在屏幕的上半段，
文字就在下半段屏幕，我一摸下半段屏幕，就可以听得到。但我自己
直播，我就不确定它那个字（在哪里），按道理来说应该也是在下半
段。我有时候能摸到，有时候就没有。

　　在直播过程中，读屏功能还可能无法正常读取直播间的内容，导致王恒无
法在直播过程中了解直播的实际情况，同时也无法与观众进行互动：

　　今天在直播界面中的所有焦点都读不出来……我都不知道那个直
播到底有没有在正常进行……这些肯定是障碍。
　　因为我是过了一会儿才看到，我就不确定他（留言的观众）还在
不在直播间。因为那时候已经有一些人在直播间进去、出去，有可能
他刚才问了，现在他早就不在直播间里了。

　　另外，直播平台复杂的操作界面对于王恒来说也是个不小的障碍。首先，
王恒无法仅依靠读屏功能掌握平台的所有操作："简单地点开始就还是可以，但
是其实它里面还有一些功能，比如说它好像还有一个连线功能的，我找不到，
不知道在哪。"其次，直播平台中的许多功能名称及操作也给他的操作带来了障
碍。例如，在 2020 年 12 月 31 日第一次直播时，王恒在自己没有意识到的情况
下，将直播的画面从后置摄像头切换到了前置摄像头，直到当天直播结束他也
没能切换回后置摄像头，因此在当天的直播画面中只能看到王恒的脸部或是他
的外衣：

　　我都不知道是什么时候碰到的……直播间里面有很多东西都读不

出来。比如说我想找分享，它（直播间）好像也没有……它有个设置，其实设置里面都是滤镜之类的那些东西，我点进去之后，退又退不出来，只能全部退出微信，再进去，它可能就这样变成了前置摄像头……这个翻转是摄像头吗？它不叫前后切换这种类似的名称。我以为它是滤镜之类的，因为这个界面里还有那些滤镜，我就以为它（翻转）是其中的一个美颜或者什么功能。

上述这些硬件或软件障碍降低了信息通信技术的可用性。因此，王恒在获得一些信息通信技术支持并在解决可及性问题的基础上，仍然面临可用性的问题，没能充分利用信息通信技术。这甚至给王恒的直播效果带来了不可忽视的负面影响和社会障碍：

> 其实自己做直播之后，我才知道，依靠读屏功能去操作这些平台，的确没有想象中那么好操作，还是有点不方便的。因为在以前的想象中，就觉得可能我操作没有别人那么快，但最起码我可以去做这个事情，其实后面发现有一些功能我连找都找不到。
>
> 像今天做直播，你看很多东西，其实说不定在某种角度也是社会的问题，也是因为无障碍各方面做得不够好，所以才存在的一些障碍……如果整个社会的各种东西做好，其实我觉得看不到根本就没有想象中那么多障碍。最客观障碍是比如说你去旅游，去看风景，这个明显就是你没有视觉，你看不到，跟看得到它的才是有差异的，但这些（直播遇到的障碍）明显就是社会障碍。

面对这样的社会障碍，王恒根本不能通过信息通信技术满足其深层的交流需求。不可否认，一些损伤要比其他损伤更难或者更易使用某种技术，其他障别的残障者不一定会遇到与王恒相同的障碍，但信息通信技术的开发者在设计无障碍技术时忽视了障别差异和个体差异所带来的影响，这类障碍实际上加剧了残障者所面临的困境。

（二）无法真正融入社会的困境

因此，尽管信息通信技术确实为王恒提供了自我呈现和与他人互动的机会，但技术也带来新的障碍和新的排斥形式，导致残障者无法真正融入社会，甚至在某种程度上加深了社会对于残障者的技术和社会排斥。在信息通信技术可用性不足的影响之下，王恒陷入了新的困境：信息通信技术并不能成为帮助他融入社会的有效工具，甚至导致他在现实和虚拟"两个世界"中都处于被排斥的状态。

正如很多学者所担心的那样，信息通信技术可能会加剧残障者所面临的歧视、偏见以及污名化的问题，使得他们成为社会中更为边缘的群体。[①] 王恒在直播中遇到的障碍便给他带来了类似的问题和困境：由于视力障碍不像肢体残障那样可以通过直观的画面呈现出来，王恒一是通过文字描述公开了其视障人士的身份，二是将其使用的盲杖作为显著的身份符号；但是，这在直播中造成了误解。在一次直播中，一名观看者对视障人士能独自进行直播表示怀疑，另一名观看者也基于直播中王恒的盲杖没有碰到他前方的障碍物，怀疑王恒视障人士的身份是虚假的：

> 观看者B："看不见怎么直播？""你这还是能看见。""有点假。""连麦打开呀。"
>
> 观看者C："提前就拐了？""看见有东西都是提前拐弯，杆子都没有碰到。""假的。"

从观看者B质疑的内容可以看出，对于视障人士的刻板印象在网络世界中依旧存在，即有视觉障碍的人无法正常使用信息通信技术。而由于无法正常读屏，王恒并不知道两位观看者向他提出了证明身份的要求。因此，直播过程所遇到的技术障碍不仅使他无法通过展示个人生活来打破原有的刻板印象，甚至使得公开个人身份的残障者面临着新的困境，即客观存在的残障身份反而遭受质疑。实际上，观看者对王恒视障人士身份的质疑是残障者在网络世界中面临的排斥的一种表现；他在网络世界中也经历着和现实生活中相似的排斥和歧视。

在王恒看来，尽管他可以使用信息通信技术进入网络世界，但缺少与观看

---

① GUO B, BRICOUT J C, HUANG J. A common open space or a digital divide? A social model perspective on the online disability community in China [J]. Disability & society, 2005, 20 (1): 49-66; TSATSOU P. Is digital inclusion fighting disability stigma? Opportunities, barriers, and recommendations [J]. Disability & society, 2021, 36 (5): 1-28.

者的互动使得他依旧保持着与他人区隔开来的状态："因为我做的直播没有互动，缺少这个环节的直播就像有一个类似玻璃的屏障隔在我和观众之间，虽然说别人也能看到我拍的一些东西，但别人并不了解我在做什么，也没有互动让别人对我有更多的了解，我就觉得好像大家都能看到，但大家不知道对方。"由于缺少和网络世界中其他人的联系，他无法对网络世界产生情感或是依恋，对于网络直播王恒更强烈的感受是"累"："因为我算是一个比较懒散的主播，我的直播没什么互动，也没有像人家那么强的目标性，所以我没太大的感受，就觉得挺累的。"因此，对于王恒来说直播并不能改变他的生活，受技术障碍的影响，他无法通过使用技术找到属于自己的归属，认为自己根本没有真正融入网络世界中："现在还没有（被人陪伴的感觉），因为现在人太少了……按商业套路来说就是找不到自己的目标群体……"在进行了十次直播之后，他暂时放弃了直播这一活动，因为信息通信技术可用性不足的障碍影响下，直播并不能帮助王恒实现他最初的期待，反而使他在网络世界中也成了一个边缘人。

六、小结

残障者在中国传统社会中长期面临着一些刻板印象，而本研究参与者王恒希望有机会能够打破一些陈旧的刻板印象，使得残障者能真正地融入社会中。研究者和王恒一起进行网络直播，通过分享日常生活展现了部分原本不可见的视障人士的生活细节，希望能挑战或者改变一些传统社会对残障者特别是视障者的刻板印象。但是，王恒的直播实践启示我们，信息通信技术给残障者不仅带来了自我呈现的机会，也带来了新的障碍和排斥。

这些技术障碍暴露了传统残障社会模式理论的不足，即残障并不只是一个话语层面的抽象问题，也不只是一个整体意义上的对象问题，而同时也关乎具身实践和个体差异。传统社会模式视角下的信息无障碍技术往往只能满足残障者最基础的"可及性"需求，而无法真正洞察不同障别和个体的差异化需求，所以无法解决可及性问题基础上更深层次的"可用性"需求。特别是在数字化时代中，人们对于"个性化"往往已经有了更高的要求，因此残障社会模式作为关注宏观层面的研究框架，也需要将不同障别和个体的差异纳入其中；我们不仅需要一个整体的"残障社会模式"，或许也需要许多具体的"不同障别社会模式"。

第三部分

互联网慈善公益

······

第七章

互联网企业履行残障慈善责任动因与路径*

在经济全球化和信息传播技术蓬勃发展的大背景下，越来越多的企业开始重视社会责任建设。2015 年，参照国际标准，我国首个社会责任国家标准诞生，为企业履行社会责任提供了一个参考标准。承担社会责任已成为国际共识，企业只有兼顾商业效益和社会效益，才能获得持续的竞争力，成为有生命力的企业，实现长远发展。[①] 而企业社会责任报告的发布是企业履行社会责任的重要体现，《中国企业社会责任报告研究（2019）》显示，2006 年至 2019 年，中国企业社会责任报告呈持续增长态势，尤其 2018 年的数量和质量都呈"向好"状态，整体迈入"1 + M + N"新时代。[②]

而残障者的生存和发展一直是一个全球性议题，也是企业履责的重要对象。2010 年，世界卫生组织和世界银行联合发布的《世界残疾报告》指出，15% 的世界人口带着某种形式的残疾生存，并且数量还在持续不断地增长。[③] 在我国，残疾人总人数已超过 8 500 万。信息传播技术为残障者提供了通向广阔世界的可能，与一般企业相比，互联网企业具有明显的个性特征，可凭借快速便捷、互联互通的平台优势，履行残障慈善责任。

一方面，互联网企业为残障公益的发展提供了良好平台。《2019 年度中国

---

* 本章执笔者：夏燕，暨南大学新闻与传播学院硕士研究生，现为中央广播电视总台央广网记者。

① 钟灿莲. "互联网 + 残疾人服务　共创未来美好生活"专题发布会在北京举行 [J]. 现代特殊教育，2015（23）：68.

② 中国企业社会责任报告评级专家委员会.《中国企业社会责任报告研究（2019）》在京发布 [EB/OL].［2019 – 12 – 26］. https://www.sohu.com/a/363011977_10001259.

③ 世界卫生组织，世界银行. 世界残疾报告 [J]. 中国康复理论与实践，2011，17（6）：501 – 507.

慈善捐助报告》显示，有 20 个网络平台获得公益执照，通过设立公益慈善基金会、慈善捐款开展公益。① 而《2018—2019 中国慈善公益发展报告》统计了公益项目数量前四的省份，即四川、河南、广东和江苏，对残疾人的项目支出比例分别为 9.4%、12.8%、12.3%、8.9%；主要公益项目残疾人受益占比达到 17.7%，募集平台主要是腾讯公益、淘宝公益等互联网募捐平台。② 另一方面，互联网企业信息无障碍优化，为残障者提供了就业机会和更好的服务。《中国信息无障碍白皮书（2019）》指出，很多企业积极承担社会责任，自发为其产品做信息无障碍优化，让互联网产品更加便捷地为障碍群体所用。③ 越来越多的互联网企业，也在帮助残障者上履行社会责任。

　　基于此，本章将基于我国企业社会责任的总体发展，尤其是互联网企业社会责任的向阳发展态势，以及互联网发展为残障者带来新机遇，互联网企业履行残障慈善责任具有优势和突出表现的研究背景，试探究以下两个问题。一是我国互联网企业履行残障慈善责任的动因是什么？中欧国际工商学院院长李铭俊指出，"企业唯有寻求社会利益和商业发展的双赢，才能符合新时代的商业准则"④，提出要同时符合外部环境和内部经济发展两方面的需求去履行社会责任。那么，落实到互联网企业履行残障慈善责任，是否存在这两方面的动因？二是我国互联网企业履行残障慈善责任的路径是什么？互联网企业基于一定的动因去履行残障慈善责任，会对互联网企业履行残障慈善责任的路径产生影响。结合互联网企业履行残障慈善责任的动因与互联网企业独特性，互联网企业履行残障慈善责任的具体路径是什么？

---

① 全球联合之路，贝恩公司. 中国互联网慈善：激发个人捐赠热情［EB/OL］.［2019 -12 - 09］. https://www. useit. com. cn/thread - 23366 - 1 - 1. html.

② 国双数据中心，国双公益. 2018—2019 中国慈善公益发展报告［EB/OL］.［2019 - 12 - 06］. http://www. 199it. com/archives/772187. html?weixin_ user_ id = f6o6ETQjsxeNikh2aXMJEIEBNs79j0% EF% BC% 8C2018(12)% 204436 - 4452.

③ 中国信息通信研究院，深圳市信息无障碍研究会. 中国信息无障碍白皮书（2019）［EB/OL］.［2019 - 12 - 07］. http://www. 199it. com/archives/tag/% E4% BF% A1% E6% 81% AF% E6% 97% A0% E9% 9A% 9C% E7% A2% 8D.

④ 人民网. 李铭俊：积极承担社会责任的企业才有竞争力和生命力［EB/OL］.［2019 - 12 - 16］. http://gongyi. people. com. cn/n1/2018/0416/c151132 - 29929603. html.

一、文献综述

（一）企业社会责任研究

企业社会责任概念的提出者是英国学者 Sheldon，他在 1923 年首次提出，将企业社会责任与企业经营者满足产业内外各种人类发展需要的责任联系起来，即企业追求权利的同时必须尽到相应的责任和义务。[①] 目前，国内外学者比较推崇的企业社会责任的概念界定来自阿尔奇·卡洛尔（Archie B. Carroll）："企业社会责任是社会在一定时期对企业提出的经济、法律、道德和慈善盼望"[②]，这在我国也同样适用。

有学者总结了企业社会责任的各种理论观点，并将这些理论归为四类，主要包括工具理论、政治理论、整合理论、伦理理论，主要集中在与利润、政治绩效、社会需求和道德价值观相关的四个方面：①实现长期利润的目标；②以负责任的方式利用商业力量；③整合社会需求；④通过做在道德上正确的事情促进社会发展来做出贡献。目前，每种企业社会责任理论都存在其局限性，[③] Garriga 等认为应该将这些理论共性的四个方面结合起来，发展一种关于商业和社会关系的新理论，而这将是一项极具挑战性的研究。[④]

1. 企业社会责任的动因研究

卡洛尔和马克·施瓦兹（Mark S. Schwartz）的企业社会责任动力模型指出，企业履行社会责任的动因包括外部动力（法律动力和道德动力）和内部动力（经济动力）。[⑤] 在后续研究中，法律动力又被延伸为制度动力。

首先，从制度动力来看，企业履行社会责任的动因是其作为"企业公民"的义务。企业公民既拥有社会赋予公民的权利，同时也要承担相应的责任。制度层面受到利益相关者的影响，法规、标准和认证在内的制度力量，组织层面

---

① 李伟阳，肖红军. 企业社会责任概念探究 [J]. 经济管理，2008（Z2）：177 – 185.

② 阿尔奇·卡洛尔. 企业与社会 [M]. 黄煜平，译. 北京：机械工业出版社，2004.

③ GARRIGA E, MELE D. Corporate social responsibility theories：mapping the territory [J]. Journal of business ethics, 53（1/2）：51 – 71.

④ GARRIGA E, MELE D. Corporate social responsibility theories：mapping the territory [J]. Journal of business ethics, 53（1/2）：51 – 71.

⑤ CARROLL A B, SCHWARTZ M S. Corporate social responsibility：a three-domain approach [J]. Business ethics quarterly, 2003, 13（4）：503 – 530.

的价值观中的规范性原则①，政府及一些权威机构的强制性要求。② 其次，要使外部驱动力发挥好的作用，必须将制度动力和道德动力结合起来讨论，用企业公民的观点来解释，企业对社会的责任既有制度的也有道德的。只有企业社会责任被理解为利益相关方共同合作来促进社会的发展进步时，公民理论才能真正实现。③ 企业社会责任道德范畴的约束还有经济伦理和社会契约，同时企业承担社会责任要符合媒体、专业人员的期望。④ 最后，作为营利性质的社会机构，经济动力是企业履行社会责任的一个重要动因。弥尔顿·弗里德曼（Milton Friedman）认为，企业唯一的社会责任，就是利用手中的资源从事增加利润的活动⑤，这是一种内在驱动性机制，包括企业自身的资源和能力、绩效的驱动、发展的需要⑥。

目前的理论研究和实证研究较为集中在经济动力，主要是由于企业社会责任和企业绩效之间的关系；它们从利益相关者视角出发，主要研究了消费者与企业社会责任之间的关系。而将内外部动力因素结合，以某一个利益相关者为研究对象的较少。

2. 企业社会责任的路径研究

综述企业社会责任的动因研究，发现企业履行社会责任受到制度动力、道德动力和经济动力这三方面的驱动，如何在履行企业社会责任过程中，既兼顾好经济、法律、道德和慈善等责任，又要平衡好企业利润，企业社会责任的路径选择尤为重要。

从宏观层面来看，推动企业社会责任发展不仅是企业单方面的事，也需要政府、法制、非营利组织等各方的支持。⑦ 约束企业承担社会责任，前提还需

---

① AGUINIS H, GLAVAS A. What we know and don't know about corporate social responsibility: a review and research agenda [J]. Journal of management, 2012, 38 (4): 932 – 968.

② 陈晓琳. 企业社会责任履行动因的研究综述 [J]. 中国城市经济, 2012 (1): 60.

③ 李伟阳, 肖红军. 企业社会责任概念探究 [J]. 经济管理, 2008 (Z2): 177 – 185.

④ 陈晓琳. 企业社会责任履行动因的研究综述 [J]. 中国城市经济, 2012 (1): 60.

⑤ CARROLL A B, SHABANA K M. The business case for corporate social responsibility: a review of concepts, research and practice [J]. International journal of management reviews, 2010, 12 (1): 85 – 105.

⑥ 谢佩洪, 周祖城. 企业履行社会责任的动因及对策建议 [J]. 中国人力资源开发, 2008 (7): 26 – 30; 姜启军. 企业履行社会责任的动因分析 [J]. 改革与战略, 2007 (9): 141 – 144.

⑦ 贺立龙, 朱方明. 企业社会责任之存在缘由及实现路径 [J]. 求索, 2012 (9): 9 – 8.

建立健全法律法规，关键是政府加强政策引导，以及社会监督体系完善形成的保障作用。① 樊慧玲基于社会性规制与企业社会责任耦合的路径选择，提出构建政府、企业与社会联动机制的路径。②

从微观层面来看，研究对象主要是企业，研究维度主要基于企业社会责任的内涵和利益相关者两种视角。根据国内外关于企业社会责任的内涵定义，丁军归纳出企业承担社会责任的主要途径：企业要构建和谐的企业文化与理念，提高企业"责任竞争力"，维护员工的合法权益和正当利益，加强企业自律，打造政府、企业、社会联动的长效模式。③ 其中，慈善责任与企业利益的关系是重要的研究焦点④，即企业"义举"背后可能会存在一些经济"诉求"⑤，慈善捐赠可能会被某些企业用作掩盖其违规行为的工具⑥。

从利益相关者角度考察企业履行社会责任的路径，主要涉及股东、客户、企业员工、消费者、社区等利益相关方，包括企业社会责任部门、针对企业职工的薪酬福利、客户关系管理制度建设、公益活动和捐助、环境保护整体情况和社会信息披露等⑦，以及员工的满意度和忠诚度⑧。此外，也有学者将企业社会责任动机与企业社会责任路径结合起来研究，依据企业的不同动机，将路径划分为传统企业社会责任和战略企业社会责任。与传统的企业社会责任相比，战略企业社会责任包括了核心业务。⑨

---

① 吴继良. 企业社会责任的实现路径探析 [J]. 现代交际，2014 (8)：38.

② 樊慧玲. 行为机制与信息影响：社会性规制与企业社会责任耦合的路径选择 [J]. 湖北科技学院学报，2014，34 (2)：5 – 7.

③ 彭红利. 构建国有企业履行社会责任的长效机制：基于"政府—企业—社会"框架的分析 [J]. 河北经贸大学学报，2015，36 (1)：74 – 77.

④ 张韵君，陈嘉欣. 慈善社会责任与企业利益关系分析 [J]. 当代经济，2010，33 (3)：41 – 43.

⑤ 眭文娟，张慧玉，车璐. 寓利于义？企业慈善捐赠工具性的实证解析 [J]. 中国软科学，2016，303 (3)：112 – 134.

⑥ 李晓玲，侯啸天，葛长付. 慈善捐赠是真善还是伪善：基于企业违规的视角 [J]. 上海财经大学学报，2017，19 (4)：67 – 79.

⑦ 王开田，何玉. 中国民营企业履行社会责任的意愿、方法与效果研究：一项探索性调查 [J]. 江西财经大学学报，2010 (6)：31 – 37.

⑧ CYCYOTA C S, FERRANTE C J, SCHROEDER J M. Corporate social responsibility and employee volunteerism：what do the best companies do? [J]. Business horizons, 2016, 59 (3)：321 – 329.

⑨ WERNER W J. Corporate social responsibility initiatives addressing social exclusion in Bangladesh [J]. Journal of health population and nutrition, 2009, 27 (4)：545 – 562.

综上，目前学界关于企业社会责任的路径研究，有宏观视角也有微观视角，但是总体看来还存在以下不足：宏观层面，具体实施路径还停留在比较空泛的层面，缺乏实践力度或可行性；微观层面亦缺乏对某一利益相关方更为具体的研究。

3. 战略企业社会责任研究

回顾企业社会责任的动因和路径研究，可以发现，这两方面研究之间的联系并不是很紧密[①]，且存在一个矛盾点需要解决。企业受到内外部因素的驱动去履行社会责任，但企业社会责任被认为会稀释企业的主要宗旨，使其将业务投入与其"正确目标"无关的工作领域，这与弥尔顿·弗里德曼提出的"利润最大化"相违背。

传统的企业社会责任面临着与企业利润目标相违背的潜在威胁，学界和商界尝试将战略管理思想融入企业社会责任理论，并由此提出战略企业社会责任（strategic corporate social responsibility，简称 SCSR），以期实现社会效益和经济效益的最大化。[②] 总体而言，战略企业社会责任包含四个要素：将企业社会责任包含在战略计划中、采取与核心运营相关的行动、利益相关者视角和实现长远发展。[③] 战略企业社会责任理论以企业的长远利益为出发点，强调"共享价值"，它可以将市场机会、内部资源和能力、组织价值、行业结构与利益相关者的基本要素与公司的核心业务联系起来。[④] 当企业从战略企业社会责任视角制定企业社会责任的具体实施路径时，就可以将企业社会责任的制度动力和道德动力转化为积极动力，兼顾好企业社会责任的内外动因，从而实现经济效益和社会效益的统一。

---

① CARROLL A B, SHABANA K M. The business case for corporate social responsibility: a review of concepts, research and practice [J]. International journal of management reviews, 2010, 12 (1): 85 – 105.

② 陆旸，王晶晶，高凯丽. 战略性企业社会责任管理路径探析 [J]. 现代经济信息，2019 (24): 28 – 30.

③ HUSTED B W, ALLEN D B. Strategic corporate social responsibility and value creation [J]. Management international review, 2009, 49 (6): 781 – 799; ENQUIST B, EDVARDSSON B, SEBHATU S P. Corporate social responsibility for charity or for service business? [J]. Asian journal on quality, 2008, 9 (1): 55 – 67.

④ DE SOUSA FILHO J M, WANDERLEY L S O, GÓMEZ C P, et al. Strategic corporate social responsibility management for competitive advantage [J]. BAR—Brazilian administration review, 2010, 7 (3): 294 – 309.

(二) 残障与互联网企业社会责任研究

互联网企业是伴随互联网发展而诞生的新兴企业组织形态，集信息发布、交互、交易等功能于一身。国外研究更多探讨的是互联网背景下企业社会责任的变化，如网络中企业的社会责任以及这些责任如何受不同类型的网络影响①、企业如何依靠互联网媒体进行企业社会责任沟通②、互联网等数字工具在企业社会责任沟通中的情况③、互联网用户对企业社会责任的感知④，但国外特别去研究互联网企业社会责任的文献较少。随着我国互联网企业的不断发展以及社会责任的凸显，国内学者对互联网企业社会责任也展开了一些研究，主要集中在互联网企业社会责任的特点、动因以及路径。

1. 互联网企业社会责任动因与路径

相较于一般企业，互联网企业具有企业和媒体的"双重身份"，技术的渗透性和信息传播的交互性，使互联网企业在整个网络环境中，既是信息的制造者，同时也是信息的规避者，让互联网企业社会责任呈现出与众不同的个性特征。一是多重主体性，互联网平台形成了以平台为主体的履责推进与落实主体⑤；二是强大的资源配置及创新能力⑥。此外还有专业性下的外部参与企业治理不易、传播性下的不良影响扩散迅速、普及性下的对社会主体行为潜在引导⑦等特点。换言之，互联网企业形成了具有掌握信息源、多重主体性、责任

① CHEN S. Corporate responsibilities in Internet-enabled social networks [J]. Journal of business ethics, 2009, 90 (4 supplement): 523 – 536.

② WANG J, CHAUDHRI V. Corporate social responsibility engagement and communication by Chinese companies [J]. Public relations review, 2009, 35 (3): 247 – 250.

③ TOMASELLI G, MELIA M, GARG L, et al. Digital and traditional tools for communicating corporate social responsibility: a literature review [J]. International journal of business data communications and networking, 2016, 12 (2): 1 – 15.

④ GARCÍA-POZO A, MONDÉJAR-JIMÉNEZ J, SÁNCHEZ-OLLERO J L. Internet's user perception of corporate social responsibility in hotel services [J]. Sustainability, 2019, 11 (10): 2916.

⑤ 阳镇，许英杰. "互联网＋"背景下企业社会责任变革趋势与融合路径 [J]. 企业经济, 2017, 36 (8): 38 – 45.

⑥ 肖红军. 平台化履责：企业社会责任实践新范式 [J]. 经济管理, 2017, 39 (3): 193 – 208.

⑦ 赵万一，苏志猛. 社会责任区分理论视域下互联网企业社会责任的私法规制 [J]. 法学杂志, 2019 (10): 63 – 72.

社会化等特征的企业社会责任。①

　　但又与一般企业类似，互联网企业社会责任动力也能分成内外两方面：一是外生性的冲击与驱动，主要是外部环境冲击形成的制度压力，使企业认识到自身的道德、伦理与社会属性；二是企业自主式的内生动机，也是源于企业伦理与道德力量的觉醒，以及对利益相关方关系的重新定位。② 从宏观、中观、微观三个层次来看，互联网企业社会责任会受到外部环境供给（法律法规、政府监管和社会控制）、平台经济的行业特质（双边性、虚拟性和负外部性）、个体价值偏向差异（个体的无意行为和有意行为）的影响。③

　　因此在探讨互联网企业社会责任路径时，存在宏观和微观两种视角的研究。从宏观层面来看，应从企业自身、行业、政府三方面采取措施，营造良好的营商环境、完善行业自律机制并健全相关法律法规。陈晓春和任腾将市场、政府及社会三种治理主体有机结合，提出了互联网企业社会责任的多中心治理模式，三者可形成协同治理的战略合作伙伴关系，共同搭建全方位的治理网络。④ 从微观层面来看，有学者从法律角度和利益相关者角度进行研究。从法律角度，赵万一和苏志猛提出了私法规制路径，包括一般性企业社会责任的私法规制和特殊性企业社会责任的私法规制。⑤ 从利益相关者角度来看，"互联网＋"背景为企业与利益相关方的沟通提供了新的工具与机制，通过线上线下参与、网络社会化沟通、网络披露，为利益相关方提供全新便捷的参与、沟通、监督平台。⑥

　　目前，互联网企业社会责任研究还处在初步阶段，主要探讨了互联网企业社会责任的概念、特征、动因和路径，但总体看来还有以下不足：一是现有研

---

　　① 刘玉国，谌琦. 互联网平台企业的社会责任与规制管理 ［J］. 决策与信息，2019（5）：83-91.

　　② 阳镇，许英杰. "互联网＋"背景下企业社会责任变革趋势与融合路径 ［J］. 企业经济，2017，36（8）：38-45.

　　③ 赵丹. 互联网平台企业社会责任缺失动因及路径初探 ［J］. 现代商业，2019（12）：92-93.

　　④ 陈晓春，任腾. 互联网企业社会责任的多中心协同治理：以奇虎360与腾讯公司为例 ［J］. 湘潭大学学报（哲学社会科学版），2011，35（4）：21-24.

　　⑤ 赵万一，苏志猛. 社会责任区分理论视域下互联网企业社会责任的私法规制 ［J］. 法学杂志，2019（10）：63-72.

　　⑥ 阳镇，许英杰. "互联网＋"背景下企业社会责任变革趋势与融合路径 ［J］. 企业经济，2017，36（8）：38-45.

究虽结合了我国互联网企业发展现状，但对每个部分的研究都不够深入；二是缺乏对互联网企业社会责任的实证研究；三是对利益相关者的研究还停留在比较宽泛的层面，没有对某一利益相关方的具体研究。

2. 互联网时代的残障研究

互联网企业随互联网技术的诞生迅速发展，普通互联网用户通过互联网获得生活、工作、娱乐等方面的便利。但对于残障者来说，互联网既是机遇，也是挑战。信息传播技术的发展，让残障者增加社会接触、获得工作机会，但也使数字鸿沟拉大，可能会造成新的社会孤立，使其逃避现实世界。① 互联网时代的残障研究，主要集中在机遇和挑战这两方面。

从机遇来看，Park 和 Nam 的研究结果显示，互联网并没有拉大数字鸿沟。② 并且在网络社交和娱乐方面，残障用户甚至表现出更大的兴趣，对互联网技术的使用率更高。③ 互联网为残障者提供了许多独立生活的工具，人们可以在家里访问大量信息，建立电子社区，通过远程学习课程接受教育以及在线购买书籍、衣服、辅助技术和物品④，满足自身的需求⑤，以及寻找就业机会⑥。在挑战方面，有学者认为互联网的发展会使残障者和健全者之间的数字鸿沟拉大，数字技术似乎在构建新的障碍形式。⑦ Vicente 和 López 研究了残障者与非残障者之间的互联网数字鸿沟，发现残障者互联网使用率较低。这一方面受到残障

① LIN Z, YANG L, ZHANG Z. To include, or not to include, that is the question: disability digital inclusion and exclusion in China [J]. New media & society, 2018, 20 (12): 4436 - 4452.

② PARK E-Y, NAM S-J. An analysis of the digital literacy of people with disabilities in Korea: verification of a moderating effect of gender, education and age [J]. International journal of consumer studies, 2014, 38 (4): 404 - 448.

③ JENARO C, FLORES N, CRUZ M, et al. Internet and cell phone usage patterns among young adults with intellectual disabilities [J]. Journal of applied research in intellectual disabilities, 2017, 31 (2): 259 - 272.

④ RITCHIE H, BLANCK P. The promise of the Internet for disability: a study of on-line services and web site accessibility at Centers for Independent Living [J]. Behavioral sciences & the law, 2003, 21 (1): 5 - 26.

⑤ CHILDERS T L, KAUFMAN-SCARBOROUGH C. Expanding opportunities for online shoppers with disabilities [J]. Journal of business research, 2009, 62 (5): 572 - 578.

⑥ 何侃. "互联网＋"时代肢体残疾人居家就业探析 [J]. 残疾人研究, 2016 (2): 5 - 8.

⑦ THOMPSON A. Disability and the Internet: confronting a digital divide [J]. Contemporary sociology: a journal of reviews, 2013, 42 (1): 88 - 89.

者自身的教育、收入和就业状况的影响，另一方面也有技术可及性障碍问题的影响。① 这也说明，对残障者的教育和互联网培训非常重要，要缩小数字鸿沟，减少残障者身体在社会环境中的障碍。②

目前，信息无障碍建设已经成为在全球范围内具有企业社会责任感企业的工作重心之一。作为网络技术和网络服务的主要提供者，互联网企业在这其中发挥着越来越重要的作用。但就现有研究看，从企业社会责任角度去做的互联网时代残障研究，尤其是互联网企业在残障方面的社会责任研究不是很多，而这也是本研究着力去探究的问题。

3. 残障与企业社会责任研究

传统的残障与企业社会责任研究，研究对象多以跨国公司、庇护性就业机构、酒店业企业为主，较少以互联网企业为研究对象来研究残障与企业社会责任。残障者是全球最大的少数利益相关者群体，根据江若尘的分类，可以将残障者这个利益相关者群体划分为企业内的利益相关者（经营者、管理者、企业员工）和企业外的利益相关者（债权人、供应商、消费者等）③。

从企业内利益相关者来看，残障者是企业一个重要利益相关方，向残障者提供公平的就业机会是企业应该履行的社会责任④，这是企业社会责任作为全球契约的国际趋势要求⑤、法律法规的要求以及提高自身竞争力的要求⑥。首先，作为企业社会责任的一部分，企业有责任雇用残障者。一方面，这能出于多种原因满足企业在产品和服务，以及企业社会责任计划方面的需求，如提高企业在员工、社区和客户中的形象；另一方面，一些企业还致力于为残障者及

---

① VICENTE M R, LÓPEZ A J. A multidimensional analysis of the disability digital divide: some evidence for Internet use [J]. The information society, 2010, 26 (1): 48 – 64.

② GUO B, BRICOUT J C, HUANG J. A common open space or a digital divide? A social model perspective on the online disability community in China [J]. Disability & society, 2005, 20 (1): 49 – 66.

③ 江若尘. 企业思维模式的新趋势：企业利益相关者问题研究 [J]. 商业经济与管理, 2006 (6): 35 – 41.

④ 赵晓芳. 从残疾人就业看企业社会责任 [J]. 长春理工大学学报（社会科学版）, 2009, 22 (3): 378 – 379.

⑤ KIM S, PARK C. The influence of multinational corporations on institutional diffusion in emerging markets: evidence from hiring the disabled in Korea [J]. Seoul journal of business, 2008, 14 (1): 3 – 30.

⑥ 徐建. 企业社会责任视角下的残疾人就业问题研究 [J]. 宜春学院学报, 2008, 30 (S1): 1 – 3.

其家人和朋友开发产品和服务，特别是在发达国家，许多人拥有可支配的可观收入。① 其次，企业雇佣残障者也跟其自身的素质相关，残障者具有生产性，也是可信赖的员工，可以为工作场所带来多元的文化。② 有研究案例表明，残障员工与企业一般员工之间具有可比的生产率、较低的事故率和较高的工作保留率，残障员工可以为企业带来良好的外部效益。③

尽管如此，许多残障者依然难以确保和维持就业，一是他们自身的可及性或严重程度对就业产生了影响；二是企业未能提供良好的就业环境。Khan 等对274 份英国可持续发展报告进行了基准测试，研究发现，这些报告强调与残障者病因相关的内部意识提高计划和慈善捐款，而缺乏描述性和定量指标。④ 一些残障者的能力、知识和技能没有被雇主认可。⑤ Bengisu 和 Balta 的研究结果认为，只要残障者的专业知识和技能适合，他们便可以完成酒店业的任何任务。⑥

此外，企业的文化氛围和就业环境也会对残障者就业造成障碍。⑦ 庇护性就业机构对残障者的培训和保护性就业⑧，让残障者无法锻炼自身；同时无障碍环境的缺乏，会将有竞争性就业需要和就业能力的残障者拦阻在公开劳动力

① International Labour Organization. Good case practices on inclusion of persons with disabilities in Indonesia：opening opportunities towards decent work，July，2011，Jakarta，Indonesia［M］. Geneva：International Labor Press，2011：208.

② KHAN N，KORAC-KAKABADSE N，SKOULOUDIS A，et al. Diversity in the workplace：an overview of disability employment disclosures among UK firms［J］. Corporate social responsibility and environmental management，2019，26（1）：170 – 185.

③ FREIN S T，PONSLER K. Consumers' perspectives on service staff with disabilities in the hospitality industry［J］. International journal of contemporary hospitality management，2014，26（2）：1 – 13.

④ KHAN N，KORAC-KAKABADSE N，SKOULOUDIS A，et al. Diversity in the workplace：an overview of disability employment disclosures among UK firms［J］. Corporate social responsibility and environmental management，2019，26（1）：170 – 185.

⑤ MARKEL K S，BARCLAY L A. Addressing the underemployment of persons with disabilities：recommendations for expanding organizational social responsibility［J］. Employee responsibilities & rights journal，2009，21（4）：305 – 318.

⑥ BENGISU M，BALTA S. Employment of the workforce with disabilities in the hospitality industry［J］. Journal of sustainable tourism，2010，19（1）：35 – 57.

⑦ MANDAL R，OSE S O. Social responsibility at company level and inclusion of disabled persons：the case of Norway［J］. Scandinavian journal of disability research，2015，17（2）：167 – 187.

⑧ CHEN C C，LIN S Y，CHENG C H，et al. Service quality and corporate social responsibility，influence on post-purchase intentions of sheltered employment institutions［J］. Research in developmental disabilities，2012，33（6）：1832 – 1840.

市场之外，并且有障碍的工作场所会降低残障者的就业质量和社会融合水平①。

从企业外利益相关者来看，这方面的研究相对较少，有学者研究了企业对残障消费者的社会责任，发现只有极少数的公司决定从残障消费者的角度考虑社会责任。② 在残障者作为社区成员方面，企业还可以通过慈善捐赠的方式去履行企业社会责任。③ 并且残障与企业社会责任研究主要集中在就业层面，探讨了残障者作为雇员的工作能力、政策制度和企业文化对残障者就业的影响，以及企业对残障者的接纳等，对残障者作为消费者以及其他利益相关方的责任履行研究较少，履行企业社会责任的路径较为单一，并未将信息传播技术迅速发展的大背景很好地融合进去。结合前述互联网时代的残障研究，互联网为企业和残障者的联结提供了新思路。

作为信息社会的主要基石，互联网是互联网企业盈利的途径。④ 相对于庇护性就业机构、酒店业企业等的企业社会责任，互联网企业社会责任具有掌握信息源、多重主体性、责任社会化等特征，在履行残障慈善责任时也将显示出不同的特性。

根据前述研究，互联网企业社会责任也存在内外两方面动力的驱动，包括制度动力、道德动力和经济动力，而战略企业社会责任围绕企业核心业务展开社会责任，可以达到社会效益和经济效益的协调统一。互联网企业再根据企业社会责任内外动因，以及战略企业社会责任去制定路径，可以实现残障慈善效益的最大化，促进社会的和谐发展与企业的可持续发展。

---

① 廖慧卿，岳经纶. 工作场所无障碍环境、融合就业与残障者就业政策：三类用人单位的比较研究［J］. 公共行政评论，2015，8（4）：78 - 97，184 - 185；廖慧卿，岳经纶. 就业模式、工作场所特征与残障者就业偏好：来自 Z 市福利企业的经验研究［J］. 中山大学学报（社会科学版），2015，55（6）：126 - 140.

② MACIASZCZYK M, MACIASZCZYK P. CSR and disbaled consumers［J］. Procedia economics and finance, 2016, 39: 855 - 860.

③ STAPLES J. Doing disability through charity and philanthropy in contemporary South India［J］. Contributions to Indian sociology, 2018, 52（2）: 129 - 155.

④ 陈晓春，任腾. 互联网企业社会责任的多中心协同治理：以奇虎360与腾讯公司为例［J］. 湘潭大学学报（哲学社会科学版），2011，35（4）：21 - 24.

图 7 - 1 残障慈善作为互联网企业社会责任的动因与路径

二、研究方法

（一）深度访谈法

作为质化研究的一种重要方法，深度访谈的目的是获取访谈对象对某事、某物、某人的看法或观点，揭示访谈对象对自身传播行为的感觉和看法，并不仅停留在一问一答的简单线性过程，而是一个带有指导性和目的性的与访谈对象对话的过程。① 本章采用半结构化访谈的形式，一共访谈了 12 位相关人员，访谈时长均达到 30 分钟，访谈记录总共 40 000 字。②

表 7 - 1 受访者信息

昵称	性别	身份	访谈形式	访谈时间	访谈时长
乐意	男	信息无障碍产品联盟发起人	微信	2019 年 12 月 24 日	30 分钟
合乐先生	男	信息无障碍高级工程师	电话	2019 年 12 月 5 日	47 分钟
小龙蛋	男	某区盲协主席/障碍用户	电话	2019 年 12 月 6 日	48 分钟
倩倩	女	阿里巴巴员工	微信	2019 年 10 月 19 日	30 分钟

① 琼恩·基顿. 传播研究方法 [M]. 邓建国，张国良，译. 上海：复旦大学出版社，2009.
② 出于隐私保护目的，本章受访者姓名均为化名，各自的联系方式等信息也已隐去。

（续上表）

昵称	性别	身份	访谈形式	访谈时间	访谈时长
万里	女	科大讯飞某公益项目负责人	电话	2020 年 2 月 23 日	30 分钟
JOJO	女	公募机构项目负责人	电话	2020 年 3 月 22 日	50 分钟
扁舟	男	残障公益组织负责人	微信	2020 年 6 月 23 日	38 分钟
Future	男	无障碍探险者/罕见病患者	微信	2020 年 6 月 23 日	42 分钟
秋玲	女	残障公益项目负责人	微信	2020 年 6 月 23 日	36 分钟
小 A	女	个人捐赠者	面对面	2020 年 6 月 24 日	40 分钟
TXT	女	个人捐赠者	微信	2020 年 6 月 24 日	30 分钟
浩然	女	视障新媒体小编	电话	2020 年 6 月 25 日	32 分钟

（二）案例研究法

案例研究是战略管理研究中常用的研究方法。战略管理中的案例研究，多采用多案例研究的方法，对一个案例资料进行分析，归纳出新的概念或利用已有的概念建立概念之间的关系，然后将第一个案例总结出来的试探性理论演绎到第二个案例，考察试探性的理论哪里需要添加、缩减和修正。在这个过程中往往需要分类和比较，即对多个案例同时进行归纳，然后再相互演绎。[①] 本章以阿里巴巴、腾讯、百度、京东、蚂蚁金服、滴滴出行、美团、科大讯飞 8 家互联网企业为案例研究对象，整理这 8 家互联网企业从 2007 年至 2019 年发布的企业社会责任报告及助残报告，其中阿里巴巴 13 份，科大讯飞 11 份，百度 5 份，腾讯 4 份，京东、蚂蚁金服和美团 2 份，滴滴出行 1 份，以及收集相关的新闻报道，从中归纳出互联网企业履行残障慈善责任的主要路径。

三、互联网企业履行残障慈善责任的动因

阿尔奇·卡洛尔和马克·施瓦兹提出的企业社会责任动力模型由三个责任领域组成：制度动力、道德动力和经济动力。结合前人研究以及笔者的访谈记

---

① 项保华，张建东. 案例研究方法和战略管理研究［J］. 自然辩证法通讯，2005（5）：64 - 68，113.

录和相关资料分析，互联网企业履行残障慈善责任的动因可以分为外部动力和内部动力。外部动力是指外在社会环境对企业产生的压力和约束。在对以往文献的梳理和具体实践研究中发现，互联网企业社会责任动因仅用制度动力无法概括，制度动力多是基于法律条款的强制性约束力，而在现实中，一些强制性条文、规章制度等也会对互联网企业履行残障慈善责任产生影响；道德动力主要是指公众的评论压力。内部动力，也就是经济动力，是指企业出于自身发展需要的考虑而产生的动力。下面，本章将从制度动力、道德动力和经济动力三方面，分别论述互联网企业履行残障慈善责任的动因。

（一）制度动力：作为"企业公民"的义务

企业履行社会责任的动力植根于法律或制度层面，来源于企业利用社会责任行为去维系信任的渴望[①]，其根源是"企业公民"理论，即企业作为"公民"的隐喻，在享受权利的同时履行相应的义务[②]。制度动力包括具有强制性的法律条款，也包括非强制性的宣言、规章等。其中，法律动力将法律期望和社会期望相结合[③]，遵守法律法规等规范，是企业公民概念的底线，也是企业成为"企业公民"的必要条件[④]。实际上，社会责任的理念已获得国际共识，并发布标准从制度层面约束。2010 年发布的 ISO26000《社会责任指南》国际标准提出了七个核心主题，其中与残障慈善责任较为密切的是人权、劳工实践、消费者权益三个主题[⑤]，而这三项议题在制度层面都对企业包括互联网企业提出了一定的要求和倡议。

1. 人权："企业公民"的基本义务

人权是人因其为人而应享受的权利，是基本人权或自然权利，残障者也不例外。联合国《残疾人权利国际公约》的宗旨指出："促进、保护和确保所有

---

① MIRSHAK J R. Corporate social responsibility（CSR），theory and practice in a developing country context［J］. Journal of business ethics，2007，72（3）：243 – 262.

② 龚天平. 企业公民、企业社会责任与企业伦理［J］. 河南社会科学，2010，18（4）：75 – 78.

③ CARROLL S A B. Corporate social responsibility：a three-domain approach［J］. Business ethics quarterly，2003，13（4）：503 – 530.

④ 龚天平. 企业公民、企业社会责任与企业伦理［J］. 河南社会科学，2010，18（4）：75 – 78.

⑤ 于娟娟. ISO26000《社会责任指南》标准在残疾人工作中的应用［J］. 中国康复理论与实践，2015（2）：242 – 244.

残疾人充分和平等地享有一切人权和基本自由，并促进对残疾人固有尊严的尊重。"又在第十条规定："确认必须促进和保护所有残疾人的人权，包括需要加强支助的残疾人的人权。"① 消除或者减轻人权问题对残障者的影响，需要政府、非政府组织、公司、教育机构等社会各界的共同努力，而这也不再被视为慈善事业，而是一种责任。② 根据 ISO26000《社会责任指南》，各个组织在人权主题方面的社会责任共涉及七个议题，其中与互联网企业残障慈善责任相关的有：议题5（歧视和弱势群体）和议题7（经济、社会和文化权利）。

2. 劳工实践："企业公民"的重要义务

作为平等的社会成员，残疾人平等地拥有就业权，帮助他们融入就业领域已被逐步纳入企业社会责任。③ 在 ISO26000《社会责任指南》中，劳工实践核心主题包括就业和雇佣关系、工作条件和社会保护、社会对话、工作中的健康与安全以及工作场所中人的发展与培训。同时，就业也是残障者的基本人权，劳工实践中涉及人权主题的议题8"工作中的基本原则和权利"，要求消除就业和职业歧视、确保平等的就业机会和平等的晋升机会，保证平等有利的工作条件。④

雇佣残障者不仅是互联网企业的义务，也是其表现社会责任的一种方式，同时推进残障者就业也有相关法律或条约的规定。联合国曾多次对各国推进残障者就业提出倡议。1982 年，《关于残疾人的世界行动纲领》提出鼓励企业雇佣残障者⑤；《残疾人机会均等标准规则》再次对企业雇佣残障者提出非强制的具体措施⑥；《残疾人权利国际公约》第二十七条指出残疾人平等地享有工作

---

① 联合国. 残疾人权利国际公约 ［EB/OL］. ［2019 - 12 - 24］. https：//www. un. org/chinese/disabilities/convention/convention. htm.

② ISAAC R, RAJA B W D, RAVANAN M P. Integrating people with disabilities：their right-our responsibility ［J］. Disability & society, 2010, 25 （5）：627 - 630.

③ FASCIGLIONE M. Corporate social responsibility and the right to employment of persons with disabilities ［C］// FINA V D, RACHELE C. Promoting equal rights for people with autism in the field of education and employment. Switzerland：Springer International Publishing, 2014.

④ 于娟娟. ISO26000《社会责任指南》标准在残疾人工作中的应用 ［J］. 中国康复理论与实践, 2015 （2）：242 - 244.

⑤ 联合国. 关于残疾人的世界行动纲领 ［EB/OL］. ［2019 - 12 - 24］. https：//www. un. org/zh/documents/treaty/files/A - RES - 37 - 52. shtml.

⑥ 联合国. 残疾人机会均等标准规则 ［EB/OL］. ［2019 - 12 - 24］. https：//www. un. org/zh/documents/treaty/files/A - RES - 48 - 196. shtml.

权，并强调为残疾人提供无障碍劳动力市场和就业环境的必要性①。

残障者就业领域主要涉及三点：首先，遵守现有的有关残疾人就业配额的国家立法；其次，遵守平等待遇立法，禁止一切基于残疾的歧视；最后，建立合理的便利条件，以确保残疾人在与他人平等的基础上享有所有人权和基本自由。②

3. 消费者权益："企业公民"的必要义务

互联网企业也有为作为消费者的残疾人提供产品、信息等服务的责任。2015 年，《国务院关于加快推进残疾人小康进程的意见》第五条第三点指出要加快发展残疾人服务产业，满足残障者特殊性、多样化、多层次的需求。③ 根据 ISO26000 国际标准，消费者权益主题下包括七个议题，对应到互联网企业，主要是保护信息无障碍权和保护残障消费者隐私两大责任。

一是保护信息无障碍权的义务。信息无障碍权是残疾人融入社会生活一项重要的权利，是构成人的生存权利的重要方面，也是国际公约确认的人权。④保障残疾人的信息无障碍权在我国有相关法律规定。《中华人民共和国残疾人保障法》指出"要为残疾人信息无障碍创造条件"⑤。联合国《残疾人机会均等标准规则》指出：各国应使用盲文、磁带、大字印刷和其他适当技术，使那些有视力缺陷的人无障碍地获得书面信息和文件。⑥ 这就要求互联网企业在提供信息交流服务产品时，多为残障者考虑。

2017 年《中国残联、工业和信息化部关于支持视力、听力、言语残疾人信息消费的指导意见》特别提到，腾讯、阿里巴巴、百度等互联网企业"积极贯彻《中华人民共和国残疾人保障法》《无障碍环境建设条例》及相关政策标准，

---

① 联合国. 残疾人权利国际公约 [EB/OL]. [2019 - 12 - 24]. https://www. un. org/chinese/disabilities/convention/convention. htm.

② FASCIGLIONE M. Corporate social responsibility and the right to employment of persons with disabilities [C] // FINA V D, RACHELE C. Promoting equal rights for people with autism in the field of education and employment. Switzerland：Springer International Publishing，2014.

③ 国务院关于加快推进残疾人小康进程的意见 [EB/OL]. [2019 - 12 -23]. http://www. cdpf. org. cn/zcwj/zxwj/201502/t20150205_439263. shtml.

④ 杨飞. 论残疾人的信息无障碍权 [J]. 河南财经政法大学学报，2013（2）：124 - 130，170.

⑤ 中华人民共和国残疾人保障法 [J]. 中华人民共和国国务院公报，1990（30）：1116 - 1125.

⑥ 联合国. 残疾人机会均等标准规则 [EB/OL]. [2019 - 12 - 24]. https://www. un. org/zh/documents/treaty/files/A - RES - 48 - 196. shtml.

信息无障碍建设工作稳步推进，服务能力和水平显著提升，有效保障了残疾人权益"①。

二是保护消费者隐私的义务。大数据时代，残障消费者的隐私安全也面临着诸多挑战，核心个人数据成为侵犯的重点，尤其企业与第三方之间"共享"用户数据，会使个人数据的"暴露面"无限扩大。② 我国于 2017 年实施了《中华人民共和国网络安全法》，第四十条指出："网络运营者应当对其收集的用户信息严格保密，并建立健全用户信息保护制度。"并在后续的法律条款中对网络运营者如何保障用户信息安全做了较为详细的补充。互联网企业作为主要的网络运营者，对残障消费者的隐私也应给予保护。③

（二）道德动力：基于综合社会契约的要求

道德动力是企业社会责任的另一个外部动因，是指一般人群和利益相关者所期望的企业的道德责任。④ 企业道德责任存在三重依据，即企业作为利益关系的存在、作为契约性的存在以及作为"共生"关系的存在。⑤ 根据综合社会契约理论⑥，残障者根据与互联网企业的关系可以划分为显性利益相关者和隐性利益相关者。究其根本，实际上是企业与社会签订了一种契约关系。⑦

1. 基于显性契约关系的压力

基于显性契约关系的压力是互联网企业残障慈善的道德动力之一，显性利益相关者包括残障员工和残障消费者的利益，这两者都与互联网企业存在着契约利益联系，而且这种契约关系是显而易见的，如残障者的劳动权利、消费权

① 中国残联、工业和信息化部关于支持视力、听力、言语残疾人信息消费的指导意见 [EB/OL].［2019 - 12 - 23］. http://www. cdpf. org. cn/zcwj/zxwj/201712/t20171220_ 615005. shtml.

② 齐爱民. 论大数据时代数据安全法律综合保护的完善：以《网络安全法》为视角 [J]. 东北师大学报（哲学社会科学版），2017（4）：108 - 114.

③ 新华社. 中华人民共和国网络安全法 [EB/OL].［2019 - 12 - 26］. http://www. gov. cn/xinwen/2016 - 11/07/content_ 5129723. htm.

④ 周祖城. 论企业伦理责任在企业社会责任中的核心地位 [J]. 管理学报，2014，11：1663 - 1670.

⑤ 曹凤月. 企业道德责任的三重依据 [J]. 哲学动态，2007（2）：35 - 39.

⑥ 刁宇凡. 企业社会责任标准的形成机理研究：基于综合社会契约视阈 [J]. 管理世界，2013（7）：186 - 187.

⑦ 陈宏辉，贾生华. 企业社会责任观的演进与发展：基于综合性社会契约的理解 [J]. 中国工业经济，2003（12）：81 - 88.

利等，同时也受到法律条文的保护。

第一，保障残障员工利益的压力。互联网企业需要尊重残障员工，创造无障碍的人性化工作环境，为他们提供广阔的生存和发展空间，不搞任何形式的种族、性别和工种歧视。[①] 一份面向网商企业、电子商务服务企业等电商企业的调查显示，适合残疾人（肢体残疾、听力言语残疾）的电商岗位主要包括客服人员（51.61%）、文案策划（25.81%）、运营助理（9.68%）、网络美工（6.25%）。[②]

不过，互联网企业在招收残障者作为员工时，也出现了一系列的问题。如《现代快报》曾报道的无腿残障司机引起争议[③]，《成都商报》报道的聋哑外卖骑手遭差评"送餐还讨钱"等。面对残障者就业现状，信息无障碍高级工程师合乐先生表示："目前来看的话，（残障者就业）还是比较理想化，因为大多数残障人受教育程度并不是很高，或者受教育的机会不是很大，导致了职业技能参差不齐。再加上一个重要的原因，社会的不理解进而导致偏见和认识。"

残障员工是与互联网企业签订了一定劳动合同或协议的劳动者，企业有责任保障他们的合法权益。基于这些社会现实原因以及残障员工自身的身体限制，如何为他们提供合适的岗位？这是互联网企业对残障员工基于道德动力需要履行的责任。

第二，保障残障消费者利益的压力。互联网不仅为残障者带来了更多的就业机会，同时也可以让他们享受到作为一名消费者的良好体验。互联网企业需要真正将残障消费者满意视作企业销售产品的目标之一，为残障消费者提供优质的服务，但能否言行一致，则有赖于企业是否真正具有社会责任感。[④]

例如，视障用户曾反馈 QQ 2013 版操作不便，建议网易云音乐进行无障碍优化，并在微博上表达不满。在这样的道德动力之下，互联网企业为给残障用户提供更好的信息无障碍服务，对产品升级改造，并相继加入信息无障碍产品

---

① 陈宏辉，贾生华. 企业社会责任观的演进与发展：基于综合性社会契约的理解 [J]. 中国工业经济，2003（12）：81 – 88.

② 张磊. 互联网背景下残疾人就业岗位调查研究：以肢体残疾和听力言语残疾人为例 [J]. 中国集体经济，2017（17）：77 – 80.

③ 现代快报. 一家人打了辆滴滴，半路突然发现司机是无腿残疾人 [EB/OL].［2019 – 12 – 18］. https://baijiahao. baidu. com/s?id = 1613840312826242258&wfr = spider&for = pc.

④ 陈宏辉，贾生华. 企业社会责任观的演进与发展：基于综合性社会契约的理解 [J]. 中国工业经济，2003（12）：81 – 88.

联盟。正如某市某区盲协主席小龙蛋所说："10 年以前，软件开发人员凭个人情怀在做这件事，10 年以后阿里、腾讯、百度都开始做这件事，慢慢形成规范化，作为产品上线必须要有的步骤。"

在产品的设计中，也不应对残障消费者有歧视或者偏见。如字节跳动旗下TikTok（抖音海外版）就因禁止来自残疾人、超重用户等的视频而受到批评。互联网企业与残障消费者是签订了显性协议的，残障消费者在使用互联网企业的产品之前，就同意了企业的用户服务协议，并且他们的权益也受到我国《消费者权益保护法》的保护，互联网企业有责任为他们提供相应的服务。

2. 基于隐性契约关系的压力

基于隐性契约关系的压力是互联网企业残障慈善的道德动力之一，隐性利益相关者有政府、行业协会、非政府组织、媒体、社区等，与互联网企业残障慈善较为相关的道德动力来自社会倡议和新闻媒体的舆论压力。而且这种契约关系存在的形式，相对显性利益相关者是隐性的，包括涉及国家、社群等彼此同意的价值、基本信念、目的、行为规范及期望的隐性契约。①

一是社会倡议的压力。残障者在 ISO26000《社会责任指南》中被归为弱势群体。② 作为社会上的弱势群体，残障者仅凭自身力量去争取自身权益的力度是很微弱的，但是两会、残障组织、互联网行业协会对残障者权益发起的一系列倡议行动，会使互联网企业了解到残障者的需求。在这个过程中，互联网企业往往是最后一个知晓者。正如小龙蛋所说："互联网企业是最后一个接收到这个信息的，首先是这个障碍群体需求，政府也有这个倡导，专业机构把这个事情推动给互联网企业之后，互联网企业才能获取相关信息，了解原来用户里还有很多残障者，需要把产品做到无障碍才能更好地去服务。"

残障者的权益在全国两会和地方两会都被热议过，以议案提案的方式引起全社会对残障者的关注。如 2018 年浙江省两会上，各代表委员对"如何让残疾人群体更快更好地融入互联网时代"展开热议③；2019 年全国两会上，全国人

---

① 刁宇凡. 企业社会责任标准的形成机理研究：基于综合社会契约视阈 [J]. 管理世界，2013（7）：186 – 187.

② 赵迅. 弱势群体保护的社会契约基础 [J]. 河北法学，2011（11）：2 – 13.

③ 中国新闻网. 代表委员盼增残疾人信息消费补贴　加快融入互联网 [EB/OL]. [2020 –01 – 31]. http://www.chinadp.net.cn/news_ /picnews/2018 – 01/31 – 16844.html.

大代表雷军建言"鼓励互联网企业践行企业社会责任，积极投入信息无障碍建设"①等。

残障组织和行业协会也对互联网企业履行残障慈善责任发出倡议，主要是针对信息无障碍建设。如中国互联网协会向互联网企业发出《互联网企业履行社会责任倡议书》②；2020年新冠肺炎疫情暴发后，深圳市信息无障碍研究会发起《疫情期间不忽略障碍群体刚需、仍坚持做无障碍的倡议书》等。以上提议和倡议的发出是基于每个人都有基本人权③，也符合主流的价值观。当互联网企业在进行产品设计或提供服务时将残障者这个弱势群体的需要考虑进去，就是对这些倡议以及背后的社会价值观的回应，还能增强公司的竞争优势。④

二是新闻媒体舆论动力。新闻媒体作为第三方独立的监督者，是推动互联网企业主动履行社会责任的重要驱动力之一，可以运用手中的采访权与报道权监督互联网企业。一方面，新闻媒体的监督会对互联网企业社会责任产生显著的正向影响，其中负面报道的作用更为显著。⑤从2011年的盲人验证码的困境⑥，到2013年的视障用户反馈QQ 2013版操作不便，再到2016年的支付宝升级盲人使用受限，2019年的让"盲道"成为互联网标配⑦等，迫使一些大型互联网企业对旗下产品优化升级，并成立了信息无障碍产品联盟。另一方面，媒体报道能够形成一种"盯住效应"，即被报道的公司将会成为社会舆论关注的焦点。⑧互联网企业通过线上做公益或者发布公益信息较多，同时也拥有很多媒体资源，新闻媒体可以迅速掌握线索，发布正面报道会对互联网企业产生积

---

①　新京报. 雷军：落实信息无障碍建设，提升弱势群体幸福感［EB/OL］.［2020-03-05］. http：//finance. sina. com. cn/roll/2019-03-05/doc-ihsxncvf 9802615. shtml.

②　广州日报. 36家互联网企业签署《2018中国互联网企业履行社会责任倡议》［EB/OL］.［2019-12-25］. http：//finance. people. com. cn/n1/2018/1225/c1004-30485209. html.

③　赵迅. 弱势群体保护的社会契约基础［J］. 河北法学，2011（11）：2-13.

④　CARROLL A B, SHABANA K M. The business case for corporate social responsibility：a review of concepts, research and practice［J］. International journal of management reviews, 2010, 12（1）：85-105.

⑤　徐珊，黄健柏. 媒体治理与企业社会责任［J］. 管理学报，2015，12（7）：1072-1081.

⑥　侯超伟. 盲人验证码的困境验证了什么？："盲人验证码系统暂停服务"事件追踪［J］. 中国残疾人，2011（10）：28-29.

⑦　练洪洋. 让"盲道"成为互联网标配［N］. 兰州日报，2019-11-11.

⑧　徐珊，黄健柏. 媒体治理与企业社会责任［J］. 管理学报，2015，12（7）：1072-1081.

极影响。正如科大讯飞某公益项目负责人万里所说:"互联网企业本身就要自己做宣传,他们跟很多的媒体主要是有长期的关系维护的,通过这样的一种积累,做公益时拥有这样的渠道,是一个最得天独厚的资源优势。"

新闻媒体被誉为独立于立法、司法和行政之外的"第四种权力",互联网企业残障慈善的行为或行动,都会受到新闻媒体的关注。在新闻媒体的监督之下,互联网企业的最佳策略就是履行好社会责任,树立良好的公众形象。

(三)经济动力:内在驱动性机制

经济动力作为内生动力,相对于外部动力更为积极主动。阿尔奇·卡洛尔认为,着眼于提高利润或分享价值的任何活动均被视为出于经济动机。企业社会责任的经济动力包含那些旨在对相关公司产生直接或间接正面经济影响的活动。① 互联网企业履行残障慈善社会责任的经济动力,包括"经济人"对利润的追求、战略营销的社会声誉获取,以及可持续发展观下的双赢。

1."经济人"对利润的追求

亚当·斯密(Adam Smith)最早在《国富论》中提出了企业"经济人"假设,将股东利润最大化作为企业社会责任的唯一标准。② 获利最大化的理论得到弥尔顿·弗里德曼领导的经典经济学观点认可,即"企业只有一种社会责任,即利用企业的资源并从事旨在增加其利润的活动"③。互联网企业履行残障慈善责任,为残障员工提供就业机会和服务残障消费者,一定程度上可以为企业带来经济效益。正如合乐先生所说:"现在通过技术赋能残障人的这些互联网公司,本身也是对他们自身某种目的的满足,或者这中间看到了商机和利益。"

残障者由于身体的限制,在进入工作场所时可能会受到一些歧视,但这并不意味着他们不能成为优秀的员工。④《2016年中国互联网视障用户基本情况报

① CARROLL S A B. Corporate social responsibility: a three-domain approach [J]. Business ethics quarterly, 2003, 13 (4): 503 – 530.

② PRESTON L E, POST J E. Measuring corporate responsibility [J]. Journal of general management, 1975, 2 (3): 45 – 52.

③ CARROLL A B, SHABANA K M. The business case for corporate social responsibility: a review of concepts, research and practice [J]. International journal of management reviews, 2010, 12 (1): 85 – 105.

④ KHAN N, KORAC-KAKABADSE N, SKOULOUDIS A, et al. Diversity in the workplace: an overview of disability employment disclosures among UK firms [J]. Corporate social responsibility and environmental management, 2019, 26 (1): 170 – 185.

告》显示，90% 的视障者可以通过自己工作获得收入。埃森哲与美国残疾人协会（AAPD）合作的调查《争取平等——残疾人融合优势报告》分析了 140 家企业雇佣残疾人的实践和财务表现，在残疾人就业和包容性领域表现突出的 45 家企业平均在四年期间收入增加了 28%，净收入翻了一番，经济利润率比其他公司高 30%。[①] 阿里巴巴 2019 年助残报告显示，2018 年 6 月至 2019 年 5 月期间，淘宝网上有 17.41 万家残疾人网店实现销售，销售额 116.63 亿元。正如某无障碍联盟发起人乐意所说："我们并不能够假设，企业和残障者之间发生关系发生互动，一定就是企业为施助者，残障者为受助者。不是这样的，有很多企业招收残疾人就业，那个残疾人是凭自己的本事在平等地创造价值、获得收益的，他并没有被企业施舍，他也在为企业创造价值，获得他应有的收入。"

另一方面，企业有责任了解残障消费者的需求。[②]《2016 年中国互联网视障用户基本情况报告》显示，92% 的视障者都在使用智能手机，他们在网上社交、看新闻、看书、听音乐、玩游戏、购物等。同时，他们也具备一定的消费能力，79% 的视障者月收入为 2 000 元到 5 000 元，其中 12% 的视障者月收入在 5 000 元以上。[③] 对互联网企业来说，残障者是非常庞大且具有一定消费力的群体，可以为互联网企业带来一定商业价值。合乐先生认为："中国的残障人，目前注册的就有 8 500 万，这是很大的群体，这个群体本身来讲是他的用户群。现在大家对用户的争夺都很激烈，都是白热化的状态，这本身也是一个机会，那就看他怎么样能够切入，怎么样能够把握住商机。"

2. 战略营销的社会声誉获取

互联网履行残障慈善责任，也受到获得良好社会声誉这一动力因素的驱动。企业社会责任是一种有效的营销手段，包含了参加公益活动和慈善捐赠活动来提高企业声誉的期望。[④] 残障者是社会上一部分数量庞大的弱势群体[⑤]，帮助残

① 埃森哲，美国残疾人协会（AAPD）. 争取平等：残疾人融合优势报告 [EB/OL].[2019－12－18]. http://www.199it.com/archives/795519.html.

② MACIASZCZYK M, MACIASZCZYK P. CSR and disabled consumers [J]. Procedia economics and finance, 2016, 39: 855－860.

③ 中国信息无障碍产品联盟秘书处. 2016 年中国互联网视障用户基本情况报告 [EB/OL]. (2016－04－08). http://www.199it.com/archives/46008.html.

④ 张红英. 消费者响应与企业社会责任活动研究：基于前景理论的视角 [J]. 山东社会科学, 2018, 278 (10): 175－180.

⑤ 世界卫生组织，世界银行. 世界残疾报告（概要）[J]. 中国康复理论与实践, 2011, 17 (6): 501－507.

障者是互联网企业的社会责任，也符合不同利益相关者的社会期望。正如乐意所说："互联网企业做这些事，本身就是对社会有意义的，肯定对品牌形象是有帮助的。"

本章中涉及的互联网企业，总体具有良好的社会声誉，但在社会公益方面还有提升空间①。而互联网企业残障慈善或公益活动则有助于弥补欠缺，进一步提升互联网企业声誉。合乐先生提到："像云客服、数据标注这一块，其实没有什么太高的技术含量，那它交给谁做都是做，所以它可能会交给残障人，那就能额外体现出企业的社会责任。"

相较于一般企业，互联网企业具备媒体和企业的双重特性，在提升企业声誉方面具有先天优势。正如万里所说："首先，互联网企业的推广渠道线上偏多，那线上偏多的话，以目前的社会宣传形态来讲，线上比线下得天独厚的优势要多得多。其次，互联网企业拥有很多自己的媒体渠道。"

在带来企业声誉的同时，互联网企业也能通过残障慈善责任，吸引更多的消费者或提升消费者的忠诚度②。如 2017 年，腾讯公益与上海艺途公益基金会（WABC）推出"一元购画"活动，刷屏微信、微博等社交媒体平台，扩大了腾讯"99 公益日"的影响力。"互联网企业做的一些品牌活动，会给大众营造出一种正向品牌或价值。"

类似"一元购画"这样的"善因营销"行为的出现③，将互联网企业与残障公益组织相结合④，既提升了互联网企业的社会影响力，也帮助了残障者，达到践行企业社会责任与提升企业声誉或品牌影响力的双赢效果。小龙蛋提到："有些企业有公益部门、品牌传播部门，还有其他各种对外的部门，做了这件事情以后，有更好的宣传亮点，也践行企业社会责任。"

目前慈善市场格局高度集中。《2019 年度中国慈善捐助报告》显示，20 个

① 益普索. 2017 中国互联网企业声誉蓝皮书［EB/OL］.［2019 - 12 - 26］. http://www.199it.com/archives/652008.html.

② CARROLL A B, SHABANA K M. The business case for corporate social responsibility: a review of concepts, research and practice［J］. International journal of management reviews, 2010, 12（1）：85 - 105.

③ 辛杰. 企业社会责任对品牌资产的影响：消费者期望与动机的作用［J］. 当代财经, 2012（10）：72 - 81.

④ VARADARAJAN P R, MENON A. Cause-related marketing: a coalignment of marketing strategy and corporate philanthropy［J］. Journal of marketing, 1988, 52（3）：58 - 74.

网络平台获得执照，但总捐赠额的 90% 仍来自阿里巴巴和腾讯。① 从平台的慈善捐助来看，阿里巴巴和腾讯的企业声誉相较其他企业更高，这也会对其他的头部互联网企业形成压力，推动平台慈善捐助的发展，整体提升互联网企业的社会声誉。

3. 可持续发展观下的双赢

企业社会责任也是考察互联网企业可持续发展②的重要议题，可持续发展理念要求企业社会责任实践与企业战略管理融合，两者紧密结合创造企业和社会的共享价值③。互联网企业履行残障慈善社会责任，也秉承着这样的理念和愿景。正如乐意所说："如果互联网企业单纯地去捐钱给残障者，其实不是一个可持续的事情，但是如果提供岗位或是信息无障碍，那么残障者其实可以受益更多，企业自己也可以获得收益，这是一个双赢的事情。"

首先，从大背景来看，互联网企业发展面临全球性的用户争夺。《2017—2018 年互联网发展趋势报告》显示，中国互联网人口红利已经消失，海外市场成为中国互联网产业主要拓展方向。④ 在推进海外布局时，海外的残障用户也是互联网企业不可忽视的用户群，做好信息无障碍是互联网企业出口海外的必备环节。"如果企业要去海外，必须信息无障碍，因为海外有无障碍立法，如果产品不符合无障碍，就要被投诉，会被罚很多钱。"

其次，面对当今世界消除贫困的可持续发展要求，而多数残障者处于贫困之下，互联网企业在满足自身可持续发展的同时，必须结合自身的核心业务，找到布局残障用户的潜在价值，这也是 Stuart 的观点。⑤ 小龙蛋表示："企业到了一定的规模，需要新增用户量，因为企业除去残障者以外，就是这么多用户，

① 全球联合之路，贝恩公司. 中国互联网慈善：激发个人捐赠热情 [EB/OL]. [2019 - 12 -09]. https://www.useit.com.cn/thread -23366 -1 -1.html.

② 张燕平. 企业社会责任与可持续发展关系研究综述 [J]. 全国流通经济，2010 (6)：47 -49.

③ 刘娜，古安伟. 可持续发展观下企业社会责任概念新解 [J]. 社会科学战线，2013 (2)：268 -269.

④ 中国信通院. 2017—2018 年互联网发展趋势报告 [EB/OL]. [2019 -12 -18]. http://www.199it.com/archives/663760.html? weixin _ user _ id = f6o6ETQjsxeNikh2aXMJEIEBNs79j0&from = singlemessage.

⑤ RAMACHANDRAN V. Strategic corporate social responsibility：a "dynamic capabilities" perspective [J]. Corporate social responsibility and environmental management，2010，18 (5)：285 -293.

没有新增的用户，获得新增用户的成本很高。信息无障碍就是花很少的钱，就能比原先花大的成本去获取到更多的用户，这是一个待开发的群体。"

我国有 8 500 万残疾人、1.4 亿老年人（这个数字还在逐年增加）、8 亿低收入者以及数以千万的在华生活和旅游的外国友人，市场前景广阔。[①] 互联网企业可以运用自身的核心业务或技术来推进残障慈善社会责任实践，满足了自身及其相关利益主体的生存和全面发展。[②] 正如合乐先生所说："一家公司是要受资本钳制的。对于资本来讲，投入是想得到成倍的回报。目前来看，残障者这个市场还不是完全成熟，阿里巴巴等互联网企业做这一块的事，一方面属于一个潜在布局，得到这一部分用户；另一方面也是一个探索期，又能够得到社会主流价值观的认同。"

残障慈善责任本身也要考虑可持续性。互联网企业履行残障慈善责任，不单以慈善捐赠为唯一路径，为残障者提供就业使其获得收入来源，为残障者提供辅具或智能产品，这些都有利于残障慈善事业的可持续发展。对此，小龙蛋表示："如果光靠企业捐赠，是不可持续的，因为捐钱一次花完了，创造不了价值。比如企业招收残障员工，也没有什么剥削不剥削的，因为你给我创造了价值，我付给你收益，这是可持续的。那么我持续在这里工作，通过劳动获得报酬。"

本节探讨了互联网企业履行残障慈善责任的动因，分别论述了作为"企业公民"义务的制度动力、基于综合社会契约要求的道德动力以及内在驱动性机制的经济动力，对互联网企业履行残障慈善责任的驱动作用。研究发现，从"企业公民"理论的角度出发，互联网企业的制度动力包括人权、劳工实践和消费者三个主要议题的责任和义务；道德动力以综合契约理论为划分依据，将利益关系与契约性结合起来，存在基于显性契约关系的压力和基于隐性契约关系的压力，前者包括残障员工的利益和残障消费者的利益，后者包括社会倡议的压力和新闻媒体舆论的动力。制度动力和道德动力作为外在动力，具有偏消极的一面，相比之下，经济动力具有积极性。经济动力作为内在驱动性机制，在履行残障慈善责任中，存在"经济人"对利润的追求、战略营销的社会声誉获取、可持续发展观下的双赢三方面因素的驱动。总体来看，这三方面动因都

---

① 覃育梅. 将信息无障碍整合到业务流程中 ［J］. 现代电信科技，2007 （3）：19-22.

② 刘斌，王杏芬，李嘉明. 实施企业社会责任创新战略的模型分析 ［J］. 科技进步与对策，2007 （4）：111-115.

对以下残障慈善责任行为作了约束或驱动：慈善事业的发展、残障员工的创业就业、残障消费者的信息无障碍使用或服务。

四、互联网企业履行残障慈善责任的路径

基于互联网企业履行残障慈善责任的动因，本节主要探讨互联网企业履行残障慈善责任的路径。本节梳理了阿里巴巴、腾讯、百度、蚂蚁金服、京东、滴滴出行、美团、科大讯飞 8 家互联网企业 2007 年至 2019 年发布的所有企业社会责任报告、公益助残报告、基金会报告以及其他涉及残障慈善社会责任的报告等，并参考网络上公开的新闻报道等相关资料。研究发现，互联网企业履行残障慈善的路径可归纳为四项：慈善捐赠路径，无障碍优化路径，创业就业路径，员工志愿路径。

在具体的路径设计中，互联网企业需要兼顾好经济效益和社会效益，而战略企业社会责任将企业社会责任融入企业的核心业务，同时兼顾好利益相关者的利益①，通过创造协同价值来寻求双赢的结果②。

下面，本节将结合互联网企业残障慈善责任动因和战略企业社会责任理论，分别论述互联网企业如何设计慈善捐赠路径、无障碍优化路径、创业就业路径、员工志愿路径。

（一）慈善捐赠路径：以互联网募捐平台为核心

企业慈善是指为追求企业利润最优化和社会收益最大化的共赢目标，企业以一定的短期利润为代价的物质、人力资源捐赠及项目资助等自愿行为。③ 我国企业大多选择直接捐钱的慈善捐赠方式，但这种方式并不是最理想的。战略性慈善捐赠的观点认为，企业应在捐赠过程中结合自身的产品特征，将捐赠行

---

① RUMSEY G G, WHITE C. Strategic corporate philanthropic relationships: nonprofits' perceptions of benefits and corporate motives [J]. Public relations review, 2009, 35 (3): 301 - 303.

② ENQUIST B, EDVARDSSON B, SEBHATU S P. Corporate social responsibility for charity or for service business? [J]. Asian journal on quality, 2008, 9 (1): 55 - 67.

③ 赵如. 企业慈善行为动机历史演进研究 [J]. 社会科学研究, 2012 (4): 102 - 106.

为与自身的产品联系在一块①，实现经济效益和社会效益的双赢。

互联网企业利用互联网本身的渠道和平台优势，成立公益慈善基金会，打造互联网募捐平台，与公募基金会合作，联结了不具备公募资格的公益机构/组织/个人，并通过多样化的捐赠形式发动个人捐赠的力量，形成一个"公益慈善基金会＋募捐平台＋公募基金会＋公益机构/企业＋个人捐赠者"的互联网企业特有生态的慈善捐赠模式。正如万里所说："互联网企业会号召全社会跟它一起来玩，这个可能就是互联网企业本身的年轻化趋势，把这个公益的策划方案，或者传播形式变得更轻松了一些。"

在残障慈善领域，互联网平台募捐形式也显示出一定的优势，正如某公募机构项目负责人JOJO所说："之前筹款筹资部门的人要一个个去跑企业，口口相传去介绍它，这种力量肯定是没有网络的力量大。虽然在残障领域里面筹款不容易，但肯定还是要比线下筹款容易。"

互联网企业的公益慈善基金会和网络募捐平台与慈善机构合作是双赢之举。公益机构的信息获取能力、宣传倡导能力、资源获取能力较强②，互联网企业管理能力、协作能力较强，两者互补。万里介绍："其实跟公益组织联系有一个好处：一是我们能够更主动地找到特殊人群；二是我们的帮扶和他们结合会更有资源优势，这样省去很多的沟通成本，我们的帮扶也会更精准。"

但是，不具备公开募捐资格的公益机构、组织或个人不可直接网络募捐③，普通的公益机构/组织/个人需要借助公募基金会，以"认领项目"的方式来向公众筹款，由公募基金会完成善款发行和执行监督，尤其是对个人求助者给予专业支持，使筹款达到更好的效果。JOJO提到："有一些个人发起的捐赠，实际上就写得特别简单，像我接待的很多都是小学没毕业的，文化水平很低，这样的话他写的文案，包括他做的预算，他讲的整个自己的故事，实际上是不能发起筹款的，所以这就面临着比如说他的筹款目标可能是20万到30万，实际上他只筹了几百元钱的问题。"

网络捐赠模式也将个人捐赠者联结在一起。互联网信息募捐平台上，公众

---

① 曹淑华. 企业慈善捐赠的理论分析与策略探讨 [J]. 长沙大学学报，2017，31（4）：20－23.

② 马贵侠，谢栋，潘琳. "互联网＋"时代中国公益组织互联网传播能力评估实证研究 [J]. 西南民族大学学报（人文社会科学版），2019，40（8）：162－169.

③ 中华人民共和国慈善法 [J]. 中国社会组织，2016（6）：8－14.

讨论的助残领域公益相关话题占比 13.1%，位居第三。① 调查显示，62% 的受访者倾向于"给互联网公益平台捐款"的公益参与方式②，个体捐赠者的捐助意愿更高③。这也慢慢形成了一种"全民参与"的公益文化。在具体的实践过程中，这种互联网企业特有的慈善捐赠模式也不断变换形式，形成常规性网络捐赠模式和"公益日"联动捐赠模式，前者是日常性的持续性公益行动，后者是基于"公益日"的短期性集中式公益行动（如腾讯的"99 公益日"）。

1. 常规性网络捐赠模式

常规性网络捐赠模式是一种常规性、持续性的残障慈善捐赠模式。互联网企业成立公益慈善基金会，集中公益资源，提高公益项目的效率和专业性，并开放各种互联网平台，为公益机构提供项目筹款发布的渠道，或号召平台商家参与捐赠，同时也为个人参与项目捐赠提供渠道。在常规性网络捐赠模式之下，又存在着四种捐赠模式——公益慈善基金会直接捐赠模式、个人捐赠公益项目模式、公益机构开店筹款模式和商家售卖产品捐赠模式。

第一，公益慈善基金会直接捐赠模式。公益慈善基金会是互联网企业结合自身技术和服务，以资助的方式推动公益行业或慈善事业发展的平台。目前，阿里巴巴、腾讯、百度、京东、美团等互联网公司都成立了公益慈善基金会。成立公益慈善基金会是互联网企业较早的慈善捐赠模式，其对残障公益组织直接捐赠，包括捐钱和捐物。

第二，个人捐赠公益项目模式。互联网企业搭建了互联网募捐平台，为公益机构/组织/个人的项目发布提供渠道，也为个人捐赠者提供捐赠渠道，架起了公益项目与个人捐赠联结的桥梁。④ 个人捐赠公益机构的模式分为捐钱和捐物两种。

个人捐钱是最为常见的一种捐赠方式，也是多数互联网企业采用的捐赠方式。阿里巴巴的支付宝公益、腾讯的"月捐平台"和"乐捐平台"、百度公益、

---

① 国双数据中心，国双公益. 2018—2019 中国慈善公益发展报告 [EB/OL]. [2019 - 12 - 06]. http://www. 199it. com/archives/772187. html? weixin_ user_ id = f6o6ETQjsxeNikh2a XMJEIEBNs79j0% EF% BC% 8C2018（12）% 204436 - 4452.

② 全球联合之路，贝恩公司. 中国互联网慈善：激发个人捐赠热情 [EB/OL]. [2019 - 12 - 09]. https：//www. useit. com. cn/thread - 23366 - 1 - 1. html.

③ 邵培樟，张朦薇. 人们会在网上做更多慈善吗?："互联网 + 慈善"模式对个体慈善行为影响机制研究 [J]. 财经论丛，2019（6）：94 - 103.

④ 李斯文. 传统慈善捐赠与网络个人求助：一个文献综述 [J]. 劳动保障世界，2017（24）：70 - 71.

美团公益等互联网企业的互联网募捐平台都为公益机构开通了筹款渠道，个人捐赠者可通过平台捐钱。以阿里巴巴集团旗下支付宝公益为例，它为具有公募资质的公益机构开通了"公益项目自助发布平台"。阿里巴巴《2011 年企业社会责任报告》显示，2011 年有 24 家公募基金会进驻，支付宝为 182 家公益机构提供零费率公益接口服务，为公益机构网络募款开通了捐赠通道。

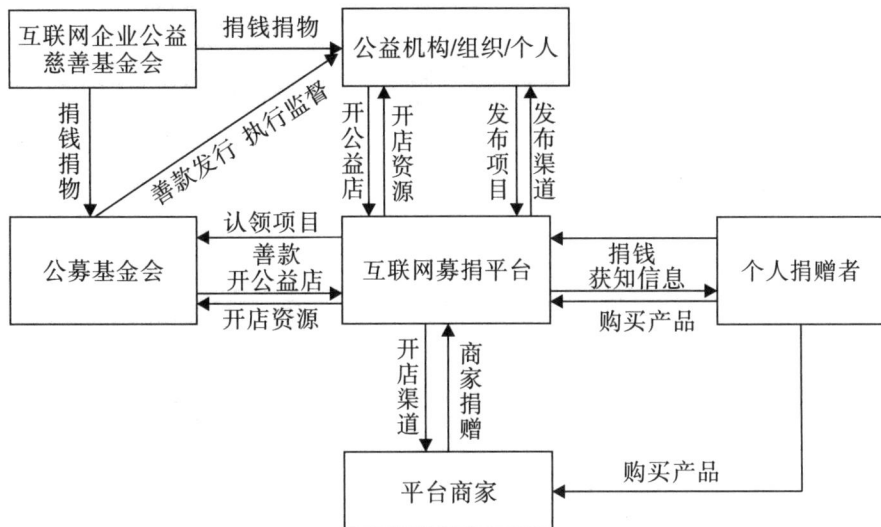

图 7－2　互联网企业残障慈善路径：常规性网络捐赠模式

再以中华思源工程扶贫基金会的"爱的分贝"公益项目为例，其截至 2019 年 11 月，资助 1 116 名听障儿童或失语青少年进行耳蜗手术、2 830 名贫困听障儿童进行语言康复训练，为 5 506 名听障家庭发放"365 认知包"等。个人捐钱捐赠公益机构模式也为互联网企业带来一定的用户流量，公益时报的数据显示，2017 年，腾讯公益获捐 6 310 万次、蚂蚁金服获捐 20 300 万次等。比如支付宝公益个人捐赠者可直接通过支付宝支付；腾讯月捐平台中，个人用户参与后按月从财付通账户自动捐赠扣款，以每月小额捐款的形式，长期关注和支持公益项目等。

个人捐物捐赠，即通过互联网企业的互联网募捐平台了解残障公益项目需求，按筹款物资要求捐赠，这在互联网企业中并不是常见的捐赠方式，代表性案例有京东的"物爱相连平台"——京东公益物资募捐平台。京东结合自身的业务优势，从商品供应、物流配送、技术运营、客户服务等方面为公益项目提供支持，打造"一键捐赠、物资直送"的捐赠模式。

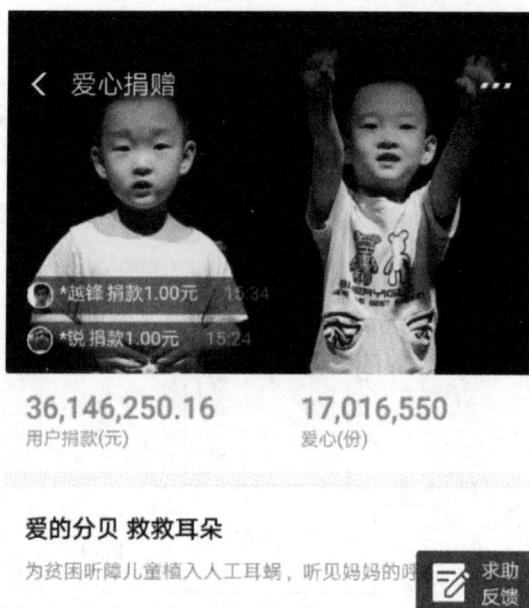

图7-3 "爱的分贝"公益项目在支付宝公益平台上的实时捐款记录

图7-4 京东公益移动端实时捐款记录及模块展示

第三，公益机构开店筹款模式，即互联网平台为公益机构提供免费的开店资源，公益机构开设公益网店，售卖虚拟宝贝或公益周边筹款，个人捐赠者通过信息透明化平台，了解项目发布的公益机构及其残障公益项目。

公益机构开店筹款模式与电商业务挂钩，是电商类互联网企业较为可行的残障慈善路径，如阿里巴巴的淘宝和天猫公益平台免费为公益机构提供开店资源，公益机构将公益项目作为商品展示在店内，个人捐赠者可直接购买参与捐赠。公益机构分为普通的公益机构和公募基金会，前者开的是"非公募类公益网店"，仅可发布"义卖宝贝"；后者是"公募类公益网店"，可发布"募捐宝贝"和"义卖宝贝"。以公募基金会中华思源工程扶贫基金会为例，它在淘宝公益平台上为关注听障儿现状的"爱的分贝"项目募款，并将项目分为日捐1元和每月10元两种商品形式，截至2020年3月16日，前者募集资金50 700元，后者为2 709元。

图7-5　中华思源工程扶贫基金会在淘宝公益平台开店为"爱的分贝"项目筹款

第四，商家售卖产品捐赠模式，即互联网平台的商家对售卖产品配以捐赠比例或金额，消费者（个人捐赠者）购买产品，商家再通过平台捐赠给公益机构，形成一个卖家、买家、平台、社会组织、受益人和第三方机构都受益的公益生态模式。代表性案例是阿里巴巴的"公益宝贝"和京东的网络助残公益商城。

"公益宝贝"是阿里巴巴为公益组织和公益项目提供网络公众筹款支持的平台，消费者在淘宝上购买带有"公益宝贝"标志的商品，成交后平台会按照卖家设置的比例，捐赠一定数目的金额给公益组织或公益项目，打通了消费者、商家、公益机构三者之间的关系，以商业的方式建立了可持续的公益参与模型。正如JOJO所说："公益宝贝制定了一个规则，只要买了淘宝商家的东西，会自动匹配到一个项目有多少钱，这个是商家随意制定的，虽然很少，但是实际上流量是很大的，流量应该每年是一个亿。"

"公益宝贝"以购物的方式让公众参与到慈善捐赠中，更具有可持续性。《你会购买淘宝网的"公益宝贝"吗?》调查结果显示，有77%的网友认为"公益宝贝"这种微小额的捐赠方式有必要存在，公益看重的不是捐多少钱，而是在于全民公益意识的唤醒，重在参与;并有60%的网友会在淘宝购物时优先选择"公益宝贝"。[①]

"公益宝贝"也推动了残障公益事业的可持续发展。2018年，阿里巴巴平台商家通过"公益宝贝"参与捐赠的总额达到2.66亿元，3.6亿买家支持了商家的公益行动，累计参与人次达到63亿。

2. "公益日"联动捐赠模式

"公益日"联动捐赠模式是相对常规性网络捐赠模式而言的，具有集中式、短期性、线上线下共同参与的特点。在特定的互动情境下，情感能量催生了个体的捐赠动机，进而引发个体捐赠行为，并在一定程度上推动了以仪式作为载体的公益捐赠活动的制度变迁。[②] 以腾讯发起的"99公益日"为例，它产生了一种集中式的规模效应，以弥补常规性慈善捐赠模式的不足。

腾讯"99公益日"联合公益机构、知名企业、明星名人、媒体等共同发起，通过互联网平台和各种媒介，以线上线下共同参与的方式，形成一个"公益组织、受助人、捐赠人和企业"四维参与的公益模式，扩大公益募捐活动的知名度，寻求更好的募捐效果。正如万里所说："腾讯公益经常做的'99公益日'，首先，它会借助自己的一些渠道或者是矩阵平台，通过强有力的宣传和强有力的铺开，让大家第一时间知道有这样一件事。其次，他们通过多样化的设

---

① 公益时报. 六成网友表示淘宝购物时会优先选择"公益宝贝" [EB/OL]. [2019 - 12 - 20]. http://www.gongyishibao.com/newdzb/html/2018 - 11/20/content_ 19282. htm?div = - 1.

② 胡婕婷. 众筹仪式何以可能?："99公益日"个体捐赠行为的社会学分析 [J]. 社会发展研究，2018, 5 (1): 209 - 228, 246.

计跟策划，让普罗大众中的每一个都能够参与到日常公益当中。"

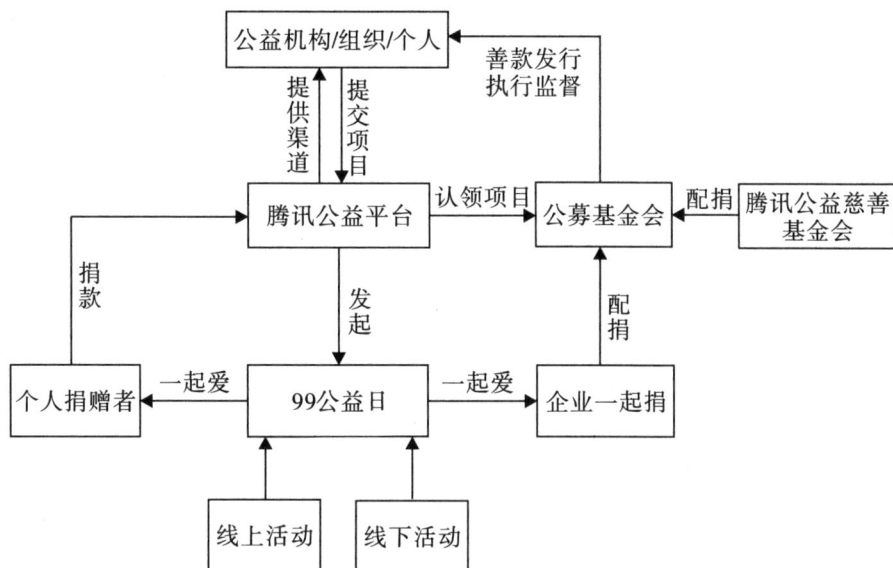

图7-6　互联网企业残障慈善路径："公益日"联动捐赠模式（以"99公益日"为例）

通过这种四维的公益参与模式，结合腾讯"99公益日"的配捐机制，公益机构或受助人在活动中募集到众多善款。据统计，2018年，共有超2 800万人次爱心网友通过腾讯公益平台捐出善款8.3亿元，超过2 000家企业共捐出1.85亿元，为5 498个公益项目贡献力量。加上腾讯公益慈善基金会提供的2.999 9亿元配捐金额以及1亿元慈善组织成长基金，善款总计超过14.14亿元。

表7-2　腾讯"99公益日"2015—2019年的配捐情况统计

项目	2015年	2016年	2017年	2018年	2019年
捐赠人数/万人	205.3	678.8	1 268.3	2 800	4 800
个人捐赠金额/亿元	1.279	3.06	8.29	8.3	17.83
基金会配捐/万元	9 999	19 999	29 999	29 999	39 999
企业配捐/亿元	0	1.01	1.77	1.85	3.07
企业捐赠总额/亿元	2.28	6.07	13.06	13.14	24.9
公益项目总数/个	2 178	3 643	6 239	5 489	—

腾讯公益慈善基金会为公益组织提供项目申请渠道，腾讯开放各种网络平台，如微信、QQ等全渠道，将公益组织和捐赠人联结起来，捐赠人利用微信支付快速有效地捐赠，企业和个人通过这些平台线上线下参与。这种渠道的开放，会为腾讯带来一定的用户增量，正如JOJO所说："（腾讯）想通过99（公益日）这个事情，让更多的人去了解腾讯公益做什么事情。腾讯还属于一个企业，想让更多的人去注册腾讯微信，因为你肯定是通过腾讯微信去捐款，实际上它是有拉新的一个过程。"

（二）无障碍优化路径：以 App/产品为核心

网络信息传播技术的发展为残障者参与社会生活带来机遇和挑战，科技进步可对残障者提供价值补偿，包括生存性补偿、享受性补偿和发展性补偿。① 互联网企业掌握了科学技术和网络渠道，一方面，可以为残障者信息获取提供无障碍渠道，缩小数字鸿沟；另一方面，可以开发各种扶残助残的高科技产品，为残障者的价值补偿提供物质基础。因此，互联网企业残障慈善实现的无障碍路径，可以从信息无障碍和物理无障碍两方面实施。

1. 信息无障碍优化模式

互联网已成为日益有效的通用通信工具，但是残障者在使用互联网时会遇到困难。互联网企业在开发信息产品或提供信息服务时，应充分考虑残障者的需求和特殊限制②，接受他们在市场上的存在③。正如小龙蛋所说："信息无障碍帮我们（视障者）与互联网连接了一条通道，相当于是互联网上的一条盲道，就是现实生活中也能看到很多盲道，现在随着科技的发展，中国几千万的残障者，特别是视力障碍人士，对信息无障碍的需求是非常大的。"

互联网企业利用自身的技术优势，各自成立信息无障碍小组，并联合成立"中国信息无障碍产品联盟"，推进互联网产品和软件的信息无障碍化。《2019年阿里巴巴公益助残报告》显示，淘宝平台上已有超过1.7万视障者开店，有59.7万视障者享受淘宝、天猫购物的便捷。2018年6月至2019年5月期间，淘

---

① 张九童. 科技进步对残疾人的价值补偿 [J]. 滨州学院学报，2012 (1)：56 - 61.

② 赵英. 针对残障人士的信息无障碍影响因素研究 [J]. 四川大学学报（哲学社会科学版），2018 (5)：84 - 93.

③ MACIASZCZYK M, MACIASZCZYK P. CSR and disabled consumers [J]. Procedia economics and finance, 2016, 39：855 - 860.

宝网上共有 553.05 万残障者购物，网购规模 238.56 亿元。"做了信息无障碍以后，全国各地的视障群体都能享受到这个便利的服务，相当于用科技的手段去扶贫。"（小龙蛋）

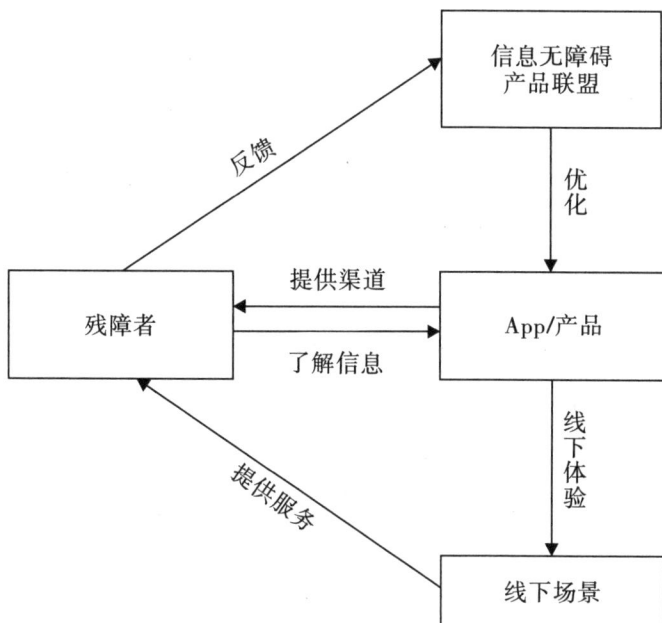

图 7-7 互联网企业残障慈善路径：信息无障碍优化路径

互联网企业也挖掘视障者产品使用痛点，结合自身技术优势，为视障者打造无障碍产品或软件。2015 年，百度开发百度小明（DuLight）人工智能操作系统，帮助视障者获取信息；2016 年，阿里巴巴发起"无障碍的天猫"活动，解决 340 多个无障碍问题；科大讯飞使用最新的语音转写和翻译技术，兼顾残障者的用户体验，针对性优化产品界面和功能[①]。目前，信息无障碍已成为大型互联网企业产品上线的必备要素。小龙蛋提到："阿里今年（2019）在大会上把信息无障碍作为公司的三大战略之一了。他们会成立专项小组做这个事情，目前阿里旗下的产品将近有十几款都已经做到了信息无障碍，而且已经把信息无障碍作为每一个软件版本发布必须做的一件事情。"互联网企业注重与视障者团队或视障者合作，通过他们的体验和反馈了解产品痛点。

---

① 宋振，吕旭，王玮. 科大讯飞无障碍建设案例 [J]. 建设科技，2019（13）：85-87.

2. 物理无障碍优化模式

除了信息无障碍优化，互联网企业还可结合自身业务形态，通过线上线下结合的方式，推动物理无障碍优化，助力残障者获得更好的线下服务体验，不仅在线上融入社会，也在线下融入社会。正如乐意所说："科技的发展，不仅是为残障群体，还为任何的障碍群体，这对他们融入社会肯定都是有帮助的，而且这些当中不仅是互联网，我认为应该是整个科技，包括硬件、物联网等。"

物理无障碍优化路径主要代表案例是滴滴出行的"无障碍专车"、美团的"无障碍服务三年行动计划"以及科大讯飞的智能设备线下场景应用，三者都结合自身业务打造一个"残障者—App/智能产品—线下场景"的助残模式。

例如，滴滴出行"无障碍专车"的使用首先是建立在 App 信息无障碍的基础上①，为包括残障者在内的特殊人士提供服务，带有公益属性，定价与普通商务车一致，残障用户可通过滴滴出行 App，选择"无障碍专车"服务；科大讯飞的讯飞听见 M1 与讯飞听见 App 的组合，可实现听障者线下多场景交流的信息无障碍②。

（三）创业就业路径：以渠道或技术为核心

就业是残障者实现自身价值及获取社会认同的最好方法，但残障者进入就业市场存在三大障碍，即心理障碍、物理障碍、结构障碍。③ 信息通信技术和互联网打破时空限制，将在一定程度上克服这三大障碍。④ 正如合乐先生所说："互联网的发展带来了很多机会，尤其是对视障者来讲，实际上最大的不足点就是信息获取，除了信息获取以外，在智力层面，其实并没有什么不足的。那在这种情况下，他如果能够获得对等的知识，那就意味着他有对等，或者说是融入社会，更好体现自身价值的机会。"

《2018 视障网民移动资讯行为洞察报告》显示，视障网民中高中学历占比

---

① 张直，张天航. 发展无障碍出行 App 的必要性与可行性探究 [J]. 现代商业，2018 (11)：21-22.

② 宋振，吕旭，王玮. 科大讯飞无障碍建设案例 [J]. 建设科技，2019 (13)：85-87.

③ 王红. 我国残疾人就业现状及存在问题的分析 [J]. 现代营销（经营版），2020 (1)：31.

④ 焦若水，李国权. 残疾人就业：互联网时代的机遇与挑战 [J]. 残疾人研究，2019 (4)：45-53.

最高，为42%，而CNNIC网民总体用户调查中高中学历占25.5%[①]。《2016年中国互联网视障用户基本情况报告》指出，由于视障者普遍学历都在高中或高中以上，有知识作保障，所以很多视障者可以从事行政类工作，如盲文编辑、教育类等。[②] 乐意说："也有无数的案例证明，残障者有能力去平等地像健全人一样创造价值，在这个社会当中创造价值也好，为这家企业创造价值也好，为自己去赢得价值也好，所以他不是被施舍的这么一个群体。"

从战略企业社会责任角度切入去看残障者的就业能力，企业承担社会责任可以看作一种投资，投资是有回报的，投资残障员工的能力建设和就业能力提升，对企业来说，不仅具备一定的经济价值，还有巨大的社会价值。[③] 正如小龙蛋认为，"他去请这些残障者就业，这些残障者是能给他创造价值的，他也践行了社会价值，给残障者提供了一个平等就业的机会，这是一个双向受益（的过程）"。

互联网企业可结合自身的技术优势和平台优势，为残障者赋能。在具体路径的实施中，互联网企业赋能残障者存在两种方式：一是互联网平台直接赋能残障者，为他们提供创业渠道或就业岗位；二是科技赋能小型互联网企业或科技企业，间接为残障者提供创业和就业服务。前者以阿里巴巴和京东为代表性案例，后者以科大讯飞为代表性案例。

1. 直接提供就业机会模式

互联网企业残障慈善创业就业路径实施的最直接方式，就是为残障者提供就业机会，包括提供就业岗位和提供创业渠道两种方式。

一是提供就业岗位。雇佣残障者是企业表现社会责任的一种方式[④]，但如何利用互联网平台，为不同障别和残障程度的残障者提供合适的岗位，则是互联网企业应该思考的问题。德尔菲研究表明，尽管不应在工作和任务类型方面歧视残障者，但也不能忽略其残疾，应当依据其不同障别类型提供适合岗位，

①　酷鹅用户研究院. 2018 视障网民移动资讯行为洞察报告［EB/OL］.［2019 - 12 - 06］. http://www.199it.com/archives/705825.html.

②　中国信息无障碍产品联盟秘书. 2016 年中国互联网视障用户基本情况报告［EB/OL］.［2019 - 12 - 02］. http://www.199it.com/archives/46008.html.

③　唐镛. 从就业能力角度探讨政府、企业和个人在残疾人就业中的作用［J］. 教学与研究，2008（3）：59 - 64.

④　BOHDANOWICZ-GODFREY P，ZIENTARA P，BAK M. Towards an accessible hotel：a case study of Scandic［J］. Current issues in tourism，2019，22（6 - 10）：1133 - 1137.

否则会使残障者、企业、员工和客户都面临一定风险。① 合乐先生认为，"每个人或多或少都有自己擅长和不擅长的地方。如果你能接受这样一个限制，其实就会知道哪些是自己能够去做的，哪些是自己不能够去做的，整个社会是一种协作的关系"。阿里巴巴和京东等互联网企业根据不同障碍类型残障者的特点，创造适合残障者的网络就业机会，包括云客服、字幕翻译、编程、美编等在线工作岗位。

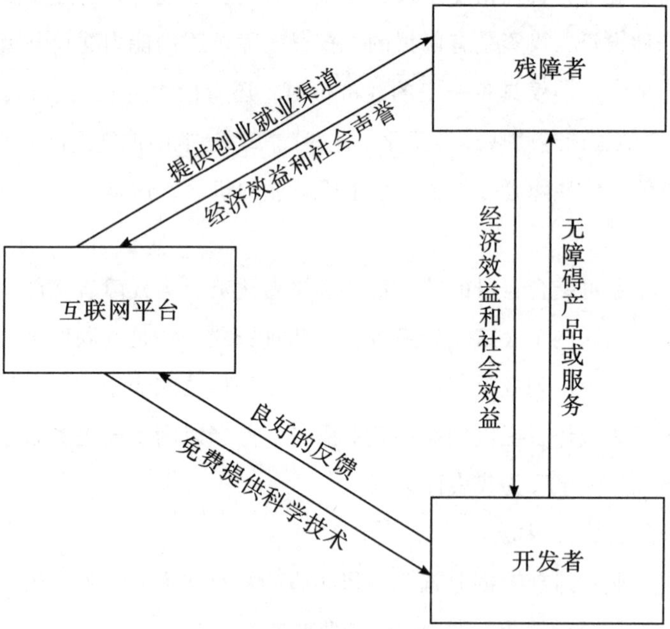

图 7 - 8　互联网企业残障慈善路径：创业就业路径

二是提供创业渠道，即将残障员工作为企业社会责任，其中一个关键要素是能力扩展。对残障员工来说，如果要增加和获得自由，使他们有理由重视自己的生活，就必须提升他们的能力。② 阿里巴巴为不同性别、年龄、学历、地域、障别的残障者提供创业渠道，残障者可成为淘宝商家。中国残联和阿里巴

---

① BENGISU M, BALTA S. Employment of the workforce with disabilities in the hospitality industry [J]. Journal of sustainable tourism, 2010, 19 (1): 35 – 57.

② CRISTÓBAL M, MARIN-GARCIA J A, FERRUS G, et al. Operations research/management science tools for integrating people with disabilities into employment. A study on Valencia's sheltered work centres for disabled [J]. International transactions in operational research, 17 (4): 457 – 473.

巴发布的两份助残报告数据显示，2017 年 6 月至 2018 年 5 月期间，淘宝网 16 万家残疾人网店销售额 124 亿元，其中 3 万元以上约 2.7 万家；2018 年 6 月至 2019 年 5 月期间，淘宝网 17.41 万家残疾人网店销售额 116.63 亿元。

此外，各个障碍类别的残障者也可通过互联网创业。数据显示，听力、肢体、言语这三类残疾在全国每万名残疾人卖家中占比分别为 69%、57%、49%。其中，肢体残疾人数量最多，在 2019 年占比接近七成。

2. 间接赋能开发者模式

互联网企业残障慈善创业就业路径实施的另一方式是互联网企业开放自身的科技，为中小型科技企业赋能，再通过中小型科技企业为残障者赋能，其中的代表案例是科大讯飞"三声有幸"公益项目。正如万里所说："结合部门（开放平台）的产品特色，这个公益项目的特点是，不着力于实物捐赠，比如说捐书、捐钱、捐课桌这样实际的物品，而在于使用源头技术去帮助大家。所以这个公益项目的扶持目标不是直接的特殊人群，但是会帮助一些特殊人群开发者，或者是服务对象为特殊人群的一些企业或者公益组织。"

科大讯飞"三声有幸"公益项目的主要赋能平台是科大讯飞的开放平台，汇聚了语音合成、语音转字幕等技术，输出技术为中小型科技企业或开发者赋能。2017 年首届全球 1024 开发者节上，科大讯飞首发"三声有幸"公益项目，两年时间内，科大讯飞赋能"音书科技""舞指科技""心智互动""点明科技"等公益产品落地，间接助力残障者。

例如，本身是一位听障者的音书科技 CEO 石城川借助科大讯飞的语音识别能力，创办国内首款专为听障者设计的 App 音书，这款 App 被中国聋人协会推荐为听障者无障碍沟通辅具，有超过 40 万注册用户，付费用户占 7%。① 正如万里所说："我们可能只帮助了石城川一个人，但是他的音书 App 其实连接了十几万用户。从技术上我们帮石城川免费了，他作为一个创业者，他的 App 对这些听障人群来说也免费了。"

（四）员工志愿路径：以人力资源为核心

员工是企业重要的人力资源，员工志愿也是互联网企业履行残障慈善责任

---

① 铅笔道. 曾获科大讯飞战投　他让听障人士"看见"声音　用户达 40 万准确率 95% [EB/OL].〔2020 - 02 - 26〕. https://m.sohu.com/a/329659728_ 649045.

的路径之一。Kotler 和 Lee 提出了六种类型的企业社会责任[①]，其中社区志愿服务强调的是员工贡献时间或者技能，并且发生在一定的志愿者群体或组织的情境中[②]。落实到我国互联网企业履行残障慈善责任的员工志愿路径，由互联网企业提供资源和平台，员工自主申请项目，再去线下开展服务。员工志愿路径方面的代表性案例是阿里巴巴和腾讯的员工公益。

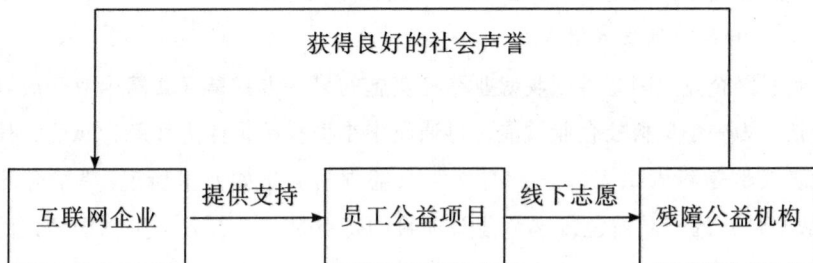

图 7 - 9　互联网企业残障慈善路径：员工志愿路径

2009 年阿里巴巴提出"1 人 1 天 1 分钟"的公益理念，并且阿里巴巴领导层也以身作则参与志愿活动。据阿里巴巴 2018 财年统计，中高层员工人均公益时达到 5.93 小时，集团合伙人人均公益时达到 12.37 小时。

平台和资源的支持是激励员工参与志愿服务的重要方面。腾讯基金会启动"微爱益起来"常态公益机制，为员工创造独立规划并执行公益项目的机会，腾讯员工参与志愿服务的时长折算成 10 元/时微爱基金，员工和部门同时获得。阿里巴巴推出"幸福抱团"员工公益创业大赛，提供技术、专家、资金等资源，鼓励员工自发成立公益团体，并将员工志愿服务纳入绩效考核。[③] 因此，公益成了阿里文化的一部分。正如合乐先生所说："阿里人日常的工作时间和公益小时是分开的，这个公益小时在他们内部是很有价值的，这也是一种鼓励的方式，所以说你能看到公益慈善已经变成了他们的企业文化的一部分。"

互联网企业通过非强制要求、团队建设和领导授权的方式，将企业志愿行

---

①　KOTLER P, LEE N. Corporate social responsibility: doing the most good for your company and your cause [J]. Academy of management executive, 2006, 20 (2): 90 - 93.

②　BENGISU M, BALTA S. Employment of the workforce with disabilities in the hospitality industry [J]. Journal of sustainable tourism, 2010, 19 (1): 35 - 57.

③　澎湃新闻. 马云新规：员工每年做公益 3 小时，不然没有年终奖 [EB/OL]. [2020 - 02 - 26]. http://www.iceo.com.cn/renwu2013/2015/0506/299224.shtml.

为动机外化为影响员工志愿动机的因素，从而使员工产生志愿行为动机。① 据统计，倡议实施以来，阿里巴巴员工参与公益人数从 2016 财年的 79 000 人上升至 2018 财年的 165 000 人左右；2018 财年员工完成人均超过 3 小时公益时。对互联网企业而言，发动员工参与社会公益活动对企业能产生正向效应；对企业员工而言，参与志愿服务可以体现个人价值；对被志愿服务的残障者而言，这弥补了社会志愿资源的缺乏。② 由此形成了一个具有可持续性发展的残障慈善路径。正如阿里巴巴员工倩倩所说："我参加爱的留声机关爱视力障碍的儿童，已有八九年了，阿里很多公益比较持久，除了寒暑假基本都会去。"

五、小结

本章基于我国企业社会责任发展，尤其是互联网企业社会责任的迅速发展以及给残障者带来新机遇的社会背景，探讨了互联网企业履行残障慈善责任的动因与路径。研究发现，互联网企业履行残障慈善责任动因存在三个方面：制度动力、道德动力和经济动力。制度动力和道德动力是外部环境对互联网企业的驱动，经济动力则是互联网企业主动承担残障慈善责任的内生动力。而当互联网企业以积极的方式运用慈善，可以使外部环境的压力变为"竞争优势"，即将企业社会责任活动用作业务模型的一部分③，而这也就是战略企业社会责任的要求，即将核心业务与企业社会责任结合起来，从而实现企业的可持续发展和残障慈善事业的可持续发展。

总体而言，基于综合社会契约要求的道德压力，以及内在驱动性机制的经济动力，互联网企业产生了四种履行残障慈善责任的路径：慈善捐赠路径、无障碍优化路径、创业就业路径和员工志愿路径。在具体的路径实施中，互联网企业围绕自身的核心业务或资源，如互联网平台、App/产品、互联网技术/AI 科技和人力资源等，来履行残障慈善责任，不仅促进了残障慈善事业的发展，

---

① 刘追，池国栋. 员工志愿行为的过程机理研究：基于"动机—行为—结果"动态性视角的案例研究 [J]. 中国人力资源开发，2019，36（1）：138 – 151.

② 陈欢欢. 应引导更多企业员工参与志愿服务 [J]. 中国社会工作，2018（6）：6.

③ ENQUIST B, EDVARDSSON B, SEBHATU S P. Corporate social responsibility for charity or for service business? [J]. Asian journal on quality, 2008, 9（1）：55 – 67.

也形成企业的持续竞争优势。① 四个路径在实施过程中，不同程度上联结了互联网企业的各种企业资源、媒体资源、公益机构资源以及自身的平台和技术优势，其履责特征区别于传统履责范式的运作逻辑，即考虑如何利用自身或利益相关方的资源、能力和网络来实现自身参与解决社会问题或推动利益相关方履责。这可以看作是企业对自身与平台上不同社会主体的道德资源、爱心资源与要素资源的社会化配置方式创新。②

从战略企业社会责任的角度看，就是将市场机会（如信息无障碍优化的用户增量）、内部资源和能力（如平台优势和技术优势）、组织价值（如"共享价值"）、行业结构（互联网对残障者的赋能优势）和利益相关者（如媒体、员工、用户、公益机构、商家等）的基本要素与公司的核心业务联系起来③，从而使互联网企业的残障慈善事业具有可持续性，同时也有利于互联网企业的可持续发展。

尤其是在"互联网＋"的战略背景下，价值共享思维、运营透明思维、平台合作共赢的互联网思维，可以有效地将各个利益相关方联结在一起，打造可持续的社会责任价值共享生态圈。④ 从战略企业社会责任角度出发的研究发现，互联网企业在履行残障慈善责任时，是基于自身的平台优势和技术优势，以及与其他利益相关者如公益机构、媒体、个人捐赠者、员工等的联结。目前已产生了四种残障慈善责任路径，即慈善捐赠路径、无障碍优化路径、创业就业路径以及员工志愿路径，而这些路径也都形成了一定的可持续发展模式，对其他互联网企业履行残障慈善责任具有一定的借鉴性。

---

① 邵兴东，孟宪忠. 战略性社会责任行为与企业持续竞争优势来源的关系：企业资源基础论视角下的研究 [J]. 经济管理，2015（6）：56 – 65.

② 肖红军. 平台化履责：企业社会责任实践新范式 [J]. 经济管理，2017，39（3）：193 – 208.

③ DE SOUSA FILHO J M, WANDERLEY L S O, GÓMEZ C P, et al. Strategic corporate social responsibility management for competitive advantage [J]. BAR—Brazilian administration review, 2010, 7（3）：294 – 309.

④ 阳镇，许英杰. "互联网＋"背景下企业社会责任变革趋势与融合路径 [J]. 企业经济，2017，36（8）：38 – 45.

第八章

慈善共治视角下互联网企业助残慈善事业发展研究[*]

国务院《"十四五"残疾人保障和发展规划》中提到,习近平总书记提出"残疾人事业一定要继续推动",要"促进残疾人全面发展和共同富裕"。中国残障人士约有 8 502 万,约占中国总人口的 6.21%①,为了保障这一群体的融合发展,1988 年起国务院先后颁布了八个残疾人事业发展的"五年计划",明确了各阶段残疾人事业发展的总体目标、重点领域、策略领域和实施方案。"十一五"时期,残疾人事业正式被纳入国民经济和社会发展五年计划,"十四五"规划中则明确提出残疾人事业是中国特色社会主义事业的重要组成部分。

为了更好地推动残疾人事业发展,我国近年来愈发注重助残慈善建设。所谓慈善是为公众谋福利的一种志愿行为,我国慈善事业的共治主体包含政府、社会组织、企业以及个人等,其中的社会力量是政府开展慈善事业的重要补充。而在各种社会力量中,互联网企业作为新兴的社会力量,开始在助残慈善中扮演新的重要角色,并且在传统的企业捐赠之外,还发展出了互联网募捐平台、信息无障碍技术支持、残障者就业培训与岗位提供等新的助残模式。为此,探讨当前互联网企业的慈善共治模式以及互联网为残疾人事业发展带来的新可能,十分重要且必要。特别在党的十九大强调"要加强和创新社会治理",要求"加强社会治理制度建设,完善党委领导、政府负责、社会协同、公众参与、法治保障的社会治理体制,提高社会治理社会化、法治化、智能化、专业化水平"

* 本章执笔者:林仲轩,暨南大学新闻与传播学院教授,大数据中心副主任;张司佳,暨南大学新闻与传播学院硕士研究生;唐嘉闻,暨南大学新闻与传播学院硕士研究生。

① 中国残疾人联合会. 关于使用 2010 年末全国残疾人总数及各类、不同残疾等级人数的通知 [A/OL]. (2012 - 03 - 12)[2021 - 09 - 22]. https://www.cdpf.org.cn/zwgk/ggtz1/b96961ed8a3d4d03bb29f1987efa3b15.htm.

的新形势下①，我国的慈善事业亟须进一步融入国家治理体系，因此，如何推动形成"治理吸纳慈善"模式②，逐步实现多元主体的协同慈善共治格局成为当前残疾人事业乃至国家治理体系中的重要问题。

一、文献综述

（一）我国的慈善事业发展历程

西方国家的现代慈善事业研究起步较早，英国则是慈善事业发展较早的国家之一。早在13世纪，英文中便有"charity"一词表示慈善，指犹太教、基督教、伊斯兰教徒信徒的神圣义务，强调对穷人的救济，给予他人神的恩赐。③ 15世纪后期到17世纪末，手工业、海外贸易以及"圈地运动"造成大批失地贫民，客观上推动了政府介入慈善事务。④ 这一时期英国政府发挥作用的方式主要有三种，包括通过立法进行宏观调控、成立统一管理慈善服务的专门机构慈善委员会以及为慈善事业提供财政支持。发展到17世纪，意为慈善的"philanthropy"一词则开始强调对人之爱而并非对神之爱，不涉及对穷人的救助，指的是思想的仁善倾向及其人道主义转变。⑤ 而随着社会变革的不断发生，"慈善"一词的内涵皆逐渐演变为具有特定目的的组织机构（institution/organization）、善意的情感（goodwill）以及友善的行动（act）。⑥ 与英国相比，美国政府介入慈善事业的作用相对弱化。由于移民众多，在独立之前，美国人民就自己组织起来解决问题，济贫、教育等善举日益增多。⑦ 美国政府发挥作用的方式主要包括制定法律政策与公私合作两种，公私合作目前仅限于政府的

---

① 江必新. 以党的十九大精神为指导加强和创新社会治理［N/OL］.（2018－02－01）［2021－09－21］. http://theory. people. com. cn/n1/2018/0201/c40531－29800096. html.
② 杨团. 中国慈善发展报告［M］. 北京：社会科学文献出版社，2020：9－10.
③ 陈为雷，毕宪顺. 中外慈善事业比较研究［M］. 北京：中国政法大学出版社，2019：7.
④ 涂兆宇. 新时代中国特色社会主义慈善事业发展研究［D］. 长春：吉林大学，2020.
⑤ 罗伯特·H. 伯姆纳. 捐赠：西方慈善公益文明史［M］. 褚蓥，译. 北京：社会科学文献出版社，2017：2.
⑥ 张立，康洁. 知识服务走进公益 No.1：中国十大社会公益领域发展报告［M］. 北京：社会科学文献出版社，2020：6.
⑦ 涂兆宇. 新时代中国特色社会主义慈善事业发展研究［D］. 长春：吉林大学，2020.

公益创投。①

　　而在中国语境下，"慈善"一词历史悠久。学界认为，慈善作为合成词最早出现在魏晋南北朝时期，是融合儒、佛、道思想的重要伦理道德准则。明清之际善会善堂还带有救济道德化的倾向，有诸如"宜助而不助"的准则。② 鸦片战争后，中国传统慈善事业无法应对时局发展，传教士来华和国际慈善团体的进入，促使我国移植、借鉴和吸收西方经验，为中国传统慈善事业现代化转型创造条件。③ 此后，"慈善"一词一直在民间非正式语境中使用，直至2016年《慈善法》给予其权威解释，即慈善事业特指社会力量以自愿形式独立开展或与政府合作开展的社会公益事业。④ 我国现代慈善事业在承袭传统文化精髓的基础上，借鉴西方慈善事业的发展经验，形成传统与现代杂糅、本土与西方并存的多元发展态势。⑤

　　现阶段，我国慈善事业行业生态链仍处于起步阶段，研究机构、社会服务机构、监督机构、评估机构、智库等方面还不足以形成可以自循环的、相互支撑的闭环。残障慈善作为慈善事业的一个子系统，相比其他领域，社会慈善组织、爱心人士的捐赠资金较少惠及农村残疾人，医疗救助、就业培训、残疾儿童教育等慈善服务的投入非常有限⑥，是其中极易被忽视的领域。

（二）中国语境下的慈善共治研究

　　不同于西方慈善事业模式，中国慈善事业中政府不只扮演监督者与激励者的角色，而是直接参与部分社会公益事业的实际运作。起初，我国的慈善事业以慈善会的模式展开，这是我国在特定历史时期建立起来的运行机制，"官民二

---

　　① 张立，康洁. 知识服务走进公益 No.1：中国十大社会公益领域发展报告［M］. 北京：社会科学文献出版社，2020.

　　② 曾桂林. 从"慈善"到"公益"：近代中国公益观念的变迁［J］. 文化纵横，2018（1）：44-49.

　　③ 刘威. 从分立实践到嵌合共生：中国社会工作与公益慈善的理想关系模式建构［J］. 学习与探索，2018（11）：51-58.

　　④ 张立，康洁. 知识服务走进公益 No.1：中国十大社会公益领域发展报告［M］. 北京：社会科学文献出版社，2020：21-22.

　　⑤ 王卫平，黄鸿山，曾桂林. 中国慈善史纲［M］. 北京：中国劳动社会保障出版社，2011：138.

　　⑥ 刘琼莲. 慈善共治视域下发展我国残疾人慈善服务研究［J］. 中国矿业大学学报（社会科学版），2018，20（4）：46-60.

重性"是其最突出特征。① 这一时期的慈善机构虽然有独立法人地位，但是实际上承担着民政等政府部门委托的任务，紧急情况下发挥运用政府资源与动员社会资源的行政职能。② 2016 年《慈善法》出台后，以社会化、专业化为重要内容的慈善体制改革成为慈善会系统发展的重要方向。③ 此后政府从不同层面出台相应政策，促进企业、社会组织等多方社会力量参与到我国的慈善事业中来。例如，通过《关于在社会组织登记管理工作中加强名称管理有关问题的通知》《社会组织登记管理条例（草案征求意见稿）》《关于进一步加强和改进社会服务机构登记管理工作的实施意见》等文件，在登记管理层面加强社会组织建设；通过《关于公益性捐赠支出企业所得税税前结转扣除有关政策的通知》《关于非营利组织免税资格认定管理有关问题的通知》等文件，规范社会组织及社会企业④税收优惠政策；通过《"互联网＋社会组织（社会工作、志愿服务）"行动方案（2018—2020 年）》等文件，打造便捷、规范、畅通的互联网慈善募捐渠道。2019 年党的十九届四中全会通过的《中共中央关于坚持和完善中国特色社会主义制度、推进国家治理体系和治理能力现代化若干重大问题的决定》首次提出"重视发挥第三次分配作用，发展慈善等社会公益事业"，从而明确第三次分配与慈善事业在我国经济和社会发展中的重要地位⑤，结合《"十三五"推进基本公共服务均等化规划》所提到的"充分发挥市场机制作用，支持各类主体平等参与并提供服务，形成扩大供给合力"⑥，多元主体慈善共治的重要性愈加凸显。

在我国慈善事业政策不断完善的背景下，学界开始讨论"慈善共治"问题。慈善共治是一种国家治理模式，是私人慈善、宗教慈善、国家慈善以及社

---

① 广州市慈善服务中心，广州市慈善会. 广州公益慈善事业发展报告 ［M］. 北京：社会科学文献出版社，2019：41.

② 杨团. 中国慈善发展报告 ［M］. 北京：社会科学文献出版社，2020：15.

③ 广州市慈善服务中心，广州市慈善会. 广州公益慈善事业发展报告 ［M］. 北京：社会科学文献出版社，2019：41.

④ 张立，康洁. 知识服务走进公益 No. 1：中国十大社会公益领域发展报告 ［M］. 北京：社会科学文献出版社，2020：12.

⑤ 杨斌：重视发挥第三次分配作用　探寻中国特色公益慈善之路 ［N/OL］. (2020 - 01 - 02)［2021 - 09 - 21］. http://theory. people. com. cn/n1/2020/0102/c40531 - 31531793. html.

⑥ 国务院关于印发"十三五"推进基本公共服务均等化规划的通知 ［A/OL］. (2017 - 03 - 01)［2021 - 09 - 22］. http://www. gov. cn/zhengce/content/2017 - 03/01/content_ 5172013. htm.

会慈善等多元慈善形式之间的合作,是慈善发展自身需要,也是国家和社会良性互动的缩影。① 因此,准确定位政府在慈善中的角色,回归社会组织在慈善事业中的多元主体地位,有助于多元主体以不同的角色和方式参与慈善合作。② 聚焦到政府与社会力量的互动逻辑,有学者关注治理吸纳模式③,通过政社互动,形成政府与社会协同配合、良性互动的治理模式④。从这一模式框架来看,政府通过其主导地位实现控制手段的柔性化⑤,而社会组织通过自身嵌入以及向政府提供服务等形式得到良性发展,两者形成有效衔接与双向互嵌⑥。亦有学者开始探讨慈善多元主体协同治理的内在机理与联动机制,以动力机制为基础、以运行机制为核心、以保障机制为关键,回应传统慈善向现代慈善转变的时代必然。⑦

(三) 互联网企业的助残慈善

在慈善共治的政策引导下,我国执行公益行业发展项目的基金会从 2011 年的 278 家增长至 2018 年的 850 家,增幅达 206%,在全部基金会中的占比也增加到 19.6%。⑧ 企业成为我国最大捐赠来源,在慈善共治中扮演重要角色;而随着互联网的发展,互联网企业承载着愈发重要的社会责任并且特别体现在慈善事业中。民政部公布数据显示,2018 年企业捐赠占比为 61.89%⑨,民营企业中,以房地产相关企业、互联网信息技术企业慈善投入最大,腾讯、百度、京东、阿里巴巴捐赠额均超过 1 亿元,腾讯排在 2019 界面中国慈善企业家总榜的

---

① 马金芳. 多元慈善合作及其法律规制 [J]. 江西社会科学, 2013, 33 (9): 148 - 153.

② 王俊. 合作—收益分析框架下的现代慈善运行机制研究 [J]. 社会保障研究, 2017 (5): 55 - 62.

③ 杨宝. 治理式吸纳:社会管理创新中政社互动研究 [J]. 经济社会体制比较, 2014 (4): 201 - 209.

④ 唐鸣, 陈鹏. 政社互动:十八大以来农村社区社会组织的发展路径 [J]. 社会主义研究, 2016 (4): 121 - 128.

⑤ 吴月. 吸纳与控制:政府购买社会服务背后的逻辑 [J]. 学术界, 2015 (6): 64 - 73, 324.

⑥ 张新文, 张国磊, 高琦. 基层社会治理中的政社互动研究:取向、经验与反思:基于 2007—2018 年 CSSCI 期刊文献的内容分析 [J]. 天津行政学院学报, 2020, 22 (2): 33 - 40.

⑦ 王扬笛. 慈善协同治理的机制研究 [D]. 西安:西北大学, 2020.

⑧ 杨团. 中国慈善发展报告 [M]. 北京:社会科学文献出版社, 2020:125.

⑨ 杨团. 中国慈善发展报告 [M]. 北京:社会科学文献出版社, 2020:34.

第二位，捐赠金额达 10.8 亿元①。

已有学者关注到互联网企业助残慈善的必要性。特别是在传统意义的政府主导模式中，政府作为资金、公共产品、服务的主要提供者，往往提供统一资源，难以满足差异化需求②，而互联网企业凭借其技术优势，在便捷性、可及性、智能化与透明度方面为慈善事业提供更多可能，在配置慈善资源、倡导公众参与和推动慈善事业可持续发展方面发挥积极功能③。互联网企业开辟了"企业倡导型"网络慈善模式，如京东公益互联网募捐信息平台、腾讯公益网络募捐平台、蚂蚁金服公益平台、淘宝公益、百度慈善捐助平台、新浪微公益等将社会所需与自身资源结合，促进我国慈善事业快速发展。此外，由于互联网信息传播速度快且无地域限制等优势，互联网企业在"蚂蚁森林""运动捐步"等新型慈善活动形式中发挥作用。另外，已有学者从企业社会责任角度关注到平台企业多主体协同治理的重要性与复杂性，提出"多中心网络治理模式""政府法治、企业自治、社会共治协同治理体系""三方协同治理模式""平台企业社会责任共同体"等模式。④

二、研究方法

在互联网企业已经初步融入慈善事业特别是助残慈善的社会形态下，本研究希望在慈善共治研究中引入互联网企业，将强调多元合作的治理理论与强调关系网络的嵌入理论作为理解中国慈善事业的重要框架⑤，厘清互联网企业与慈善组织的互动逻辑，探讨互联网企业在助残慈善中的主要角色及参与模式。

为此，本研究将聚焦我国互联网企业现有的助残慈善实践，具体采用深度访谈并辅以资料分析的研究方法，探索互联网企业助残慈善事业的发展现状及其存在的问题，同时将考察不同主体在参与互联网企业的助残慈善实践时所发

① 界面金榜. 2019 界面中国慈善企业家榜发布，许家印、马化腾、杨国强列前三 ［N/OL］. (2020 – 08 – 06)［2021 – 09 – 21］. https://www.jiemian.com/article/3029441.html.

② 吴晓清，郭天宇. 构建政社互动的新型公益慈善服务模式：以南京市鼓楼区为例［J］. 中国民政，2015 (9)：26 – 27.

③ 徐家良. 互联网公益：一个值得大力发展的新平台［J］. 理论探索，2018 (2)：18 – 23，38.

④ 朱文忠，尚亚博. 我国平台企业社会责任及其治理研究：基于文献分析视角［J］. 管理评论，2020，32 (6)：175 – 183.

⑤ 杨团. 中国慈善发展报告［M］. 北京：社会科学文献出版社，2020：9.

挥的作用。在具体操作层面，本研究通过收集、分析相关数据来把握宏观层面
上互联网企业的助残慈善现状；并与 10 位和互联网企业助残慈善相关的人士
（见表 8 - 1）进行面对面或基于网络或电话的深度访谈。这种深度访谈使研究
者能够带着反思和自觉去发现并追问问题与事件①，进而获得更加深层的资料。

表 8 - 1　受访者信息

编号	姓名	身份
1	D 先生	公益从业人员
2	X 先生	企业社会责任相关从业人员
3	W 女士	助残慈善相关从业人员
4	S 先生	无障碍技术研发公司负责人
5	Q 先生	互联网公司商务工作人员（视障人士）
6	H 先生	视障人士
7	J 女士	慈善组织工作人员（视障人士）
8	N 女士	民办非营利组织工作人员
9	L 女士	残障儿童志愿服务队队长
10	O 女士	广州市特殊教育专家

三、研究发现

（一）大型企业的介入：多模态参与

大型互联网企业主要在互联网信息募捐平台提供、信息无障碍技术支持、
残障者就业培训与岗位提供以及财物支持这四大方面发挥助残慈善作用，其
参与主体不仅限于残障者，还包括涉及无障碍开发的中小型企业以及公益组
织等。

募捐平台是大型互联网企业慈善参与的主要模式之一，支持助残慈善项目
通过在这类平台上发布信息来进行募捐。阿里巴巴、京东、腾讯以及美团等大
型互联网企业都采用建设互联网信息募捐平台的方式参与助残慈善。截至 2018
年，共有 84.6 亿人次通过民政部指定的 20 家互联网募捐信息平台参与了互联

---

① 杨善华，孙飞宇. 作为意义探究的深度访谈 [J]. 社会学研究，2005（5）：53 - 68.

网慈善，募得善款总额超过31.7亿元。① 根据支付宝公益公布的信息来看，其运用互联网技术将公益机构与爱心人士/企业联结起来。自成立以来，支付宝公益为350家公益组织提供捐赠服务，支持450余家公益网站运行，平台上累计捐款超过5亿元。② 此外，阿里巴巴公益、京东公益和腾讯公益等平台还通过成立相关基金会以更完善的体系开展慈善活动。腾讯公益慈善基金会2019年"99公益日"联合全国30个省份依托慈善会、红十字会、残联等发起慈善扶贫动员，短短三天捐赠人次超过4 600万。③ 在这些募捐信息平台及相关活动中，助残慈善项目较少独立作为募捐项目出现，更多的是与疾病、教育、扶贫等类型相结合，并且助残项目的总体数量也较少。公益从业人员D先生在访谈中表示："支付宝和腾讯这两个平台其实都会把助残和一些疾病放在一起做成一个大板块出来，然后去推荐。"某家民办非营利组织的工作人员N女士也提到，腾讯"99公益日"有非常多的项目，都在募捐平台上线了，但并非全部都是助残的，助残只是极少数的一个部分。

信息无障碍技术是互联网企业能够结合自身优势进行助残慈善活动的重点领域。在这一领域中，大型互联网公司通过为无障碍技术开发者/中小型企业提供技术、资金、市场等多方面的支持来进行助残慈善活动。比如，科大讯飞、腾讯、阿里巴巴等大型互联网公司都展开了相应的助残慈善活动。根据科大讯飞的相关公开资料，其开展的"三声有幸"项目是基于讯飞开放平台的技术和能力帮助开发团队进行公益产品开发和推广的一个公益项目，科大讯飞将会为符合扶持条件的开发团队和企业提供相应的技术、市场、服务、资金等。④ 腾讯则通过开展"腾讯云助力视障开发者极化"为视障开发者提供技术和资源的支持，同时也提供了相应的对接平台和可拓展的市场资源。⑤ 无障碍技术研发公司的负责人S先生表示，大型互联网企业能够为其提供一些通用的基础技术，

① 新华网. 2018年，84.6亿人次参与互联网慈善［N/OL］.（2019 – 04 – 08）［2021 – 09 – 21］. http://www. xinhuanet. com/gongyi/2019 – 04/08/c_ 1210102158. htm.

② 支付宝公益. 简介［EB/OL］.（2021 – 07 – 15）［2021 – 09 – 22］. https://weibo. com/2015271741/about.

③ 腾讯. 腾讯社会责任报告2019［R/OL］.［2021 – 08 – 06］. https://scdn. gongyi. qq. com/txjjh/Tencent_ 2019_ report. pdf.

④ 讯飞生态平台. 创新生态　加速未来［EB/OL］.［2021 – 09 – 22］. http://startups. xfyun. cn/gongyi.

⑤ 腾讯. 腾讯社会责任报告2019［R/OL］.［2021 – 08 – 06］. https://scdn. gongyi. qq. com/txjjh/Tencent_ 2019_ report. pdf.

但在不同的垂直细分领域中，具体的算法、技术还需要自行研发，在此基础上开发的无障碍技术则是免费提供给听障人士使用的。在这一领域的助残慈善实践中，残障者并不是大型互联网企业直接的帮助对象，无障碍技术的研发者及相关企业成为这些大型互联网企业进行助残慈善的"中间人"。

残障者就业是部分大型互联网企业根据自身的平台优势来进行助残慈善活动的另一重点，这类活动主要是为残障者提供相关就业技能培训或提供就业扶持。2020 年，广东省残疾人联合会、广东省残疾人就业创业促进会联合主办了"广东省首期公益助残网络主播特训营"，此次活动由虎牙承办，为优秀学员搭建网络直播"培训＋就业"平台①，同时虎牙也推出了"残疾人主播扶持计划"来帮助残障人士就业。阿里巴巴则推出了残障者网络创业绿色通道与扶持政策来减轻残障人士开网店的负担，并且有针对性地为残障人士提供多种类型的培训，从而提高其商业运营能力。阿里巴巴电商平台为残障群体提供了低成本、高效率、多方式的创业机会。比如，淘宝网联合中国红十字会开创了"魔豆爱心工程"项目，这一项目为身处困难的"魔豆妈妈"提供开网店的资金、硬件设备及系统性培训，并于十多年间在全国帮扶 2 万多名女性，现在残障母亲逐渐成了"魔豆妈妈"项目的主体。② 根据阿里巴巴的公开信息，2015 年，中国残联与阿里巴巴联合开展了互联网助残就业计划，计划投入 3 亿元资源，为 10 万名残障人士提供培训，创造 5 万个适合残疾人士的网络就业机会，而截至 2020 年底，阿里巴巴已经为超过一万名的残障人士提供了云客服就业机会。③ 而腾讯也公布数据，在 2020 年的"99 公益日"期间，全国慈善会系统上线母项目及独立项目数量达 1 017 个，筹集善款达 9.5 亿元④，募捐额占到整体的 40.9%⑤。

① 央广网. 首期公益助残网络主播特训营召开　广东省残联携手虎牙致力助残就业 [N/OL]. https://baijiahao.baidu.com/s?id＝16809702028674005 89&wfr＝spider&for＝pc.
② 阿里巴巴公益基金会. 2019 阿里巴巴公益助残报告 [R/OL]. [2021－08－06]. http://www.alijijinhui.org/content/17051.
③ 阿里巴巴公益基金会. 2020—2021 阿里巴巴社会责任报告 [R/OL]. [2021－09－21]. http://www.alijijinhui.org/Uploads/file/20210804/6109ad3032390.pdf.
④ 慈善公益报. 全国各地各级慈善会积极联动参与"99 公益日"筹募活动 [N/OL]. (2020－09－14) [2021－09－22]. https://baijiahao.baidu.com/s?id＝1677778407780640275&wfr＝spider&for＝pc.
⑤ 上海恩三青年发展促进中心慈善. 99 公益日促进慈善会转型 [EB/OL]. (2020－09－30) [2021－09－22]. https://weibo.com/ttarticle/p/show?id＝2309404554812455780588.

这些帮助残障者就业的项目在一定程度上可以提升部分残障者的就业能力，或是为部分残障者提供就业机会，但由于这些项目的数量、类型以及开展地点较为有限，因此这一类型的助残慈善项目为残障者提供的就业机会不多，并且这些就业机会对障别有一定的限制。在互联网公司从事商务工作的视障人士 Q 先生表示："一些互联网公司提供的语音标注员、客服等工作是与公益组织合作进行的，能从事这些工作的残障人士基本上是'万里挑一'的人，很少人有这样的机会。"视障人士 J 女士则表示，有很多项目都不太适合视障人士。Q 先生也提到了障别方面的限制："只有部分肢体残疾的人士可以在一些公司里面做设计或者是美工方面的工作，还有非常少部分的听力障碍的人士可以在这些公司去做编程开发方面的工作。"

财物支持这一方式更多地与大型互联网企业所开展的公益活动相结合，很少有企业采用直接提供财物支持的方式。与公益活动结合的助残慈善多数会以点赞数、参与捐赠的人数作为企业提供财物支持的标准，百度公益开展"公益 1 小时"活动展示自闭症儿童的画作，网友可线上观看画展并点赞，百度会进行相应的捐款[①]；腾讯公益开展的"99 公益日"活动每年为募捐项目提供一定的配捐奖励和线下活动的物料支持。从事残障儿童志愿服务的 L 女士表示："我们之所以参与主要是有两个方面的原因，一是腾讯'99 公益日'期间每年都会投放 2.99 亿元，去做一些项目的配捐，达到一些奖励标准时，就会有额外的奖励；另一方面是公益项目在做线下的一些活动时，腾讯方面也会提供一些地推的物料，比如说小扇子、小抱枕等。"而字节跳动的员工公益团则在线下为独居老人和残障人士提供生活物品[②]，但其助残慈善活动的范围小、次数少。

目前，大型互联网企业进行慈善公益的形式较为多样，但在上述四类模式中都存在着针对性不强的问题，很少有企业会针对助残这一领域开展专门的项目，同时由于障别之间的差异较大，大型互联网企业助残慈善所能提供的实际机会与帮助不多。比如，在美团公益平台上仅有两个与助残直接相关的慈善募捐项目，总筹款额为 753.03 元。[③] 因此，大型互联网企业在助残慈善领域还有

---

① 百度公益. 2017 年关爱自闭症儿童［EB/OL］.［2021 - 09 - 22］. http://gongyi. baidu. com/dist/plus. html.

② 字节跳动公益.［2021 - 09 - 22］. https://weibo. com/u/7454679109? is_ search = 0&visible = 0&is_ all = 1&is_ tag = 0&profile_ ftype = 1&page = 2#_ rnd1628648236984.

③ 美团公益.［2021 - 09 - 19］. https://gongyi. meituan. com/search?filter = %E6%AE%8B.

很大的提升空间，未来需要扮演更为重要的角色，发挥其在互联网领域的引领作用。

（二）中小型企业的协同：技术类互联网企业兴起

整体来说，我国中小型企业大多面临运营方面的压力，参与助残慈善的能力较为有限。企业社会责任相关从业人员 X 先生提到，我国的企业以国企和民企为主，国企本身要保障国计民生，因此很难拿出多余的资金参与慈善活动；而对民企来说，受利润压力影响，"除非他已经到了某一个量级，我说的是腾讯、阿里这样子的量级，不然其他的企业，你指望它们很深入地去做（助残慈善）真的很难"。

聚焦互联网企业，互联网行业内部竞争激烈，且存在寡头垄断现象。① 公益从业人员 D 先生提到，"互联网的竞争很恐怖可怕，我们看到的互联网企业其实都是在千军万马之中杀出来的"。在此环境下，国内参与助残慈善的中小型互联网企业大多带有社会企业的性质，对这些企业来说，完善的盈利模式十分重要。国内为残障人士专门提供服务的互联网企业有音书科技、舞指科技、心智互动、点明科技等。本课题组访问到音书科技负责人，对其社会价值与盈利模式进行探讨。音书科技是一家专注于为听力言语障碍群体提供全方位平台支持的互联网企业，通过信息通信技术改善听力言语障碍群体的沟通现状；服务内容包括无障碍教育、无障碍就业、无障碍就医等；服务对象涵盖政府服务大厅、医院、银行、机场、博物馆、听障人士个体等。

首先，音书 App 为听障人士免费提供服务。将手机靠近说话的人，即可将对方说话的内容实时转换成文字，最远翻译距离可达 4 米。此外，采用悬浮翻译功能，可以在打电话及观看抖音、快手、虎牙等直播视频时实现实时翻译。与此同时，音书 App 还涵盖听力测试与语言训练两大板块，为听力言语障碍人士主动提升沟通能力提供可能性。其次，音书科技为政府、学校及其他公共场所提供信息无障碍解决方案与无障碍沟通系统。例如，在无障碍教育方面，音书目前服务了国内 40 多所特殊教育学校，公司所开发的字幕速记系统在全国数十所特殊教育学校试用，通过这一系统，学校可以在上课/培训/会议场景下实时将语音转写成文字并显示出来，以帮助听障人士更高效地获取信息。D 先生

---

① 张元钊，李鸿阶. 我国互联网平台垄断现象、机理与治理思路［J］. 福建论坛（人文社会科学版），2021（7）：72－84.

提到，特殊教育学校以前是通过手语教学授课，这种授课方式存在词汇量有限、效率低下的缺陷。工作人员这样阐释音书字幕速记系统优势："通过这个系统，老师可以边打手语边讲课，讲课是真的可以用口讲出来，屏幕上会实时显示文字，这样学生就可以两者印证，学习效率就会提高很多。"最后，音书科技正探索残障人士就业服务，让残障人士可以通过音书提供的平台参与企业招聘、面试，进而更有尊严地融入社会。

总之，以音书科技为代表的这类中小型互联网企业正在以社会企业的形式打造新的助残慈善模式，力求在满足企业发展的同时，为残障人士提供支持。音书科技负责人提出，音书科技有自己研发的技术，例如用于听障人士言语康复的算法、语音评测算法、降噪算法等，而其他一些较为通用的语音识别算法，则通过与包括科大讯飞在内的多家互联网企业合作达成。

四、小结

从政社互动理论视角来看，政府应与社会力量保持全方位合作，鼓励企业、慈善基金会、志愿组织等在助残供给层面扮演不同重要角色，支持其在政策框架下自主发展，形成多元服务模式，社会力量则需要在组织影响力和助残专业性方面不断提升，积极参与政策倡导和决策制定。[①] 只有政府与社会力量共同努力，发挥各自优势，完善可持续发展的政社互动体系，形成多元政社互动模式，才能推动我国助残慈善事业不断发展。2021 年 7 月 8 日，国务院发布《"十四五"残疾人保障和发展规划》为我国助残慈善共治格局的形成提供强大动力，强调应大力发展残疾人慈善事业和服务产业，鼓励群团组织、社会组织、企事业单位等实施助残慈善项目，加快培育助残社会组织和企业，吸引社会力量和市场主体参与残疾人服务。[②] 在此基础上，本研究结合各主体的协同互动作用提出政策建议。

第一，政府政策持续发挥联结疏通作用，成为助残慈善的关键桥梁。首先，建议发挥残联的联结作用，通过广泛调研了解残障者的需求，帮助加深互联网

---

① 肖棣文，马卫红. 安宁疗护体系发展中的政府与社会：基于英美经验的比较分析 [J]. 中国行政管理，2019（12）：33 – 40.
② 国务院关于印发"十四五"残疾人保障和发展规划的通知　国发〔2021〕10 号 [J]. 中华人民共和国国务院公报，2021（22）：25 – 38.

企业对于残障者需求的理解，从而提高互联网企业助残慈善项目与残障者需求的匹配度。例如，对不同障别的残障群体的多元需求进行调查，提出相应的项目建议，为互联网企业深入开展助残慈善提供切入点。其次，残联还可以加强对残障群体的引导，提升其对于互联网企业助残慈善的接受度。例如，组织残障者与互联网企业交流活动，加深双方对彼此的了解，有针对性地消除残障者可能存在的疑问。同时，充分发挥"治理吸纳慈善"的优势，以政策推动互联网企业从多方面参与助残慈善，为残障群体提供更加全面的帮助。

第二，大型互联网企业持续引领，探索更多的助残慈善可能模式。相比于传统企业，互联网企业发展速度和规模更快，且由于网络效应、规模经济、数据算法优势，大型互联网企业日渐呈现出业务垄断。[①] 因此，大型互联网企业如阿里巴巴、腾讯等更应发挥企业主体作用，引领其他企业参与到助残慈善事业中来。X 先生提到，"我自己觉得我们国内的企业在公益的各个方面是缺乏一些带头人的，如果有一些带头的大的企业起来做了，我们（中小型企业）就开始可以去做"。大型互联网企业可以利用自身优势与资源深入挖掘残障人士需求，搭建助残慈善平台，建立符合我国国情的助残机制，设计多元助残项目方案。据此，更多企业可以在保障自身条件发展的条件下发挥自身优势，以"认领"的形式参与到助残慈善事业大版图的某一部分中来。只有当这些市场主体的力量凝聚在一起，我国助残慈善事业才能有实质进展。

第三，鼓励残障信息无障碍等的垂直中小型互联网企业持续深耕。由于残障类型不同，不同残障群体间存在较大差异，即使是同一残障类型的群体，内部需求也不同，尤其在残障人士康复与治疗领域更显现出问题的复杂性。正如 X 先生提到，"哪怕（企业）做了 2～3 年，外界人问起自闭症的成因是什么，所有人也都不知道，这个领域对他们来说过于专业，这个问题的复杂性是他们理解不了的"。广州市特殊教育专家 O 女士也提到，"特殊孩子受教育过程中有很多挑战，最终解决方法是要对每个孩子提供个性化教育计划，这是技术活"。因此，专注于服务残障人士的中小型互联网企业应深入了解残障人士需求，深耕某一类型残障群体，着眼于更多细节，甚至为每一位残障人士提供个性化支持，用技术与服务帮助其更好地融入社会。

---

① 张元钊，李鸿阶. 我国互联网平台垄断现象、机理与治理思路［J］. 福建论坛（人文社会科学版），2021（7）：72－84.

第九章

互联网时代残障公益组织的动员机制研究[*]

中国残疾人联合会公布的数据显示，截至 2010 年，中国共有 8 500 万残障人口，等同于整个德国的人口数值，中国是世界上残疾人口最多的国家。如此庞大的群体，亟须社会各界对其进行持续且深入的关注。虽然社会各界也纷纷组织各类慈善活动去照拂他们，但实际上，残障群体屡屡被慈善活动"消费"，被不断客体化、工具化，并被想象和表述成不幸的边缘群体。[①]随着移动互联网的普及与社交媒体的迅速发展，"互联网＋"浪潮也为各个行业提供了嫁接技术的"风口"，为残障群体和残障公益组织提供了新的机遇。

公益组织，也被称为非政府组织（NGO）、非营利机构（NPO）或者第三部门，其性质和作用与政府机构以及企业有着本质区别。[②]草根公益组织，又名民间公益组织，是国内公益研究领域和公益实务领域的常用概念，侧重于强调公益组织的"自发性""非政府性""非营利性""利他性"，以区别于有官方或者半官方背景的一些传统慈善组织。[③]中国残疾人联合会发起的官办残障慈善组织及爱心人士发起的民间残障公益组织为中国的残障事业做出重要贡献。当前，民间残障公益组织也尝试引用新的理念，采用创新的举措来维持组织发展，通过"自下而上"的动员模式开辟新的生存发展空间，这也使民间残障公

---

　　* 本章执笔者：苗利娜，暨南大学新闻与传播学院硕士研究生，现为暨南大学大数据中心科研助理。

① 钱霖亮. 去孤儿院"观光"：消费弱者的慈善旅游 [J]. 文化纵横，2015（4）：92 - 97.

② 潘琳. 中国草根公益组织互联网使用与传播实证分析：基于数字鸿沟视角 [J]. 中国青年研究，2017，10：57 - 63.

③ 马贵侠，谢栋，潘琳. 草根公益组织互联网传播能力评估指标体系实证分析 [J]. 中国青年研究，2015，9：47 - 53.

益组织的动员机制更为灵活、更为丰富。故本章选择民间残障公益组织作为研究对象，欲深入探讨其动员机制，厘清当下残障公益组织在新理念、新技术驱动下的动员形式。

一、文献综述

（一）动员理论发展沿革

"动员"一词，最早为军事领域用词，意为统一调动国家或政治集团所辖各方资源用以支持和服务其武装力量进入战斗行为的需要。涂尔干首次将"动员"的概念引入社会学语言，将"动员"定义为唤起某个人或者群体的一切能量。① 随着人类现代化进程发展，动员的含义不断扩大，延伸至更加广泛的社会领域。② 国外诸多学者对社会动员的结构、框架、话语等方面做了相关研究，形成了资源动员理论、政治过程理论、框架建构理论以及新社会运动理论等不同的理论范式③，丰富了动员理论类目下的内涵与外延。互联网的发展和普及使得网络社会动员成为学界研究广泛的话题。④

结合西方社会运动的历史沿革来看，传统社会动员理论可以分为理性与非理性两大视角。自 20 世纪 70 年代起，社会学家逐渐认识到人类自身的行为并不能简单由纯粹价值理性和工具理性来驱动。人作为"自然人"和"社会人"的结合体，情感需求与情感表达是人类有别于其他物类的显要特征，情感因素与人类社会行为之间关系相当复杂。⑤ 在动员相关理论发展沿革中，出现了从非理性到理性视角的转变，之后又有从理性向非理性回溯的一个过程。90 年代中后期，学者们重新肯定了情感在社会运动中所起的作用，使情感动员重新回归大众视线，作为理性动员理论的一种修正和补充。长期以来，伴随着西方社会运动学术理论间的争鸣与碰撞，理性与非理性这两种视角的研究也逐渐被相

① 涂尔干. 社会分工论 [M]. 渠东，译. 北京：生活·读书·新知三联书店，2000.
② 杨洋，周泽红. 新媒体环境下网络动员双重机制探究 [J]. 出版科学，2018，26（4）：12 – 18.
③ 张立瑶. 资源动员的构成要素与形成机制 [D]. 长春：吉林大学，2019.
④ 刘小龙. 微观政治视域下网络社会动员的策略及其限度：基于 Z 市环境抗争 QQ 群的实证研究 [J]. 云南行政学院学报，2019，21（5）：101 – 111.
⑤ 陈涛. 关于网络行动中情感动员研究的文献综述及理论反思 [J]. 东南传播，2016（2）：83 – 86.

互认同和接纳。

　　理性视角方面，20 世纪六七十年代是社会运动风起云涌的年代，波云诡谲的社会运动占据了西方社会的历史舞台。美国学者对欧洲保守的传统理论进行批判，并在此基础上发展出美国本土理性视角下的社会运动理论。1973 年，麦卡锡（McCarthy）和左尔德（Zald）刊发了题为《社会运动在美国的发展趋势：专业化与资源动员》的论文，试图探讨 20 世纪 60 年代美国出现众多社会运动的原因。① 此文奠定了资源动员理论的基础，他们将一个社会存在的剥夺感、挫折感和压抑感看作一个常量，推断出决定社会运动消长的重要因素只能是社会运动组织在一个社会中所能利用的资源总量的多少。

　　资源动员（resource mobilization），指的是使用不同的机制，实现组织的工作，从而实现预定的组织目标的过程②，其回归到社会运动发生的理性情境中，认为社会运动形成和成功取决于其对外部资源的有效利用，而运动发起者和参与者手中掌握的资源是社会运动发生的原因。但由于资源动员理论过分强调了外来资源在社会运动发生和发展中的关键作用，以及公司、政府精英对运动的正面意义，忽略了愤恨感在社会运动中起到的作业，亦被诸多学者批判。③ 而非理性视角主要指情感动员，在 20 世纪 60 年代之前，发轫于欧洲的非理性视角对社会运动的研究更多表现为对运动群体的心理学解释，集中关注那些对社会具有怨恨和不满情绪的群体，认为社会运动是那些具有剥夺感的人对社会的报复和反抗，因而也被认为是病态的非理性行为。④

　　作为集体行动和社会运动研究的鼻祖，法国思想家勒庞的理论被美国留欧学生带回美国后，影响了美国本土对集体行动和社会运动的研究半个世纪。他提出的"心智归一法则"（the law of mental unity）将任何集体行为都视作是非理性的产物，将公众看作"群氓"或者"挣脱了锁链的民众"。他认为，作为个体的人各个不同，一般都是理性的、有教养的、有文化的和负责任的，但一旦聚到一起，他们之间就会相互影响、启发和感染，最后导致原本互不相同的

　　① 奥尔森. 集体行动的逻辑 [M]. 郭宇峰，李崇，译. 上海：上海人民出版社，2014.
　　② MCCARTHY J, ZALD M. Resource mobilization and social movements: a partial theory [J]. American journal of sociology, 1977, 82 (6).
　　③ 赵鼎新. 社会与政治运动讲义 [M]. 北京：社会科学文献出版社，2012.
　　④ 张孝廷. 西方社会运动发生机制研究 [D]. 上海：上海交通大学，2014.

个体在思维和行为方式上渐趋一致。① 继勒庞之后，布鲁默、特纳、斯梅尔塞、格尔的相关理论都在不同程度上推动了情感在社会抗争中的研究。② 总体而言，这一阶段的社会运动理论，均突出个人在群体中所陷入的盲目状态，认为人是非理性的，人的不满、愤怒等情绪是集体行动中的触发性因素。

（二）公益组织的动员研究

公益组织作为社会组织的重要构成部分，在社会倡导和政策推进方面起着重要作用，相关研究成果覆盖管理学、心理学、社会学、传播学、经济学等多种学科类型。③ 公益组织在发展进程中，会编织其运转所需的社会网络，同时兼具一定的社会动员能力，已经形成了其进行利益表达的聚合机制。在公益组织的动员研究方面，学者们大多沿用西方传统动员理论，在"资源动员"与"情感动员"的经典理论基础之上进行分析，同时完善、融合不同视角的核心观念，解读其宏观动员资源及微观动员机制。

1. 公益组织的资源动员研究

公益组织作为依赖外界环境中的资金和人力运作的第三方组织，对于各类资源的需求非常重视，它的任一行动都会考虑资源动员、互动及交换的可能性。④ 有学者将慈善资源动员机制定义为促进慈善事业持续稳定的发展，调动和发挥政府、企业、社会组织等各类社会主体力量，采取适当的策略技术来开发与培育各类慈善资源的活动模式。从此概念出发，公益组织资源动员的研究可分为以下维度。

一是公益组织动员资源研究。于公益组织而言，需要动员的资源类型多种多样。龙永红概括，以公益组织动员资源的结果来衡量，最重要的资源当属人、财、物这类物质性资源，但从社会交换论的角度来看，社会赞同、尊重、符号、

---

① 古斯塔夫·勒庞. 乌合之众：大众心理研究［M］. 冯克利，译. 桂林：广西师范大学出版社，2007.

② 郭小安. 网络抗争中谣言的情感动员：策略与剧目［J］. 国际新闻界，2013，35（12）：56 – 69.

③ 陈志聪，秦强，王成军. 作为社会动员过程的互联网众筹公益：以腾讯乐捐为例［J］. 中国网络传播研究，2016（1）：173 – 190.

④ 龙永红. 互惠利他链：官民慈善组织资源动员的比较研究［D］. 南京：南京大学，2012.

网络这类非物质性资源也可作为一种交换资源。① 资源这一概念所囊括的内容众多，学者们大多结合不同的个案对公益组织所动员的资源类型进行了分析。玉苗将公益组织的生存资源分为"体制内资源"与"体制外资源"。② 赵利将慈善超市的动员资源分为政府资源、网络资源、社会资源三大类。③ 彭兰淋结合网络助学团队"英子姐姐"的实施状况，将其资源类型分为政府资源、企业资源、媒体资源及其他资源。④

二是公益组织资源动员策略研究。麦卡锡和左尔德所述的资源动员以"专业化"为重点。于公益组织而言，这主要涉及公益组织如何进行专业化水平动员、市场导向动员、媒介动员、参与动员等问题，故公益组织通过何种策略进行动员亦成为其资源动员研究的重要内容。在资源动员过程中，资源策略的运用决定着资源动员主体能否获得、获得什么、获得多少资源。⑤ 朱力、龙永红认为公益组织在资源动员过程中，合法性是基础、信任度是资本、资源动员网络是完成资源动员的路径。⑥ 龙永红发现在官办慈善组织中，通常采取借助红头文件和领导讲话来募集各类资源这种相对传统的做法，而民间公益机构还处于发展期，其资源动员还需要政府的推动和政策的支持。⑦ 张潮立足于中国"草根 NGO 组织"自身内外部资源不足的现状，研究发现弱势草根 NGO 难以直接获得合法性身份，这迫使他们使用替代性的"创新策略"进行公共表达。⑧此外，目前我国的公益慈善组织也已经开始运用商业化的策略来募集资源，比如与商业企业合作进行公益营销、商业投资、政府购买公共服务等。⑨

---

① 龙永红. 互惠利他链：官民慈善组织资源动员的比较研究 [D]. 南京：南京大学，2012.

② 玉苗. 中国草根公益组织发展机制的探析 [D]. 武汉：华中师范大学，2013.

③ 赵利. 慈善超市资源动员研究 [D]. 上海：华东师范大学，2017.

④ 彭兰淋. 民间公益组织的资源动员分析 [D]. 扬州：扬州大学，2017.

⑤ 王国伟. 资源动员：城市社区公共服务资源获得机制研究 [J]. 学术探索，2010（2）：94 – 99.

⑥ 朱力，龙永红. 我国现代慈善资源的动员机制 [J]. 南京社会科学，2012（1）：62 – 69，77.

⑦ 龙永红. 互惠利他链：官民慈善组织资源动员的比较研究 [D]. 南京：南京大学，2012.

⑧ 张潮. 弱势社群的公共表达：草根 NGO 的政策倡导行动和策略 [J]. 中国非营利评论，2018，22（2）：1 – 21.

⑨ 张玉磊. 困境与治理：非营利组织的市场化运作研究 [J]. 中国农业大学学报（社会科学版），2008，25（4）：170 – 180.

三是互联网对公益组织资源动员影响的研究。在急速发展的信息时代，公益组织的资源动员早已与互联网密不可分。网络传播不仅通过更快、更便捷的沟通和交流方式革新了公益组织与利益相关主体的互动形式，同时也为公益组织在线募捐提供了平台和模式。① 互联网技术的使用促成民间公益组织资源动员模式"网络化"，民间公益组织通过与社会网络关系中的各个主体采取不同程度的关系策略，形成持续性的互动。② 草根公益组织可以通过运用互联网媒介实现自身与外界的良性互动，同时利用网络提升公益组织透明度和公信力，进行更加高效的公益宣传和互动。③ 公益组织经由网络传播的信息比起传统文字更易于被参与者接受，即利用网络可更好地和参与者进行互动。④ 周乾宪通过对13家全国公益基金会的微博主页进行内容分析，以量化数据证实了公益组织利用社交媒体可以更好地与公众进行沟通。⑤ 国外的诸多研究指出，现代信息技术改变了信息传递的方式，最终也会改变公益组织的组织形式。⑥ 不少纯粹依托网络运作的草根公益组织也出现在公众视野中。

2. 公益组织的情感动员研究

欧阳果华、王琴认为慈善事件中的情感动员是人们通过一定的媒介获取信息后，通过自身的感知系统接收信息，从而产生情绪的过程。⑦ 白淑英和肖本立将情感动员定义为个体或群体在互动的过程中通过情感运作，唤起、激发或改变人们对某一事物的认知、态度或评价的过程。⑧ 郭小安等将情感动员视作激发弱势社群的情感共鸣，形成统一的群体情感，从而发动网友卷入某种特定

① 钟瑛，李苏. 公益组织基于网络传播的信任建构框架研究 [J]. 西南民族大学学报（人文社科版），2017，38（11）：141 – 146.

② 李燕. 民间公益组织项目资源动员模式研究 [D]. 南宁：广西大学，2014.

③ 马贵侠，谢栋，潘琳. 草根公益组织互联网传播能力评估指标体系实证分析 [J]. 中国青年研究，2015（9）：47 – 53.

④ 周如南，陈敏仪. 互联网时代的公益传播新趋势 [J]. 新闻战线，2016（15）：50 – 51.

⑤ 周乾宪. 公益组织对社群媒体的利用及传播策略：基于对13家全国公益基金会新浪微博主页的内容分析 [J]. 新闻爱好者，2012（17）：85 – 87.

⑥ 林敏华. 对公益组织互联网传播能力的实证研究：以广州本土公益组织为例 [J]. 青年研究，2014（1）：31 – 39，95.

⑦ 欧阳果华，王琴. 情感动员、集体演出和意义构建：一个网络慈善事件的分析框架：以"罗一笑"刷屏事件为例 [J]. 情报杂志，2017，36（8）：68 – 75.

⑧ 白淑英，肖本立. 新浪微博中网民的情感动员 [J]. 兰州大学学报（社会科学版），2011，39（5）：60 – 68.

的行为。①当前，国内学者关于公益组织情感动员的研究主要有以下几个维度。

一是促成慈善行为的情感动因研究。武晓峰认为，在公益慈善中，情感与资源就像一个硬币的两面，在慈善行为中共同发挥着作用，缺一不可。② 蒋晶通过实证研究验证了"刺激—情感—动机—意向"这一动态心理链路，并强调了慈善行为中情感的重要作用。③ 从伦理学角度讲，人类情感范畴里不仅包含着自爱，还天然存在着怜悯、同情、仁爱等本性美德，这些都是驱动慈善观念及行为产生的原初动力。而公益慈善组织可以从情境体验中强化陌生人间的共同体身份，激活双方亲密关系的知觉，形成"圈内人"的情感认同，最终诱发爱心资源的自愿释放。④

在诸多情绪中，公众对于公益慈善产生的"同情"体验成为许多学者研究慈善行为动因的情感基础。在互联网时代，"同情"的情感因素对慈善行为促成的观点依然被学者们重视。张杰、覃柯文认为，在新媒体慈善行为中，同情是公众从理解到慈善行为产生过程中重要的情感动力机制。⑤ 也有学者指出承载于新媒体的故事化叙事、视觉化冲击、链条式推送和迭代性更新等策略能让受众关注到慈善事件，新媒体慈善平台提供的无障碍参与、深度参与和联动参与，激发了人们参与慈善活动的激情和主动性。⑥

二是公益组织情感动员过程的研究。草根公益组织作为社会组织中相对弱势的社群，其在动员时激发的情感因素是不容忽视的。正如陈亚玲所言，"无论公益慈善活动还是一般性的社会运动，倘若运动本质是共意性的，往往容易激发运动参与者的情感，辅之以媒介宣传，从而达到动员的效果"。且较之一般性的社会运动，公益慈善拥有更多先天优势。⑦ 加之公益组织情感动员的议题主

① 郭小安，王木君. 网络民粹事件中的情感动员策略及效果：基于 2002—2015 年 191 个网络事件的内容分析 [J]. 新闻界，2016（7）：52 – 58.

② 武晓峰. 情感、理性、责任：个人慈善行为的伦理动因 [J]. 道德与文明，2011（2）：106 – 111.

③ 蒋晶. 影响我国个人捐赠者捐赠决策过程的心理机制：基于情感适应理论的实证研究 [J]. 中国软科学，2014（6）：44 – 57.

④ 田振华. 公益慈善组织资源动员研究综述 [J]. 学会，2015（9）：17 – 22.

⑤ 张杰，覃柯文. 新媒体慈善行为的情感动力机制研究 [J]. 现代传播，2017，39（2）：59 – 62，79.

⑥ 陈志强. 互联网思维与新媒体慈善活动 [J]. 学术交流，2015（10）：210 – 214.

⑦ 陈亚玲. 网络时代公益慈善动员模式探析：以"免费午餐"为例 [J]. 东南传播，2014（9）：101 – 103.

要集中在生态保护、社会救助等方面，因为其议题的特殊性，比较容易获得公众的关注，便于从现有的机构和制度中吸取资源，减轻组织内成员的大量贡献和付出，因此情感动员也被视为一种理想的动员方式。

公益组织的情感动员主要关注动员过程中组织通过何种手段激发参与者的情感，这种情感通过何种方式维系并促成集体行动。而媒体与网络空间为公益组织情感动员提供了很好的载体与传播空间。白淑英等将网络微博中的情感动员方式概括为文字表述、形象表达、影音表现、评论转发四种类型。① 刘绩宏认为公益慈善可以通过选取能够引起广泛共鸣的话题或事件，发掘共同的关注，突出共同的心愿，营造共同的心理悬念，最终构成共同的情感牵绊。② 情感虽然是动员中的引爆点，但情感的能量是短暂的，要想让情感动员获得持续的动力，必须将共享情绪转化为一个长期的共同体，人们在情感呼吁中感受到共同的成员身份，形成强烈的认同感和安全感，才能促成情感动员。③ 卡斯特预言，我们已经来到了由流动的空间（space of flows）和无时间的时间（timeless time）所构筑的网络社会中。④ 流动的空间让人们突破了地缘和在场的限制来塑造共同体——人们可以凭借新的技术和通信手段在虚拟的空间进行意义交换、经验分享、文化共生，共同体由此诞生。⑤

互联网的出现令共同体的塑造打破了传统社会建立共同体时对地域、时空的要求，人们可以经由网络空间，依据共同的兴趣、爱好、价值观、利益诉求等而形成新的群体，虚拟共同体（virtual community）也成为网络空间中特有的共同体形态。美国学者克莱·舍基曾断言，互联网能够超越传统社会地理、文化上的各种限制，作为一种群体构建的新型工具，使人与人之间能够依托爱、兴趣爱好或共同经历等一起分享、协作甚或完成集体行动。⑥ 而情感作为维系群体价值的纽带，是网络空间发起动员的重要动力源泉，可以聚合群体认同感。

① 白淑英，肖本立. 新浪微博中网民的情感动员［J］. 兰州大学学报（社会科学版），2011，39（5）：60 - 68.

② 刘绩宏. 克服第三人效应的消极影响：慈善类公益节目对公众利他行为引导误区的分析与化解［J］. 新闻界，2014（20）：36 - 41.

③ 陈涛. 关于网络行动中情感动员研究的文献综述及理论反思［J］. 东南传播，2016（2）：83 - 86.

④ 曼纽尔·卡斯特. 网络社会的崛起［M］. 夏铸九，王志弘，译. 北京：社会科学文献出版社，2001.

⑤ 肖珺. 跨文化虚拟共同体：连接、信任与认同［J］. 学术研究，2016（11）：42 - 48.

⑥ 克莱·舍基. 无组织的组织力量［M］. 胡泳，译. 杭州：浙江人民出版社，2009.

刘小龙发现，网络社会动员是一种"身体缺场"的社会动员，"情感归属"应成为网络社会动员又一重要功能。[①] 张恒山、钟瑛从群体认同塑造的视角来研究网络事件，认为网络空间共同体形成的关键步骤就是共享意义而达成共识。[②] 张小强、张倩认为网络动员之所以能维持较长时间并最终取得成功，归因于"我们感"的被构建，即将认同感激励视为社会动员的核心问题。[③] 换言之，网络为人们破解身份认同的困境提供了一条可能的路径。[④]近年来，微信的广泛使用更为公益组织的信息传播、情感激发提供了重要渠道。李文竹、宫兆轩发现，微信改变了传统慈善的信息传递模式，为公益模式提供了更多可能性。[⑤]

基于前述文献，本研究主要围绕以下问题展开：

（1）"合木中心"在其创意活动开展时动员了哪些资源？分别通过哪些方式动员？各类型资源对其活动展开分别起到了什么作用？

（2）"合木中心"的情感动员路径如何？是否在动员过程中构建了某种共同体？共同体通过何种渠道及方式构建？

（3）社交媒体在"合木中心"联动资源与激发情感方面起到什么作用？

二、研究方法

（一）案例引入：广州市合木残障公益创新中心

广州市合木残障公益创新中心（简称"合木中心"）是 2018 年 12 月 27 日在广州市民政局注册成立的民办非企业单位，为残障人士提供医疗康复、艺术赋能、文化娱乐、就业辅导、无障碍出行等服务，并发展残障服务的创新模式，是一家专注于以赋能和创新方式促进残障人士自我成长、自主就业和社会融合

---

① 刘小龙. 微观政治视域下网络社会动员的策略及其限度：基于 Z 市环境抗争 QQ 群的实证研究［J］. 云南行政学院学报，2019，21（5）：101 – 111.

② 张恒山，钟瑛. 网络事件动员的多重机制与管理路径：以政府舆情类网络事件为研究视角［J］. 新疆社会科学，2019（4）：130 – 138，150.

③ 张小强，张倩. 少数民族地区环境议题中的互联网动员情况研究：以大理地区洱海保护议题的动员效果为例［J］. 新闻界，2016（1）：54 – 61.

④ 秦安兰. 网络慈善心愿共同体：概念、特征与聚散路径［J］. 社会福利（理论版），2018（9）：8 – 14.

⑤ 李文竹，宫兆轩. 基于微信公众平台的慈善传播应用策略研究［J］. 传媒，2016（9）：84 – 87.

的慈善组织。其前身为广州市恭明社会组织发展中心（下称"恭明中心"），由中山大学社会学与人类学学院公民与社会发展研究中心（ICS）发展而来，并于2012年11月1日成立。

"合木中心"脱胎于"恭明中心"2016年7月发起的"合木·残障社区融合多元艺术赋能计划"，该计划上线运营短短半月便获得1 300多位伙伴支持，成为当年"福彩公益大赛十大优秀创新慈善项目"之一。后"合木中心"用该计划名作为中心新名称，基本保留其前身的组织架构及人员团队，影响力在广州同类残障公益组织中不容小觑。2018年12月，其"手心视障者新职业计划"荣获得第三届广州社会创新奖，2019年入围广州慈善项目大赛，"合木中心"的机构影响力日益突显。

图9-1　"合木中心"项目展示

目前，"合木中心"残障人士的障别主要以视力障碍、听力障碍、肢体障碍为主，其成员的特殊性也更加凸显了"合木中心"的特殊研究意义。作为一家专注于残障议题的创新公益组织，其在促进残障就业、残障融合理念等方面焕发着强大的生命力。中心自运作以来已经形成五个成熟项目。

表9-1　"合木中心"项目总览

项目名称	项目简介	项目内容	宣传口号
别装	一个以探索身体不同表达美学与服装革命为己任的公益项目	希望重归身体本原，探讨人的思想表达与服装表达的关系。指向残障群体角度出发而设计的服饰、搭配、造型，为这个群体而产生的妆容和属于这个群体特有的审美体系	美的标准不止一个

（续上表）

项目名称	项目简介	项目内容	宣传口号
手心咖啡计划	由"合木中心"发起，由不同咖啡商业机构、咖啡爱好者个人等组成的支持视障咖啡师发展的公益项目	让视障人士认识到精品咖啡的美好，有机会成为咖啡爱好者以及专业的咖啡师，重回社会自由流动的社交网络。2018年手心咖啡计划首次向公众发布，建立手心咖啡合作伙伴，并签约第一批手心咖啡视障咖啡师，2018年12月获得第三届广州社会创新奖	我看不到世界，就让世界看到我
重塑DNA	残障创新就业训练营项目	2017年8月发起，致力于支持不同障别人士实现自主、多元、有选择的就业。该计划希望打破残障人士就业的刻板印象，支持残障人士从自身特质出发，通过就业辅导、团体学习与实践等形式提升自身素养、发展多元能力、开阔认知视野，创造新的残障人士职业选择和就业机会。已经开展的子项目：融合艺术赋能项目、重塑DNA残障创新就业训练营项目、72行残障职业体验团项目、重塑DNA残障就业招聘会、残障就业模拟面试	重新定义残障人士的职业生涯

（续上表）

项目名称	项目简介	项目内容	宣传口号
不服气表达社	由"合木中心"发起，由不同障别人士组成的关于自我表达的项目	由辩论和演讲两个部分组成，目的是透过辩论和演讲能让残障人士懂得多角度思考问题，透过与外界不同领域的交流、分享、比赛而获得更大的舞台和更宽阔的视野，并让自身的能力被社会看见	不服气的，说出来！
买时间	透过自由购买身体疗愈服务，让有专业技能的视障人士获得更大的时间自由的公益项目	希望通过创新的公益探索，支持视障按摩师获得职业升级，走出按摩院的传统服务模式。项目目前主要以专业学习、实践拓展等方式支持视障学员的能力提升，同时为学员开拓更多服务场景与可能性	买别人的时间，也是给自己买时间

（二）研究设计

1. 个案分析法

个案研究的视野更为集中，能够对事物进行深入的洞察，获得丰富、具体、详细的资料。[①] 本章以"合木中心"作为个案，对其创意活动进行考察，厘清残障公益组织动员的驱动逻辑，探究"合木中心"在"资源动员"与"情感动员"这个二元理论框架下的动员机制。"合木中心"作为广州本土的残障公益组织，其在广州地区的残障公益组织中属于发展时间较长且影响力较大的。本章选择"合木中心"作为研究对象主要基于以下几点原因：

一方面，"合木中心"团队精简，凭借其不到 20 人的小团队，成功运作上线多个创意活动，吸引了全国各地的残障伙伴及市民的参与，荣获多个慈善公益创新类奖项，其发起的多次活动被媒体广泛报道关注，动员能力可见一斑。

---

① 风笑天. 社会学研究方法［M］. 北京：中国人民大学出版社，2009.

"在2019年我们获得了近100篇的媒体报道（包括传统媒体和自媒体）；举办或参加了70多场的公众活动，直接影响社会公众超过5 000人，和70多家企业产生直接的合作或分享交流活动。我们的同事或项目登上了TED×Xiguan、TED×ZhujiangNewTown、大观思想大会、GOA广州户外艺术节的舞台，传播我们的理念和价值。这些连接和影响将帮助我们在未来发展中获得更多的连接和资源。"①

另外，"合木中心"参与活动的残障伙伴障别较多、类型特殊，中心倡导的"残障融合"理念紧跟国际残障议题研究，其创新项目在残障公益组织领域也十分新颖。2020年1月，由广州市社会创新中心发起的"第四届社会创新榜"评选中，"合木中心"有3个项目获得殊荣。此外，其作为广州本土的残障公益组织为笔者研究提供了便利性。

2. 深度访谈法

访谈法是获取一手质化研究资料的重要方法。② 一方面，在活动现场，笔者会对活动现场的负责人、工作人员、志愿者、观众等进行非正式访谈，以了解现场的具体情况。另一方面，笔者基于选题与研究问题，结合对"合木中心"与活动组织现场的观察，选取了3位项目负责人（W、M、X）、1位外联负责人（C）、1位社群运营负责人（Q）、2位"视障按摩师"学员（Z、F）、1位罕见病学员（J）、2位志愿者（L、P）以及1位媒体记者（H），共11人进行深度访谈，针对每一个人负责的板块、参与过的内容等有针对性地设计了访谈提纲，以面对面访谈或电话访谈的形式进行，访谈累积时长达11.5小时，平均每人62分钟，录音转录文字后得到近10万字的访谈素材，成为笔者进行分析的重要一手资料。

---

① 合木创新中心. 公益创新，将社会问题转化为新机会 | 合木创新中心新年致辞［EB/OL］.［2020 - 03 - 01］. https://mp. weixin. qq. com/s/yBw2a6JjhoeFyWQR2iOnWg.
② 风笑天. 社会学研究方法［M］. 北京：中国人民大学出版社，2009.

表 9 - 2 受访者信息

类型		序号	化名	性别	障别	身份
项目负责人	残障人士	1	Z	男	视障	"重塑 DNA"第一届学员、"买时间"按摩师
		2	F	男	视障	"买时间"按摩师、"共生舞"学员
		3	Q	女	肢障	"不服气表达社"负责人、"合木"社群运营负责人
		4	W	男	罕见病	"不服气表达社"负责人
		5	X	女	视障	"手心咖啡计划"负责人
	非残障人士	6	C	女	无	"合木中心"工作人员,负责机构外联工作
		7	M	女	无	"买时间"负责人
项目学员		8	J	男	罕见病	"重塑 DNA"学员、"共生舞"参与者
记者		9	H	男	无	《南方都市报》记者
志愿者		10	L	女	无	志愿者
		11	P	男	无	志愿者

3. 虚拟民族志

民族志是人类学研究常用的一种研究方法。当下各类社交媒体,尤其是微信,已然成为公益组织内部统筹、外部连接的重要渠道。[①] 笔者用虚拟民族志的研究方法将网络空间纳入本研究重点关注的范畴中。笔者对"合木中心"运营的5个微信公众号(合木创新中心、重塑 DNA、手心咖啡、买时间正念按摩、别装 unflod)进行线上观察,将其重要推文、视频、图片等截图保存。同时,笔者自 2019 年 5 月起,陆续进入"合木中心"创建的活动群、线上分享群、观众群等 14 个微信群,在群内长期观察,将聊天记录作为研究材料进行截图保存。此外,笔者还长期关注"合木中心"的其他社交媒体账号内容,包括 B 站视频、抖音直播、千聊语音课程等,其中的音视频文本也为本次研究开展提供了丰富材料。

---

① 巴比. 社会研究方法基础 [M]. 邱泽奇,译. 北京:华夏出版社,2002.

参与式观察（participant observation）通常被当作是与深度访谈互补的研究方法，因为这种研究方法可以使观察者更加直接、真切地感受到被观察者的思想感情和行为动机。① 在 2019 年 5 月至 2020 年 1 月，笔者陆续参与了"合木中心"举办的 7 场主题不同的线下创意活动，累计拍摄 400 余张照片、20 段现场短视频，留有多段现场录音及 6 000 余字的田野笔记，为本研究积累了大量的质化材料。

三、"合木中心"的资源动员研究

公益组织是我国社会组织的重要构成体系，承载着发展我国公益事业的重任，在缓解社会冲突、倡导先进文明理念等诸多方面发挥了重要的功能价值。② 在资源动员理论中，"资源"是解释动员的关键变量。③ 日趋多元的社会环境中，任何一个行动主体都无法单方面地完成社会公益供给。④ 公益组织的资源动员便是其联结各方资源以实现其公益本质的动态过程。

"合木中心"作为围绕残障议题展开活动的社会公益组织，广泛吸纳各个障别的残障伙伴参与其中，以培训、创意活动等形式为残障人士赋能，其所要动员的资源在一定程度上更具特殊性与复杂性。与官办慈善组织自上而下的动员方式不同，"合木中心"属于民间草根公益组织，需要独立寻求各方资源的支持，从而实现组织的运营。此外，"合木中心"的创意活动多种多样，除了动员公益组织普遍需求的资源外，还得考虑不同障别残障人士的实际需求，依赖特殊的资源解决残障伙伴所遭遇的现实问题。本节将重点分析"合木中心"资源动员的类型及其互动策略，并围绕各类资源的特征，通过案例厘清各类资源所起到的作用，同时分析"合木中心"如何与各类资源进行互动，完成对"合木中心"资源动员的分析。

---

① 风笑天. 社会学研究方法 ［M］. 北京：中国人民大学出版社，2009.

② 梁爽. 社会公益组织慈善资源动员策略探究 ［J］. 佳木斯职业学院学报，2019（12）：269－270.

③ MCCARTHY J, ZALD M. Resource mobilization and social movements：a partial theory ［J］. American journal of sociology，1977，82（6）.

④ 张志祥. 网络草根组织资源动员研究 ［D］. 上海：上海大学，2009.

（一）官方资源

中国 NGO 与西方语境的 NGO 具有很大差异，中国 NGO 并不像西方 NGO 是作为批判现实的工具或对抗国家的力量，而是作为政府的助手出现。获得官方资源的认可是民间公益组织开展资源动员的先决条件。"合木中心"与官方资源的互动主要体现在以下几个方面：①

一是获得合法性认可。于公益组织而言，获得官方部门的认可和支持，是解决组织合法性生存问题的首要工作，也是影响组织资源动员能力的重要因素。合法性不足问题将使民间公益组织的行动受到极大的限制和约束。2018 年 12 月 27 日，"合木中心"于广州市民政局注册成立，注册资金 10 万元。以此为起点，"合木中心"获得了合法的慈善组织身份，对其后续的组织动员与资金筹措起到了"保驾护航"的作用。政府对组织的合法性认可，是将组织纳入政府管理、监督范围之内，同时组织也可凭借自身的合法性身份，宣扬其公益理念，获得与其他资源交换共享的机会。

二是获得政策支持。政策是官方资源中一种以制度形式转化的资源。近年来，随着国家法律体系的不断健全完善，针对社会团体的政策也在不断修订补充。2019 年 12 月，由国家发展改革委、民政部、中国残联等六部门共同发布的《关于完善残疾人就业保障金制度更好促进残疾人就业的总体方案》针对残疾人就业的难点、堵点，提出了七项具体措施，其中明确"残疾人保障金"（残保金）优先用于保障就业、加大对用人单位安排残疾人就业的激励力度、支持残疾人自主就业创业、提升职业培训质量等。② 上述政策均从制度层面硬性要求企业设置一定比例的残障人士岗位，确保残障人士顺利就业。

在行政与政治力量具有强大辐射力的环境中，政策变动时刻影响着草根公益组织的存亡。上述残保金政策正契合"合木中心"所推进的残障就业议题。通过"合木中心"的工作人员 C，笔者了解到残保金政策对"合木中心"影响较大："前几年政府有一个政策是残保金政策，就相当于一个（企业）100 个人

---

① 李燕. 民间公益组织项目资源动员模式研究 [D]. 南宁：广西大学，2014.

② 中华人民共和国中央人民政府网. 关于印发《关于完善残疾人就业保障金制度更好促进残疾人就业的总体方案》的通知 [EB/OL]. [2020 - 03 - 01]. http://www.gov.cn/zhengce/zhengceku/2019 - 12/30/content_ 5465191. htm.

要聘请1.5个残障人士。……企业的管理人员也会考虑国家征收的税，就会和我们联系要雇佣残障人士。我们也会应着残障伙伴的某种特性去做相应的联结。前两年经济下行后，企业也面临很多压力。如果政策（残保金）变动的话，那人力资源招聘残障伙伴的动力就会小很多。企业面临很多挑战，这些需求（招聘残障人士）是很靠后的。"（C，访谈，2020年2月20日）"合木中心"也依托残保金制度，充分考虑企业人力资源对残障人士的需求，积极与银行、咖啡厅等不同的企业进行联结，输送残障人士到合适的岗位开展实践。

三是获得资金支持。官方资源的另一参与方式，是为公益组织提供运营所需的资金支持。公益组织的非营利性质，决定了其自身必须不断联结各方资源，获得组织得以运转的资金作为发展的"血液"，注入自身的运营机制中，保持组织的健康运作，从而达成其公益使命。在中国，政府对于公益组织的资金支持主要以政府购买公共服务的途径来提供。但"合木中心"中官方资金的注入并非通过这种传统的方式，而是以项目资金申请的方式服务于创意活动。"合木中心"不服气表达社的负责人W在访谈中说："NGO运营的公益创投项目可以向有关部门申请项目资金。我们举办的活动，会去填写相关的项目申请表申请活动的启动资金。在活动现场，会在KT板上印上资金支持方的logo，现场拍下照片，作项目结项资金的申请。"（W，访谈，2020年2月22日）

"合木中心"在与官方资源的互动过程中，扮演着解决社会问题与补充政府社会福利和服务供给的角色，从有利的政策环境中谋求自身发展，采取积极主动的策略上报项目，使其行动获得官方的认可与支持。

（二）企业资源

对于自身资源存量并不丰富的公益组织而言，要想持续健康地运转，就必须考虑与企业进行直接或间接的合作，以获取资源。公益组织的非营利性质，使其不具备企业所拥有的强大市场资源。与公益组织相比，企业拥有相对丰厚的财力、物力、人力，能为公益组织提供多样化又贴合实际的服务，是公益组织重点动员的对象之一。

1. 企业资源的参与方式

一是提供资金、场地支持。"合木中心"创意活动多以线下活动的形式举行，资金与场地是其能否举办线下活动的决定性要素。以不服气表达社为例，其以辩论和演讲为主要形式，残障伙伴通过辩论与演讲的培训，以辩论赛或者演讲比赛的形式对外发布活动。不服气表达社的第一期辩论赛，就动员了伟创力公司和中国福利彩票为其提供资金支持，同时动员鱼窝空间作为场地支持，为活动的顺利举办做好铺垫。"合木中心"的工作人员 C 向笔者透露："我们使用的场地，部分是完全免费的，也有部分场地支持是需要支付一定费用的，但出于 NGO 的公益性质，即使是场地的租赁，其价格也会低于市场价。"（C，访谈，2020 年 2 月 20 日）

二是提供残障培训支持。"合木中心"是一个 10～20 人小团队运营的公益组织，其在残障赋能、残障支持的路径上，必须联结各类企业，为学员开展培训。如不服气表达社与美国的一家辩论俱乐部建立合作，为组织内学员进行培训；手心咖啡计划寻找有经验的咖啡师为其学员开展咖啡知识与技能的培训；重塑 DNA 活动在其"七十二行"的职业参观中，动员各行各业的社会企业，包括听障人士运营的银器制造公司、皮具制造公司、书店等各类企业为残障人士开展知识讲解、技能培训。

三是提供技术支持。"合木中心"的创意活动的主角是障别不同的残障人士，线下活动的成功开展不仅要求残障人士能走出家门，到达约定的活动场地，还要求其在活动现场弥合残障人士因身体带来的残缺，让障别不同的残障伙伴均能参与其中。这也使"合木中心"动员的资源类别更具复杂性与特殊性。

以不服气表达社的辩论赛为例，"合木中心"借助科大讯飞语音转文字的 AI 技术，将辩论比赛的详情实时转录为文字，通过屏幕展示给听障人士；对于一些出门不便的视障或者肢障人士，"合木中心"动员了直播技术，为整场比赛提供线上直播，大家足不出户亦可"观战"，有效扩大残障人士的参与范围。"合木中心"的手心咖啡计划项目也涉及许多新兴科技的使用，比如派客朴食信息科技便为视障咖啡师的餐单读屏提供了技术支持。

2. "合木中心"与企业资源的互动

"合木中心"利用各类企业资源完成了创意活动，但"合木中心"并非单向度地对企业资源加以利用，而是与企业建立良好的互动反馈机制，进行双向互动。

图 9 - 2 辩论赛现场利用 AI 技术将语音实时转为文字

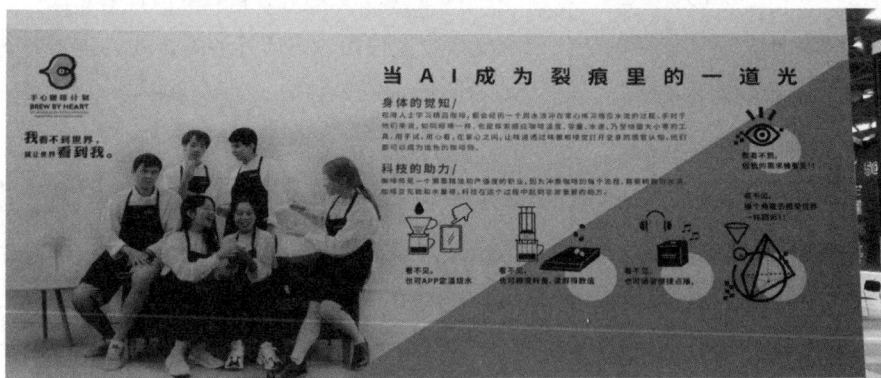

图 9 - 3 手心咖啡计划于"1024 科大讯飞开发者日"的摊位

首先，企业借助与"合木中心"的合作来履行其企业社会责任。以科大讯飞公司为例，"合木中心"以实时语音转文字的 AI 替代了传统的手语翻译方式，降低了听障人士的参与门槛。企业与公益组织双方也建立了良好的协作关系。2019 年 10 月 24 日，在其"1024 科大讯飞开发者日"之际，科大讯飞邀请中心的联合创始人、手心咖啡计划项目的视障咖啡师到场做"AI 真善美"的主题演讲，结合"AI 科技赋能公益"的主题，为企业与公益的合作探索新的可能性。会场外，也为视障咖啡师提供专用摊位进行公益宣传，实现效益双赢。在这个互动过程中，科大讯飞不仅履行了其企业社会责任，更提升了其"科技向善"的品牌美誉度。

其次，企业通过与"合木中心"合作，可以充分利用公益活动中的广告效应，树立良好的品牌形象。以"合木中心"的别装项目为例，2019 年 7 月 20 日，"合木中心"举办了"别装·看见未来"的身体探索服装秀，30 名残障人士穿着根据他们身体特征而定制的衣服，进行了一场服装与舞蹈的展示。茵曼是本次活动服装的支持企业之一，负责残障人士服装的设计和改造。

品牌网刊发的相应资讯中提及："作为一家有社会责任感的服装企业"，茵曼认为，爱美是人的天性，残障人士同样拥有追求美丽的权利。在了解到主办方需要服装方面的支持后，集团旗下品牌茵曼第一时间快速反应，决议无条件全力支持和满足这场特别的服装秀的需求。这并不是茵曼第一次将视线对准残障群体。早在 2008 年，集团就曾帮助残障人士开设网店。"一家企业的价值，不仅在于扩大品牌的影响力，更在于对社会的贡献。茵曼也希望，能够用自己的力量，让更多人关注并参与到这些公益事件中来，点滴汇聚成大海，滋养和温暖更多的人。"① 刊发上述报道的品牌网拥有日均 30 多万的精准品牌访问流量，茵曼借助本次合作，大大增加了品牌曝光的机会，提升了品牌的美誉度。此外，"合木中心"官方的公众号等自有渠道，也会在文末加上企业的 logo，为企业增加曝光。

最后，企业通过与"合木中心"的合作，可以让组织内的残障人士为其相关产品提供反馈，实现产品的优化。以手心咖啡计划项目为例，因视障咖啡师无法看到普通电子秤显示的数值，他们在冲煮咖啡的过程中，使用的是可以通过蓝牙播报数值的电子秤。这款电子秤的产品经理便与手心团队建立了联系，通过手心咖啡师的反馈完善其智能产品。手心咖啡店长视障咖啡师 X 对笔者说："我是在一个咖啡节上找到这个电子秤品牌的。当时我们在那里的研究引起了他们的注意。我们就向他们提供了许多建议……之后他们就为我们提供了许多技术支持，彼此就这样慢慢发酵。"（X，访谈，2020 年 2 月 16 日）

正是基于这一点，更多企业看到了与残障公益组织合作的可能性。许多科技企业都开始寻找手心咖啡团队，希望与"合木中心"达成合作。

"在全球人工智能平台领先的商汤科技也在今年开始，与手心一同探索人脸

---

① 品牌网. 每个人都有追求美的权利，茵曼助力残障群体插上美的翅膀［EB/OL］.［2020 - 03 - 01］. https://www.chinapp.com/genzong/185695.

识别、智能控制等领域的多元应用。不仅是科技公司，为国内各大金融、零售提供商业体验咨询、数字化体验设计的 ETU design 团队伙伴，也鉴于是否可以把包容性设计辅助公益领域提升的想法，从品牌表达、视觉呈现乃至服务流程优化等方面进入了和手心咖啡的合作中。"①

（三）媒体资源

媒体一直承担着传播新闻、营造舆论的重要社会功能。在社会运动领域，媒体起到营造共识、鼓励公众参与的重要作用。作为社会动员的有效载体，公益组织对于媒体资源的动员是其传播自身公益主张、获取认同感的有效渠道。

1. 媒体参与方式

"合木中心"作为一个团队规模小、集中于残障这个相对小众议题的民间公益组织，自身知名度和影响力相对较小，所以其对媒体资源是十分依赖的。首先，媒体可以为组织提供活动所需的宣传报道支持。以"合木中心"不服气表达社于国际残疾人日举办的"凡人发光演唱会"为例，据"合木中心"负责人介绍，本次活动并没有特意邀约媒体，多数媒体都是通过相关活动推文了解到本次活动。当晚，活动现场共来了6家媒体，包括中央重点新闻网站和中国最具影响力网络媒体的央广网、广州本土影响力巨大的传统媒体《南方日报》《南方都市报》《广州日报》《新快报》，以及广东广播电视台的新媒体平台"触电新闻"。上述媒体均在活动结束当晚，通过报纸、官网、App 等途径发布了对本次活动的报道，其中部分报道后续被腾讯网、天天快报等网络媒体转载。

《南方都市报》记者 H 十分关注"合木中心"的各类活动，此前就已参与过多次创意活动，还对组织内的残障人士做过专访。在"凡人发光演唱会"正式开始之前，H 就已经来到活动现场。他一直穿梭于观众之中，从不同的角度拍摄了大量图片、视频，在活动结束后，第一时间通过南都官网奥一网、官方小程序"感光度"发布相关的新闻报道，南方都市报 App 随即滚动播放当天的新闻报道，图片、文字、视频的多元素材在报道中均有体现。

---

① 手心咖啡微信公众号. 手心咖啡，用心看到更多 ［EB/OL］.［2020 - 03 - 01］. https://mp. weixin. qq. com/s/7YlCJrLrEHGjejiCtSwViw.

图 9-4　《南方都市报》小程序（左）及 App（右）对"凡人发光演唱会"的报道

公益组织可以借助媒体多元的报道形式直接与公众沟通，将组织的公益理念贯穿其中，通过文字、图片、视频等方式再现现场，有效地放大了公益组织的声音，媒体报道也成为组织的传播素材，用以吸引有关部门的关注，获取企业的支持和公众的认可，增强其在残障群体中的影响力与信任度。同时，媒体的报道又为组织提供了低成本、高质量的传播素材，成为组织扩大自身影响力的重要渠道。

2. "合木中心"的媒体策略

媒体是公益组织借由表达公共话语的重要渠道。对于媒体而言，公益组织的许多议题不仅具有新闻价值，同时还承载着道德的意味，能符合媒体对专业理想的追求。[1]"合木中心"负责接洽记者的外联人员 C 对笔者说："我们希望媒体与公众链接的时候，他的认知是不断变化的。""合木中心"也有意联结一批具有黏性的媒体，不止于对活动这一事件或者单独的残障人士个体的关注，

---

① 曾繁旭. 环保 NGO 的议题建构与公共表达：以自然之友建构"保护藏羚羊"议题为个案 [J]. 国际新闻界，2007（10）：14-18.

而希望能发掘出更深层次的公益理念，再与公众进行对话。为了更好地与媒体资源互动，"合木中心"还在议题、报道内容的方面做了许多努力。

一是选择争议性议题。传统的主流媒体，如今都拥有多元的传播平台和传播手段，包括网站、App 等，能在报道中发挥多重优势。在"合木中心"对媒体资源的动员过程中，媒体通过对有"争议性""共鸣性"议题的报道促进了中心事件"焦点化""公共化"，使该动员行为的影响场域从线下延伸至虚拟的网络空间。

研究发现，"合木中心"邀请媒体参与各类活动时，既没有媒体的通气会，也不会给媒体新闻通稿。"合木中心"不服气表达社负责人 Q 在访谈中提到："媒体本来也是需要报道素材的，我们的活动有值得报道的点，他们自然就会来。……有的记者已经成了我们活动的粉丝，很多都没有特意邀请也会来到现场进行报道。"（Q，访谈，2019 年 12 月 7 日）

"合木中心"对于媒体资源的撬动更多在于其设置的争议性议题。议题通常按照用户关注、打破公众刻板认知、符合公众诉求、能在宣传过程中形成聚焦点，或者能唤起公众某种情感共鸣等多项要求来设定。上文提到的"凡人发光演唱会"，其议题设定就有很多考究。首先，每年的 12 月 3 日是国际残疾人日，媒体对于该节日有相应的选题、策划、报道的需求；其次，"凡人"二字其实就是指每一个"普通人"，其通过"当一辈子凡人，当一分钟偶像"的宣传口号，激起公众心中的情感共鸣；最后，虽然议题中模糊了残障者的身份，但报道中的主角依然是"残障人士"，自带热点，该议题传达出的正能量符合媒体在报道中以正面报道为主的要求，也更容易形成一种话题聚焦。

二是主动设定媒体议程。在"合木中心"对于媒体资源的动员过程中，媒体的参与看似独立，但实则却始终被公益组织设定的议题牵引。公益组织在活动前通过社交媒体分享的素材通常会被视为是公益组织官方的发声材料，也是传统媒体撰写报道的参考资料，它可以通过影响议题源的方式直接影响媒体报道的框架。

图 9-5　"凡人发光演唱会"宣传海报（左）和微信公众号推文截图（右）

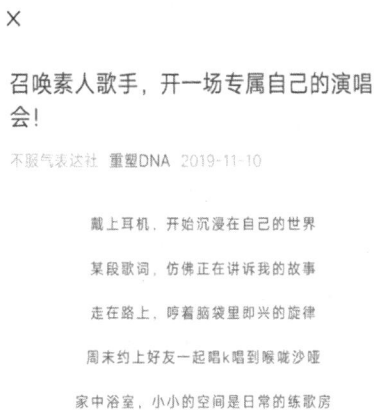

图 9-6　《广州日报》报道与"重塑 DNA"微信公众号推文内容高度一致

媒体对于残障者的报道，很容易带有框架性的刻板印象。项目负责人 Q 对笔者谈起之前有媒体将演出成员写为 11 个残障人士，但其实活动的表演者是 9 名残障者与 2 名普通大学生，媒体在该活动中的关注度显然更偏向于残障人士。

重塑 DNA 项目的第一届学员视障青年 Z 在访谈时告诉笔者："以前媒体对残障人的报道在我们看来是很偏颇的，每次都是'身残志坚'、我们非常不容易之类的。……但是我们自己写公众号文章时，我们在话语中就得去扭转这种传统的偏见和污名，用我们自己的话去重新定义这些东西……他们（媒体记者）在引用我们的素材时，就会按照我们想要表达的内容报道。"（Z，访谈，2019 年 12 月 5 日）

（四）网络资源

公益组织对于网络资源的调度与利用，已被国内外学者广泛讨论。西方公益组织对互联网的采用较早，早期研究人员的重点是互联网的推广使用对非营利组织影响力提升、动员能力增强现象的阐释[1]，此后学者也从对信息通信技术价值的探讨深入至其作为传播工具的探讨上，形成了公益组织基于信息通信技术建构自组织传播网络的相关认知，并发现公益组织利用网络提升组织的募捐能力，开展公益动员[2]。国内学者也通过实证分析得出，互联网在公益组织动员过程中是一个低门槛、高效率的传播工具与管理工具，尤其是对于小型公益组织而言，使用互联网能够弥补组织人力、资金方面的资源不足，并使组织迅速壮大，良好的互联网传播能力亦可以反哺组织发展。[3] 互联网也改变了传统慈善受时间、空间的双重限制及需求与资源难以匹配的难题。[4]

"合木中心"成立伊始，移动互联网发展带来的技术革新已经成为共识，社交媒体对于人们的日常交往已经产生了深刻影响，所以其组织成员十分善于利用网络资源辅助组织的运转。

① ELLIOTT B, KATSIOLOUDES M, WELDON R. Nonprofit organizations and the Internet [J]. Nonprofit management and leadership, 1998, 8 (3).
② LOVEJOY K, SAXTON G D. Information, community, and action: how nonprofit organizations use social media [J]. Journal of computer-mediated communication, 2012, 17 (3).
③ 林敏华. 对公益组织互联网传播能力的实证研究：以广州本土公益组织为例 [J]. 青年研究，2014 (1)：31 - 39, 95.
④ 秦安兰. 网络慈善心愿共同体：概念、特征与聚散路径 [J]. 社会福利（理论版），2018 (9)：8 - 14.

首先，接受社会各界的捐款是非营利性组织运转过程中重要的资金来源渠道之一。网络改变了传统慈善捐赠的模式。尤其是新型社交媒体（new social media）的出现，打破了传统社会结构中人际、组织、群体及大众传播的边界，也在悄无声息地改变着我国的慈善格局，并在一定程度上发挥着促进群体间良性互动的作用。

"合木中心"便充分利用网络资源进行互联网筹款，在支付宝的爱心捐赠、腾讯公益、广益联募等平台上线筹款项目。"合木中心"的工作人员 C 向笔者介绍："资金的话……另一类是我们会通过参加阿里的一些公益项目和腾讯的一些公益项目去申请。……九九公益日时，我们上（线）了四个项目。"（C，访谈，2020 年 2 月 20 日）

图 9-7　"合木中心"于腾讯公益（左）与支付宝爱心捐赠栏目（右）上线的项目

网络为公益组织的筹款提供了渠道和入口。"合木中心"利用公益平台的便捷性，在不同的平台上线筹款项目。工作人员会在其社交媒体上转发筹款链接，增加筹款入口的曝光度，利用社交媒体的强关系动员公众进行慈善捐助。公益平台内的筹款项目，会写明筹款目标、善款用途，以及筹款项目的介绍，有效提高了组织资金的透明度，进一步获取公众的信任。

2019 年 12 月 27 日，"合木中心"受邀在广州 GOA 户外艺术节进行演出。

当晚 20 时，活动主办方统计的瞬间观众人数达 486 人。残障演员共生舞演出完毕后，活动方组织志愿者在观众两侧区域手举附带捐款二维码的 KT 版，舞台大屏幕也展示着捐款二维码。观众可以直接使用微信"扫一扫"的功能，跳转至"手心视障新职业计划"的筹款界面，为视障按摩师提供在线捐款。根据腾讯公益筹款链接内的公示，2019 年 9 月至 2020 年 2 月，"手心视障新职业计划"共筹得 59 304.23 元。

此外，腾讯公益的网络捐赠平台为公益组织提供了多元化的项目反馈机制[①]，爱心人士可随时通过筹款链接，查看项目执行期限、善款使用等详细内容。以手心咖啡计划项目的"视障咖啡师就业梦"为例，点击右下角的"单笔捐款"，便可以清楚地看到"该项目已执行七个月，目前已帮助 60 多名视障咖啡师学习咖啡，并从中培养 9 名手心咖啡馆签约咖啡师"等具体内容。

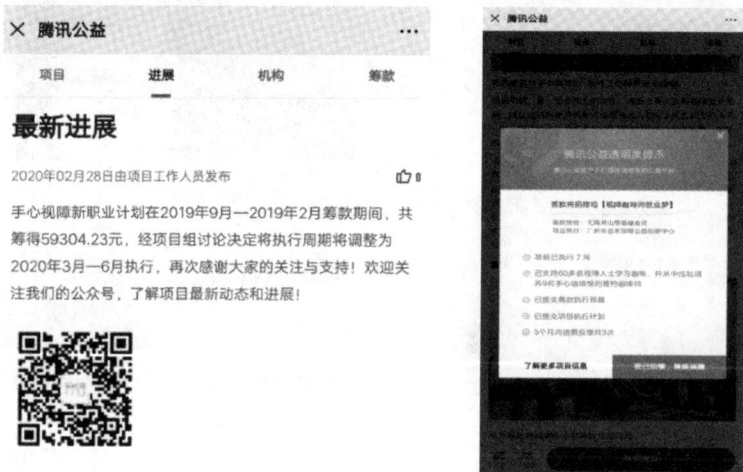

图 9-8　腾讯公益关于"手心视障新职业计划"的筹款进展及透明度提示

其次是组织协调支持。随着社交媒体的普及，"合木中心"内部运作、外部沟通均依赖低成本、高效率的社交媒体。社交媒体作为传统媒体的延伸，把传统媒体时代只能作为信息接收者的受众，变成了信息的加工者、传播者，人人都可以经由社交媒体去传递信息，这不仅扩大了信息的接受范围，也提高了信息的及时性。[②] 在参加"合木中心"不服气表达社的辩论赛时，笔者看到组

---

① 谢金钿. 社交媒体时代公益组织微信传播研究 [D]. 广州：华南理工大学，2018.
② 孙博. NGO 独辟蹊径：巧用社交媒体 [J]. 市场研究，2012 (4)：64-67.

织方在签到处放置了群聊二维码的图片，参与者可以随时扫码入群。笔者对"合木中心"内部主要负责社群运营的一位工作人员 Q 进行访谈时得知："我们现在的微信社群有几十个不止，我也没有具体统计过。……志愿者群、观众群，每次活动现场也会建群，还有其他公益组织的互动社群。很多个群都是 500 人的满员状态，一直都在建新群。"（Q，访谈，2019 年 12 月 7 日）

Q 将"合木中心"的微信群归纳为主题群与活动群两大类。主题群即以某一活动为契机而临时组建的微信群，在活动结束后的某一时间点，该群的任务完成后就会被解散，而愿意继续接收组织各类活动信息的人，可通过添加管理员的方式进入新群，即活动群。活动群长期存在，成为组织协调人员、发布活动信息的重要渠道。微信群中，"合木中心"的工作人员通常担任群管理员的角色，统一发布活动时间、地点、主题、内容等具体信息。网络的便捷性将空间压缩，信息在缺场的主体间迅速流动，通过微信群协调人员，便于组织开展各类活动。考虑到参与活动的残障人士的安全因素，"合木中心"的工作人员也会积极利用微信社群发布路线指引、微信位置等信息，支持残障人士的安全出行。

最后是宣传动员支持。国外学者对社会运动组织（social movement organization）的诸多考察中，都将互联网与社交媒体作为组织动员过程的一种重要资源，认为社交媒体与互联网在组织与公众之间架起沟通的桥梁，为群体间合作提供了基础，从而促成了集体行动的产生。公益组织对网络资源的利用，充分体现在其对外的宣传动员之上。"合木中心"也积极利用网络资源，作为自身宣传动员的途径。

"合木中心"以其组织和项目为依托，在微信公众号平台共申请注册了 4 个微信公众号，分别是"合木创新中心""重塑 DNA""手心咖啡""别装"。组织负责人可通过相应的微信公众号进行活动的预热与宣传，以微信公众号推文的形式呈现活动的具体信息，吸引公众参与。在活动举办的进程中，中心对于微信群等网络资源的利用也十分充分。以不服气表达社举办的辩论赛为例，在辩论过程中，工作人员会将直播链接发至群内，供未到场的人员远程观赛，也会将实时投票链接转发至群内，通过投票决出获胜的一方。在活动结束后，继续发布活动现场照片、视频及感想至群内，引发群成员的积极讨论。此外，还会发布活动反馈的表单，完成反馈信息的收集，实现网络空间与现实空间的联动。

图 9 - 9　"合木中心"不服气表达社活动群中的活动宣传与现场照片发布

　　从社会动员方式看，传统的社会动员是利用真实的社群，通过面对面的形式进行，依赖于视觉、听觉等种种感官的感觉进行情感与思想的一对一互动。而在虚拟社群动员中，使用的沟通工具多是文字、视频、图片等各种形式的电子符号，这样的互动起始点与真实社群中人与人之间的沟通是不同的，虽然缺乏对对方所处的情境、肢体语言的全面了解，却具有"一对多""多对多"的优势。① 除此之外，多元形式的电子符号承载了更丰富的情感因素，可以在虚拟空间中还原现场，同时再次构筑与现实场景的连接。

图 9 - 10　"合木中心"线上节目《手心@你喝咖啡》（左）及《老盲@你了》（右）

---

① 陈比. 虚拟社群组织动员机制与政府应对研究［D］. 成都：电子科技大学，2014.

此外，这次特殊的疫情防控期间，手心咖啡团队还通过 B 站、微博，发布《手心@你喝咖啡》系列短片，在线上分享咖啡知识的同时，宣传手心视障咖啡师自制的挂耳咖啡包、联名咖啡杯等产品；买时间项目的视障按摩师通过一个名为"小鹅通"的平台推出音频节目《老盲@你了》，由视障按摩师分享关于身体、按摩、健康的小故事；"合木中心"也借助千聊等平台通过语音讲解的方式开展线上分享、共学打卡等活动，还开通抖音直播平台，与残障伙伴在线交流情感、生活、学习等日常话题。互联网降低了组织的动员成本，降低了参与和互动的门槛，扩大了公益组织潜在的动员结构，残障伙伴也可以足不出户地参与到公益组织的线上活动中。

（五）人力资源

持续不断的公众参与，是良好社会动员所必备的人力资源基础。[1]"合木中心"需要动员的人力资源，以残障人士、志愿者和社会公众为主体。"合木中心"以残障为其组织的核心议题，在动员人力资源的过程中，残障人士始终是其人力资源动员的中心。长期以来，残障人士的社会地位相对较低，在社会诸多领域遭受不公甚至歧视。残障者因为身体的残缺，经常会遭遇来自身边人的各种阻力。"合木中心"重塑 DNA 项目的学员视障者 Z 与笔者谈到："他们（残障伙伴）遭遇最大的障碍，其实很多来自身边的朋友、家人。"（Z，访谈，2019 年 12 月 5 日）

C 也在访谈中提及，对于残障人士的动员是组织在人力资源动员上最难进行的部分。她分享了自己老家广东潮汕地区的一个残障者的案例："其实我们机构的大量工作是动员残障群体，这块工作其实更难。……今天要跟你谈一个残障女孩的事情。她高中毕业后在家待着，就是我老家的一个小伙伴，然后一个社工跟她妈妈联系把她送出来，来广州参加一次活动，然后我们安排志愿者或者老乡、大学生去接她，第一次出来之后就又回去了。……后来又有机会出来。然后她去年来我们这里学习，到最后去汇丰银行那边应聘，大约经过大半年、一年的等待。这中间真的是各种不容易。……（残障人士的动员）需要那样的家庭支持，然后自己能独立出来生活，所以支持这份工作是很不容易的。……

---

① 谷利影. 新媒体环境下民间公益组织社会动员模式研究 [D]. 上海：上海师范大学，2018.

很多很传统的观念，在压着这些人啊！"（C，访谈，2020 年 2 月 20 日）

"合木中心"买时间项目负责人之一的 M 也表示："残障议题本身就更加沉重。我会觉得身体的残缺，带来的是心智的残缺、资源的残缺。……哪怕他的前途可能是光明的，就是哪怕他很年轻，很多人就会觉得说这样的一个人，这么年轻，这样子好可惜啊！然后他（残障人士）也很难去感觉到社会在这方面的支持是有正能量的。"（M，访谈，2020 年 2 月 21 日）

"合木中心"各类培训均围绕残障人士展开，其创意活动举办的初衷，也是为了锻炼残障伙伴各类能力，帮助残障者更好地与社会融合。残障人士是"合木中心"人力资源动员中的主体，辩论赛的残障辩手、共生舞中的残障舞者、手心咖啡的视障咖啡师等都是组织的重心，他们也成为组织赖以运转的核心资源，承载着组织的公益理念，成为组织内被公众和媒体关注的对象。

人力资源中的另一类是对社会公众的动员。一方面，公益组织通过对社会公众的动员，号召其发起公益行为，对组织捐赠善款；另一方面，公众也是"合木中心"创意活动的围观者，是组织公益理念的接受者。草根公益组织自身团队规模较小，不具备大量资金扩充团队成员，所以其在动员过程中，不得不吸纳志愿者的参与，以弥补组织在人力上的匮乏。在"合木中心"的各类活动中，志愿者都是确保活动成功举办的关键后勤力量。笔者与"合木中心"的一位志愿者 P 交谈得知，志愿者的工作非常琐碎，不仅包括在地铁站接送行动不便的残障人士、在活动现场维持秩序，还包括指引残障人士寻找无障碍厕所、为智能手机使用不便的残障人士提供简单的技术支持等工作。"合木中心"的残障工作人员 W 同时也是一位轮椅使用者，他在访谈中对笔者说："志愿者不仅是有爱心和时间就可以的，是需要有专业性的，理念上是平等的。对于软件、技术等支持也要有。……志愿者发挥的作用是很大的。"（W，访谈，2020 年 2 月 22 日）

（六）其他公益组织资源

当前学界对公益组织资源动员的探讨限于组织与政府、企业的框架中，较少提及公益组织之间的互动；而在现实中，公益组织之间却存在着极为紧密的合作关系。① 单个公益组织，尤其是草根公益组织，很难详尽地拥有各类资源，

---

① 张志祥. 网络草根组织资源动员研究 [D]. 上海：上海大学，2009.

而公益组织的诉求却往往趋于一致，这使公益组织之间的联系成为维系组织生存发展、获取多样性资源的必要方式，公益组织之间也呈现出一种互利、互惠、合作共生的状态。公益组织之间形成的网状联结带，也使得蕴含其中的社会资本呈现出"1＋1＞2"的状态。

"合木中心"联结着许多公益组织资源。以别装项目为例，其在具体的展演过程中，需要以"共生舞蹈"的舞台形态，共同完成服装与舞蹈的表演。这其中的"共生舞蹈"便由另一家专注于共生舞培训的公益组织负责，它名为"共生不错舞团"，是2018年6月成立的一家公益性舞团。其与"合木中心"长期开展合作，培训残障人士进行舞蹈演出，通过提升残障与非残障舞者的创造力与艺术性，改变公众对残障者及残障艺术的刻板印象。

在公益组织进行弱弱联合、互相取暖的过程中，他们共同建立的合作网络不仅避免了公益组织中的资源内耗，还提供了最大限度的资源整合，将一个公益组织的公益资源通过合作的方式带来直接或者间接的增值，成为公益组织拓展资源动员的有效方式。

四、"合木中心"的情感动员研究

对于规模较小、人员精简的公益组织而言，其动员活动除了依赖资源，还必须对情感加以利用才能取得更好的效果，情感因素对公益组织动员起到的作用不容忽视。在传统的公益活动中，起主要作用的通常是悲情动员，即通过对悲情事件的情境呈现和话语使用，激发受众的同理性和同情心，产生移情式情感，使受众对事件产生捐款、救助等公益行为。[①] 而在互联网时代，技术的发展不仅降低了公众参与慈善的门槛，也为情感的集聚提供了更广泛的空间。网络不仅是信息的集散地，也成了情感交流与情感共鸣的场域，通过现实、虚拟多重场域强化的情感充当着动员行动中的重要源动力，帮助公益组织不断扩大自身动员结构。"合木中心"在其动员过程中，除了充分动员各类资源作为自身发展基础，也把情感作为其开展动员的重要方式。

---

① 蒋成澄. 新媒体环境下网络微公益的情感动员机制：基于"小朋友画廊"案例分析[J]. 新媒体研究，2018，4（2）：5－6.

（一）情感激发："唤起同情"与"拒绝同情"

社会运动领域中，学者们从不同的角度解读了情感的潜藏功能。如袁光锋将"痛苦"情绪视作弱势社群进行政治参与的重要管道①；成伯清认为"同情"可以推动某个社会议题的公共讨论，而"愤怒"则被列入公共情绪失范的框架中。② 有学者进一步指出，涉及关爱弱者、弱势群体的网络事件中，动员主体多采用悲情的方式进行动员活动，通过同情和义愤的情绪宣泄来达到所求的效果。③

"合木中心"的残障人士本身就是一个社会的弱势社群，虽然残障二字本身就带着"弱者"的标识，但笔者关注到"合木中心"的情感动员并非仅围绕着同情与悲悯情绪发起的"悲情动员"展开，而是将"唤起同情"与"拒绝同情"这两个看似对立的角度整合在同一情感框架下，一方面突出残障人士社会地位低下的不利处境，另一方面将这种悲情因素削弱，平等、冲破束缚等相对乐观情绪则得到了加强，情感因素更加多元化。

1. 唤起同情

在公益组织的情感动员研究中，最常提及的情绪便是"同情"，学者们将同情作为促成慈善行为的动力源。"合木中心"也正是借助公众对于弱势社群的"同情"情绪进行情感动员。

在中国传统的文化结构中，身体是柔弱的、是感性的、是需要被精心呵护的。④"残障"这个身份标签会让公众对其有一种天然的怜悯。残障者的社会地位相对较低，残障人士除了因身体的残缺而遭受就业难、低收入等问题，还要面对家庭、朋友对其能力的质疑，甚至是面对复杂痛苦的心理创伤。正如负责残障培训和项目统筹的 D 在一次线上分享时所说："古时候，人们就会对身体的欠缺产生恐惧，那是一个不安全的状态，那是一个没有生命力的状态，所以就会有很多的恐惧，而这种恐惧，透过人类的基因世世代代地传到今天……对残障人士他们可能有排斥、有误解，因为在他的文化观念里就是这样。甚至这

---

① 袁光锋. 感受他人的"痛苦"："底层"痛苦、公共表达与"同情"的政治［J］. 传播与社会学刊，2017（40）.

② 成伯清. 从同情到尊敬：中国政治文化与公共情感的变迁［J］. 探索与争鸣，2011（9）：46-50.

③ 杨国斌. 连线力：中国网民在行动［M］. 桂林：广西师范大学出版社，2013.

④ 刘涛. 身体抗争：表演式抗争的剧场政治与身体叙事［J］. 现代传播，2017（1）.

种文化观念也进入了我们的家庭，如果你是一个残障者，你的父母或者你身边的亲人也都会对你的命运表示担忧，会觉得你这一辈子会遇到很多的困难啊！"（D，线上分享会录音，2020 年 2 月 16 日）

残障人士面对的多重困境，是难以凭借一己之力突破的。"合木中心"一位视障按摩师 F 在访谈时说道："我是从湖北来到广州的，但其实很多视障人是没办法出门的……因为他们看不见，家里人都会讲，你去不熟悉的地方怎么生活呢，你什么都看不到……所以很多视障人都被'困'在家里。"（F，访谈，2019 年 12 月 9 日）

这些残障人士的故事，反映了多数残障者真实生活的处境。"合木中心"在进行宣传动员时，就充分考量了这一点，进而选择将残障人士真实的生活境况暴露在公众面前，以唤起公众的怜悯，引起大家关注。在重塑 DNA 项目初期落地时，视障青年 Z 在机构对外发布的宣传片中，便诉说了自己创业失败的经历："像我这样原本做按摩行业的，对音频很喜欢，就跟一些圈子内的人学习做音频后期。当时也跟朋友尝试过开一个音频广告的制作室，（但是）失败了。"①

"合木中心"不仅突出残障个体的困境，也会将视障按摩师这一典型的残障群体作为动员中经常提及的个案。"合木中心"的创始人之一 G 便在多个场合提及视障按摩师所处的工作环境。在 GOA 户外艺术节的现场，在广州城市中轴线花城广场中厅，G 又一次向现场近 500 人的观众提及视障按摩师工作环境的恶劣，将公众不知道的一面展示给公众，让大家了解到视障按摩师其实一直处于被剥削和压抑的状态。"中国的很多盲人的工作都是做按摩的，然后他们日日夜夜都在按摩院里面，或者说在服务大家，或者说在等待大家的到来，处在这样的日子里面……但其实他是渴望交流的，只是说没有太多的机会，按摩院里面只是小小的一平方。"（G，活动现场录音，2019 年 12 月 27 日）

在 G 的描述中，视障按摩师被困在小小一方的按摩院中，工作时间不固定，从早到晚服务客人，渴望交流的欲望被长期压抑。这样的表述不仅在"合木中心"的活动现场可以听到，在其官方的微信公众号中也经常出现：

　　我看到的世界，只有一点点光。一次又一次的声音告诉我，盲人

---

　　① 重塑 DNA 微信公众号. 如何找到工作，活成心中想成为的自己？｜"残障创新就业训练营"招募要你的支持！［EB/OL］.［2020 - 03 - 01］. https://mp. weixin. qq. com/s/huCdB45tKU0om - gJSJIAsQ.

按摩可能是唯一出路。很长一段时间我以为，"这辈子就这样了吧"，可每当我静静坐在房间里的一角，身体里不安分的因子总在不停跳跃。①

　　目前全国有超过 1 700 万的视障人士，其实大部分就业场景都是在按摩院里从事推拿按摩。生活的乏味、连续超过 10 个小时的劳作都让这个群体身体耗损严重，而且失去与社会其他群体的联系，使得很多人变得对生活麻木，对自己失去信心。我们做过一个不完全的调查，很多视障人士希望突破按摩院的限制，去尝试新的生活方式。②

上述文字符号展现了视障按摩师因长久遭受压抑而对生活麻木、对自我能力产生怀疑的困惑、苦闷的现状，将残障人士因为身体能力不完善遭遇生活与职业困境的场景描绘了出来。公益组织通过对悲情场景的刻画，将视障按摩师悲惨的遭遇进行情感的投射，更好地构建了残障人士处于社会弱势地位的悲情角色。当这种悲情情境呈现时，会激发公众构建这种困境与外部社会因素的勾连③，唤起公众对残障人士的同情情感，进而引发共鸣。

　　2. 拒绝同情

公众对残障者的同情情绪中包含着许多的社会因素，这也很容易让残障人士处于被帮扶、被可怜的位置。而"合木中心"是以"残障赋能"作为其核心理念的一家公益机构，仅仅以弱者为武器唤起公众同情的方式并不符合其自身的定位。所以"合木中心"并非仅利用对公众针对残障人士身体及处境贩卖"同情"这一种方式，还在动员过程中有意模糊残障者与健全人的差别，将其理解为"身体不同能力者"，突出残障人士乐观、努力、积极突破自身困境、冲破束缚的精神。在此基础上，残障人士不仅是公众用来猎奇的对象，更是和健全人一样，通过自身努力而寻求认同、追求幸福生活的个体。

　　一方面，"合木中心"拒绝将残障人士定义为没能力的弱者，而是着重突出残障人士寻求自我价值实现的渴望，打破公众对残障人士的刻板印象，将其

---

① 手心咖啡微信公众号. 我想换一种生活，无关"看不见"｜手心咖啡计划需要你的支持！［EB/OL］.［2020 - 03 - 01］. https://mp. weixin. qq. com/s/kcdP_ FyiGE58DJiA1oIr3g.

② 合木创新中心微信公众号. 买他的服务，支持一生新的路｜ 买时间服务优惠预购［EB/OL］.［2020 - 03 - 01］. https://mp. weixin. qq. com/s/J42f9DGKzReAkUWJqU0gfw.

③ 黄鹤. 悲情、愤怒、戏谑：网络集群行为的情感动员［D］. 武汉：华中师范大学，2015.

塑造为努力冲破困境的奋斗者形象。以手心咖啡计划项目为例，视障咖啡师的职业几乎不在公众的认知范围内，许多人认为视障人士看不到，是没办法去冲煮咖啡的，对于视障咖啡师的好奇也随之而来。而手心咖啡计划项目中的宣传动员，就到处体现着"合木中心"对残障人士就业提供的多重可能性，也希望透过手心咖啡计划项目，让视障咖啡师进入公众视野。正如手心咖啡微信公众号宣传的那样："2019 年，我们希望能让 200 名视障人士跟随专业咖啡师学习手冲咖啡，开拓新的就业机会；更让他们透过咖啡这个介质走进城市同龄人的生活圈，获得同等对话的机会，拥有快乐、有趣的社交生活；同时也打破普通大众对视障人士'悲惨''弱势''没能力'（的印象），重新看到他们同是有创意、有行动力的一群人！因为我相信，我和你是一样的，都可以选择自己的生活方式，与是否视障无关。"①

　　另一方面，"合木中心"刻意模糊残障者的身份标签，希望残障人士被关注的同时，也拒绝公众用好奇的眼光来看待他们。笔者在对"合木中心"工作人员 C 进行访谈时，她提到："以前手心说的一句话，'我看不见世界，就让世界看见我'，这是一句他们想说出的口号，今年他们会说'用心去做更多'，就是说他希望外界不再以一个视障人士来好奇他，而是说你的专业度怎么样，其实他是在成长的。"（C，访谈，2020 年 2 月 20 日）

　　"合木中心"的"瓷娃娃"W 是一位轮椅使用者，他在访谈中对笔者说："如果问希望公众怎么看我们，那首先我希望他把我看作是一个人，一个个体。"（W，访谈，2020 年 2 月 22 日）"合木中心"在宣传手心咖啡计划项目时，也更直接地表示："与帮扶比，我们觉得，今天所有人能够回归真实，探寻自我，真实面对世界变得更为重要。"②

　　"合木中心"通过上述方式努力拉近残障人士与健全人的距离，刻画残障人士摆脱现实职业与生存的困境的形象，拒绝公众对其投以好奇、可怜的眼光，而是希望公众关注到他们身上特殊、积极的生命体验。通过"拒绝同情"的方式传递出一种乐观向上的情绪。

　　综上所述，"合木中心"情感动员通过"唤起同情"与"拒绝同情"的两

---

① 手心咖啡微信公众号. 我想换一种生活，无关"看不见"｜手心咖啡计划需要你的支持！［EB/OL］.［2020 – 03 – 01］. https://mp. weixin. qq. com/s/kcdP_ FyiGE58DJiA1oIr3g.

② 手心咖啡微信公众号. 闭上眼睛去旅行，来听他们的未名快乐［EB/OL］.［2020 – 03 – 01］. https://mp. weixin. qq. com/s/LQ1LtKCkkb2fR7BmaM0jSA.

条对立情感路径完成情感激发。一方面，通过残障人士弱势的身份标签、较低
的社会地位、悲惨的社会处境完成情感动员中悲情情境的建构。另一方面，拒
绝单一的同情情绪，营造出乐观、积极的情感状态，激发公众以平等、尊重的
眼光和态度看待他们，刻画残障形象时有意模糊残障人士的弱者地位，将其放
置于与健全人相同的位置去对待，引发公众对残障人士关注的同时，又拉近其
与公众的社会距离和心理距离。

（二）情感互动：行动剧目

情感动员的前提是个体或组织释放自身的情感信号，然后才能暗示或激发
具有类似情感的追随者。"合木中心"在其情感动员过程中，不仅利用"唤起
同情"与"拒绝同情"这一对立情感激发的策略，更在创意行动中以"剧目"
的形式与公众进行情感的互动，达到与公众进行情感勾连的目的。

"剧目"原为戏剧艺术中的一个重要术语，强调戏剧艺术的剧本结构和形
式特点，而后泛指一切抗争行为本身的形式与风格问题。① 蒂利在其《政权与
斗争剧目》中提出了"抗争剧目"的概念，用来揭示动员中的抗争形式和表达
结构。蒂利用"集体形式库"（repertoire of collective action）的概念，描述"一
个群体为争取共同利益在一起行动时可能采取的一系列随时间不断发展演化的
策略和手法"，后赵鼎新在蒂利的基础上将其发展为"抗争行动形式库"
（repertoire of contention）。② 郭小安等曾从"场域、道具、仪式"的角度，对农
民工的底层抗争的"行动剧目"进行了分析，还原其动态抗争过程。③

同为弱势社群的残障公益组织，其行动剧目也是其情感动员过程的良好反
映。故笔者将蒂利用于抗争行为的"剧目"引入本节的分析中，以 2019 年 12
月 27 日"合木中心"于广州 GOA 户外艺术节的共生舞蹈演出《"我"在场，
｜我｜缺席》为案例，结合笔者的田野观察与访谈，动态描绘"合木中心"通
过何种方式与公众进行情感互动。

1. 行动者与场域选择

行动者是行动剧目的核心要素之一。本次演出的参与者有身体健全的人士，

① 刘涛. 身体抗争：表演式抗争的剧场政治与身体叙事 [J]. 现代传播，2017 (1).
② 赵鼎新. 社会与政治运动讲义 [M]. 北京：社会科学文献出版社，2012.
③ 郭小安，刘明瑶. 媒介动员视角下"表演式抗争"的发生与剧目：以"中青报门口
访民集体喝农药事件"为例 [J]. 现代传播，2016，38 (5)：76 - 80.

也有视障、听障、罕见病等残障人士。听障人士无法听到音乐,如何在舞台上与其他人同步舞蹈动作?视障人士如何找到其在舞台的位置?健全人士如何在演出中与残障人士有效互动?这些问题在表演开始之前就已预设在观众心中,而这些问题产生的本源就是行动者的残障身份。"合木中心"将健全人与残障人士集聚于同一舞台上,潜藏着其一直着力推行的残障共融的深刻内涵。演出在户外进行时,残障者的身体被清晰展现,尤其像肢体残缺的肢障人士、坐轮椅的"瓷娃娃"、戴着墨镜或拿着盲杖的视障人士,很容易成为被凝视和关注的对象。

场域可以唤起某些情感,用作情感的回忆。产生熟悉感和归属感的空间,也可以点燃情感。已有不少学者开始关注特定的活动空间对于情感动员的影响,但对特定场域中情感作用过程的了解依然有限。① "合木中心"本次活动的场域是一个户外的演出舞台,以被称作广州"城市客厅"的花城广场为场地,主舞台坐落于广州地标广州塔对面、广州东塔与西塔之间,是广州城市的中轴线,这个舞台设置突出活动主办方"城市就是舞台,艺术无处不在"的理念,让城市空间承载着多元的艺术与民众相遇的功能。舞台对面的观众区,原本是花城广场下沉空间至地面的台阶通道,两侧连接着众多大型商场,人流量巨大。

"合木中心"受邀参与 GOA 户外艺术节时,也多次去到舞台现场考察场地。C 认为,这个场所包含着广州的城市文化,是包容的、开放的。让残障人士在这个场所与公众见面,也充分考量了这个空间所能带来的更多情感因素。"合木中心"发起人之一的 G 在演出后讲道:"其实我们生活中很少见到残障人士,是他们不存在吗?当然不是。只是他们出现在我们身边的机会太少了。"(G,活动现场录音,2019 年 12 月 27 日)所以如果残障人士出现在按摩院那似乎是司空见惯的,但出现在广场、舞台就会形成公众认知的一种天然反差。

这次演出的场域,选择了广州的地标建筑,其中蕴含着广州独特的城市文化,同时也是广州人流量极大的地点。GOA 户外艺术节演出区域的选择在一定程度上突破残障人士所能出现的地理区域,改变了正常人对残障人士的刻板印象,打破了地理区隔的障碍。而对于残障人士表演场域的选择,"合木中心"都是力求突破过往对于残障人士的限制,选择酒吧("凡人发光演唱会")、咖

---

① BROWN G, PICKERILL J. Space for emotion in the spaces of activism [J]. Emotion, space and society, 2009, 2 (1).

啡店（手心咖啡计划项目）、写字楼（买时间视障按摩服务）或者户外，残障人士出现在这些地方，本身就是对其遭遇身体限制的一种现实反抗。

2. 道具使用

在行动剧目中，道具是表演者用以夺取关注的工具，借助道具或者道具上的符号，可以更好地在情感上触动公众。在"合木中心"的动员过程中，许多道具作为情感表达的载体被反复使用。如本次演出中的按摩床、绷带及专为残障人士身体而设计的服装等，都成了其行动剧目中重要的道具。

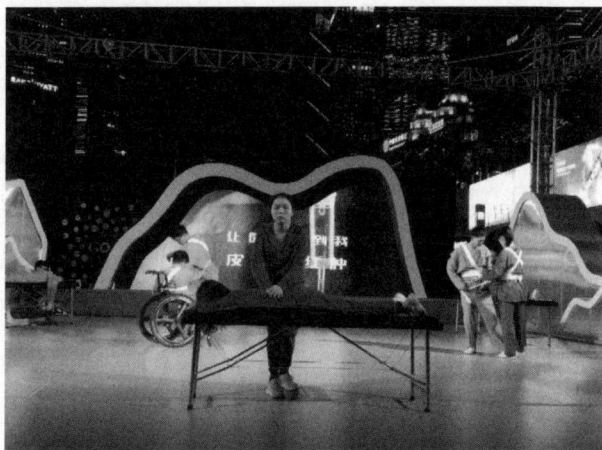

图 9 - 11　共生舞演出时的按摩床道具

图 9 - 12　共生舞演出时的专为罕见病患者"瓷娃娃"设计的服装

　　为肢障演员设计的服装，如露出演员义肢的短裤、为罕见病患者"瓷娃娃"专门设计的衣服等，都在一定程度上让残障者的身体外露，将残障的部分不加遮掩地直接暴露在公众面前。平时对于身材矮小的"瓷娃娃"而言，较为合适的衣服只有童装，而演出时特意根据他们的身体特征去设计合适的衣物，也是突出残障人士内心对平等的渴望。

　　残障者的辅具也是其剧目中的一个重要道具。当晚演出时，"合木中心"的表演者从观众的台阶上走下，领头的"瓷娃娃"没有使用轮椅，而后面跟随的演员中的视障者有的手持盲杖，有的则选择用手搭在同伴的肩膀上，一同从观众席预留的合理便利区走到舞台上。辅具不仅代表了残障者的身份，选择是否使用辅具、使用何种辅具，"合木中心"都对其赋予了更深刻的含义。C 对笔者说："当时它们是可以从台阶上走下来的，你看××（瓷娃娃）是没有坐轮椅的。但是他坐轮椅也可以，不坐轮椅也可以，那就是他自己的选择。就因为有的人、一些组织，他们很强调这就是他的工具，没有就会怎么样，不能没有它之类的。社会上替你准备了一些这样的东西，但并不是来决定什么。××（视障咖啡师）可以选择导盲犬，也可以选择盲杖，这个是她的选择。"（C，访谈，2020 年 2 月 20 日）

图 9-13　共生舞演出时残障演员使用的辅具盲杖

　　借由辅具，也向公众传达出残障人士有自主的选择权，并不是要活在社会对他们限定的框里，他们之间也可以互助，甚至他们摆脱辅具一样可以出现在公众的视野中。

演出进行中，按摩床一直都被放在舞台正中的区域。一位视障按摩师一直为她的顾客提供按摩服务。舞台上的按摩床也是本场表演中重要的道具，它代表了视障者从事的工作，也代表了其被按摩工作所束缚的空间。"合木中心"的 G 在活动后对为观众解释道："有一些职业，它看上去可能是被固化成一个功能，但其实它在默默地关注着每一位背后的声音，其实他们（视障按摩师）是渴望交流的，只是没有太多的机会实现，在按摩院里面只是小小的一个平方，后来我们就想，能不能通过一个项目的方法，让他们能够走到不同的场域，为大家服务。"（G，活动现场录音，2019 年 12 月 27 日）

本次表演通过在舞台上摆放按摩床的方式，向公众传达出残障人士生活空间受限，渴望平等、渴望被关注、渴望与外面的世界交流的情感。

本次演出的舞蹈中特意设置了使用绷带的环节。演出中，视障者、听障者、轮椅使用者使用绷带相互纠缠。"绷带"在此处突破了其医学表意，更是残障身体受到束缚的象征性标识。舞蹈中残障人士对于绷带的拉扯、纠缠，代表了对身体束缚的挣脱，而且通过身体联结至观众，引发观众回归对自我身体的本源的关注，激发观众对身体能力的思考。正如"合木中心"统筹人 D 在活动结束后与笔者交流时谈到："别装的演出为什么每一次都能让现场观众震撼和被感染，关键在于演出透过身体和我们的关系，促使人去思考和感受生命的力量和追寻。在这个角度上，我们每一个人都有一样的体会。"（D，活动现场非正式访谈，2019 年 12 月 27 日）

图 9 - 14　共生舞演出时的绷带道具

在 GOA 户外艺术节演出的这一案例中，"合木中心"借由行动者、场域、道具的呈现，将情感因素嵌入表演中，通过残障者身体的展现、道具的使用与公众进行情感的勾连。本身残障人士能进行舞蹈，就已经是突破了许多人认知的。在这场演出中，道具、演员和现场环境等共同构成了一个情感场域，公益组织利用其更好地宣扬自身"残障融合"的理念，模糊残障人士与健全人士身体差别的介质。借由道具隐喻其内在情感，进而在场域内形成统一的、凝聚的共识，形成情感的互动。

（三）情感扩散：媒介呈现与社群扩散

1. 媒介呈现

媒体的基本功能是传播新闻、营造舆论，就社会效应而言，其扮演着一个观念的引导者和社会公器的角色。① 在社会运动领域，媒体的报道往往能够实现联结情感、营造共识和扩大影响力的作用，吸引公众参与到相应的议题之中。许多社会议题都因媒体的报道而引发社会各界的广泛关注。

志愿者 L 认为"合木中心"是一家"小而美"的公益组织。影响力式微的草根公益组织不得不利用媒体来桥接公众，本次 GOA 户外艺术节的演出也被许多媒体报道：

> 27 日晚，在第三届 GOA 广州户外艺术节上，广州市合木残障公益创新中心带来表演《"我"在场，丨我丨缺席》，11 名素人演出者用表演唤起大众对自我内在的关照。
>
> 11 名素人演出者有着不同的身体能力，来自不同的职业。有些是视障按摩师，有些是听障编程人员，也有肢体障碍的白领……
>
> 此次表演打破了以往的出场方式，直接将出场从舞台搬到了山顶。据活动发起人九姑娘介绍："其实很多人很少能看到残障人士，能够这么近距离地看到他们，其实内心肯定会有一些不一样的感受，也希望通过这种方式，将来他们在路上见到残障人士，会有一些改观。"②

---

① 张志祥. 网络草根组织资源动员研究 ［D］. 上海：上海大学，2009.
② 央广网. 广州户外艺术节：11 位素人表演者唤起大众对自我关照 ［EB/OL］. ［2020 - 03 - 01］. http://www.cnr.cn/gd/mlgd/20191228/t20191228_ 524916799. shtml.

2. 社群扩散

社交媒体互动性不仅体现在其将独立个体以网状形式连接，更表现为其能承载文字、图片、视频、音频等多种传播形式。互联网的出现，为公民包括弱势群体提供了话语表达与交流的空间，网民可以通过互联网或感性或理性地表达自我观点、意愿与诉求，使弱小的声音汇聚成强大的集体声音成为可能。"合木中心"在其动员过程中，就充分利用了上述特点，进行多元化的社群互动，充分利用微信群进行情感的扩散。

此外，网络虚拟空间模糊了残障的类别，也凭借其低成本、去中心化的传播特性，为草根公益组织提供了发布信息、凝聚情感的空间。"合木中心"的微信群不会刻意在群内区分残障人士与非残障人士，也不会让大家更改群昵称，群成员开始以一种彼此不熟识的身份相处，利用虚拟网络空间模糊残障者身体的缺陷与障碍，为大家构筑一种平等、乐观的氛围。微信群中，群主占据着信息发布的主导权，有时传递理性信息，有时抒发情感，让群成员围绕某一固定议题形成讨论，成员间相互交流、激励，这一过程处于不断的"关系网络动态塑造"的进程之中。①

"合木中心"的工作人员充分利用网络社群，联结了一批又一批具有黏性的用户。GOA 户外演出开始前五天的 2019 年 12 月 22 日，"合木中心"已经开始了活动的预热动员，并于"别装 unfold"微信公众号上发布了《"我"在场，｜我｜缺席》预热推文，文章写道：

> 别装始终以残障群体的角度关照这个社会的认知。有趣的是，无论是我们的团队或是演者，早不再谈论他们身体残障特质的事情，反而是关于人的本性，而一切的出现、发生，已是自然而然。
>
> 你是如何把身体障碍，理解成为身体不同能力的转化？你是如何在困境、固化、制约中依然沿着光的方向？你是如何不再用统一的标准去评判自己，重新构建关于自我、关于美的理解？
>
> 这向来，是我们所有人的课题。②

---

① 张恒山，钟瑛. 网络事件动员的多重机制与管理路径：以政府舆情类网络事件为研究视角［J］. 新疆社会科学，2019（4）：130 – 138，150.

② 别装 unfold 微信公众号. "我"在场，｜我｜缺席［EB/OL］.［2020 – 03 – 01］. https://mp. weixin. qq. com/s/tHOvua – KQnzzuMgdCwZ5mA.

上述内容，以"我们"一词进行情感的带入，激发公众对于身体本源的思考，还在文末配上这场表演的定妆照。W 12 月 26 日将该推文转发至"合木中心"的各个社群，在微信群内呼吁大家持续关注、到场参加，随后将确定到场的人拉至同一微信群中。在演出开始前，W 又将活动现场的彩排花絮、舞台位置等信息发布在群内。演出结束后，负责全程摄录的工作人员将现场的图片、视频发布至群内。一位参与者称赞道："今晚的表演很棒，尤其是在人群中默默地出现，让我们不知不觉地发现。"（B，户外艺术节观众群，2019 年 12 月 27 日）

之后，媒体对于本次活动的新闻报道又被转发至群内。"合木中心"的工作人员也将自己的感受发至群内："这个演出的作品，有太多的维度可以去感受和理解。这里又多了一些维度。"（C，户外艺术节观众群，2019 年 12 月 27 日）"邀请前来的好朋友们，有说看见每一个人在发光，有说同在一座城，所有人没有什么不一样，有说以后的日子，和残障伙伴一起努力，一起在场。"（LX，个人社交媒体，2019 年 12 月 27 日）

在网络时代，公益活动要想获得受众的青睐，与受众达成情感连接，显然不能止步于提供信息，更重要的是产生"情感黏合剂"。网络作为公众公益活动传播动员的渠道，已经不单纯充当着信息集散的场域，也成了公益组织用来联结公众、交流情感的平台。"合木中心"经由上述社群扩散的路径，将线下活动传递的情感继续在线上平台发酵，线下的行动剧目被转换为线上的图片、视频等电子符号，经由社群互动扩散至虚拟空间的成员中，实现线上线下的情感联动。

（四）情感认同："我们"感的建构

认同感是激励情感动员的核心要义。曼纽尔·卡斯特在《认同的力量》中指出：认同，是社会行动者自我辨认和建构意义的过程。在社会运动领域，"认同"形成一种"共意"，能够促使更多人加入讨论中，进行抗争。[①] 在公益组织的情感动员中，"我们"感的建构也是公众长期关注公益议题、参加公益行动的关键。[②]

---

① 林虹宇. 自媒体时代"表演式抗争"中的情感动员机制［D］. 重庆：重庆大学，2016.

② 张小强，张倩. 少数民族地区环境议题中的互联网动员情况研究：以大理地区洱海保护议题的动员效果为例［J］. 新闻界，2016（1）：54-61.

　　在"合木中心"的情感动员中，"我们"一直是其强调的一个关键概念。"我们"中，不仅包含残障者，也包含非残障者，期望大家对自身社会角色进行反思，透过对身体本源的思考去理解身体能力的差异。"合木中心"在其微信公众号推文中写道："如今已经没有谁可以单纯地扮演着一位支持者的角色，大家都渴望有新的认知和成长；与其隔岸观火，不如投身其中来找一种新的眼界和经历；也没有谁只是一位单纯的接受方，大家也希望能参与过程的讨论、表达和找到自己的价值。在这里已经没有了纯粹的志愿者、残障学员和工作人员，大家都是一个新事物的共建者。"①

　　"合木中心"也借由创意活动向公众不断强化这一概念。观看 GOA 户外艺术节本次演出的观众 S 告诉笔者："我能接受他们（残障人士）以这样的方式出现在我们身边。我觉得他们舞蹈传达的内容并不是只针对残障，而是与每一个人都相关，我也会在工作的时候不注意身体，健康是非常重要的。……在某种程度上，我们都是有不同障碍的人。"（S，非正式访谈，2019 年 12 月 27 日）

　　在"合木中心"的创意活动中，个体受到场景、情绪的感染后，能够在活动的情境中重新定义自己的身份，对自身的社会角色进行反思，形成一个与残障人士感同身受的共同体。"合木中心"的志愿者 P 在一次公益活动后对笔者说："如果明天我出什么意外，成了残障，不就和他们一样了吗？……大家平等相处就好，不是残障与否，而是人与人。我能感觉到他们彼此之间有很强的认同感，同是盲人，同坐轮椅，就像战友一样。有过共同生命体验，彼此自然会更理解对方。在合木工作的许多人都不是残障，但是据我观察他们相处得很不错，和这个城市里任何一个办公室的人一样。"（P，访谈，2019 年 12 月 30 日）

　　"我们"感的建构不仅达成了公众与公益组织的情感联结，还从中酝酿出了对残障群体的感同身受，这种感受更紧密地将个体与组织相连接，进而经由"我们"这个共同的身份标签形成了一个聚合的共同体。在"合木中心"的情感动员中，主要采取了"唤起同情"与"拒绝同情"两条对立的情感路径，让公众对残障者产生同情情绪的同时，也有意模糊残障与非残障的界限，将其塑造为经历各种障碍仍努力追求幸福的个体。笔者又引用"行动剧目"的概念分析"合木中心"与公众进行情感互动的动态过程。在创意活动现场，道具、演

---

　　① 合木创新中心微信公众号. 在这里，人人都是新事物的共建者！| 合木新年共建日 [EB/OL].［2020 - 03 - 01］. https://mp. weixin. qq. com/s/sUkbNBZZImRFfkjpwn6wCw.

员、现场环境共同构成一个情感的场域，公众在其中获得感同身受的情绪体验，将束缚、障碍等移情到自己身上。同时，"合木中心"还借由媒介和网络社群，实现现实空间和虚拟空间的情绪扩散；且一直关注对于"我们"感的构建，让受到情绪感染的公众与公益组织形成一个紧密联合的共同体。

五、小结

"合木中心"在"资源动员"和"情感动员"方面并不是相互独立的，而是彼此互为依托、相辅相成的。公益组织通过媒体资源与网络资源完成情感的扩散，最终在残障人士、社会公众、志愿者中形成情感认同。更进一步说，资源是公益组织动员的目标，而情感成为一种动员手段，帮助公益组织扩展潜在的动员结构，联结更多元的资源以供组织健康运转。

在资源动员方面，"合木中心"动员资源的类型种类较多，包括官方资源、企业资源、媒体资源、网络资源、人力资源、其他公益组织资源共六大类。"合木中心"对每一种资源都采取了主动联结、积极沟通的策略，并与每一种资源都建立了较好的联系与互动。在情感动员方面，"合木中心"采取了"情感激发—情感互动—情感扩散—情感认同"的链路进行情感动员。通过"唤起同情"与"拒绝同情"激发公众情感，再经由行动剧目与公众进行深入互动，借由虚拟社群将情感扩散至现实场景和虚拟场景，将微弱的声音汇集为群体的声音，形成线上线下的情感联动，最终实现情感认同，进而完成其情感动员的动态路径。

本章对"合木中心"这一残障公益组织个案进行了研究，以期从"资源动员"和"情感动员"两条路径描摹其颇具特色的动员机制，但依然存在以下不足：首先，采用了个案研究的方式对单个公益组织进行考察，无法对不同议题领域的社会组织进行异同比较；其次，试图构建社交媒体在公益组织的"资源动员"和"情感动员"中的影响机制，但研究尚不深入，还有很大的空间有待挖掘。希望本章能为后续相关研究做些许有益的铺垫，能让更多学者关注到公益组织、残障群体，为公益组织的长足发展建言献策，让残障群体的社会融合议题得到持续推进。

结　语

　　在过去三十年左右时间里，互联网等新媒体技术的迅猛发展，对残障群体的个人和公共生活产生了深远的影响。学界对这种技术影响已经寄予厚望，甚至将其提高到"技术的应许"① 的高度。本书分九章，聚焦残障群体新媒体实践重要的三个面向：数字社会融入、社交媒体展演与互联网慈善公益，较为系统地考察残障群体的数字化就业、网络亲密关系、新媒体使用与社会融入、短视频个体叙事、社交媒体认同展演、互联网企业残障慈善以及残障公益动员等媒介实践活动，对新媒体与残障者的交互关系进行深入的研究，对新媒体技术可能带来的负面影响提出必要的警觉与反省。由于我们在绪论部分已经从"技术的应许"的角度对全书的理论基调作好了铺垫，在此结语部分我们希望从"信息技术赋能"和"数字社会融合"的角度继续延展我们在绪论部分就开始的思考与反思。

一、信息技术赋能

　　赋权，是一个多层次、宽泛的概念体系，在不同学科中适用于不同层面的研究。总体而言，赋权一词可以从个体和集体两个层面来认识，有学者因此将它分为动机性概念和关系性概念，以区分从个体心理与社会关系两个角度对赋权的界定。从心理学的个体动机角度看，赋权是"赋能"或是一种"自我效能"（self-efficacy），它源于个体对自主的内在需求，在这个意义上，赋能就是通过提升强烈的个人效能意识，以增强个体达成目标的动机，它是一个让个体

---

　　① ADKINS B，SUMMERVILLE J，KNOX M，et al. Digital technologies and musical participation for people with intellectual disabilities ［J］. New media & society，2013，15（4）：501 - 518，503.

感受到能自己控制局面的过程。但如果从社会情境看，"赋权"这一词的核心词是"权力"，西方学者对"权力"进行过系统而深入的探讨。例如在福柯看来权力建构于社会关系网络之中，所以"权力"只有存在于社会关系这一角度才有意义。

因此，对赋权的理解，首先得从作为关系性概念的权力下手。从集体层面或关系层面看，赋权是一个动态的、跨层次的、关系性的概念体系，是一个社会互动的过程，它同时涵盖了心理精神和行为、个体与集体的双向关系。正是在这一意义拓展了赋权概念的内涵，令赋权成为联结了个体的力量和能力、自发的互助系统和对社会政策和社会变革采取的主动行为。更进一步，赋权理论、研究和干预还将个体的福祉与广泛的社会、政治环境联系在一起，将赋权概念联结了心理健康与互助，并可能创造出一个守望相助的社群。

从上述概念的分析不难发现赋权理论有三个重要的取向。赋权的对象主要是社会中那些"无权"或"弱权"的群体，即那些在政治、经济、文化等社会资源分配中处于劣势而导致其生存、发展遭遇能力和权力缺失的人群。

从这一学术脉络出发，从"技术的应许"视角考察残障者的新媒体实践，对残障者个体赋权与其社会融合之间的关系进行细致探究。

二、数字社会融合

社会融合（social inclusion）作为一个政策性概念，来源于欧洲学者对于社会排斥（social exclusion）的研究。法国学者 René Lenoir 最先提出"社会排斥"这一概念。[①] 在其最初的研究中，受排斥者主要包括身体与精神残疾者、老人、反社会群体等。由于社会排斥现象普遍存在各个国家之中，在 Lenoir 提出社会排斥概念之后，这一概念在世界范围内被学者和政客普遍接受。起初，社会排斥这一概念特指在经济上遭到排斥的现象。但是后来的学者 Burchardt 等人扩展了这一概念：社会成员在消费、生产、政治、社会互动中参与不足或不参与都可能被认为是社会排斥的存在。[②]

而残障群体作为传统社会的弱势群体往往便遭受严重的社会排斥问题，遭

①　LENOIR R. Les exclus：un français sur dix［M］. Paris：Seuil，1974.

②　BURCHARDT J，GRAND L，PIACHARD D. Social exclusion in Britain 1991 - 1995［J］. Social policy & administration，2000，33（3）：75 - 86.

遇不公正的社会待遇。比如，法律的不公正待遇、不公正和待遇较差的社会服务、受限的经济发展可能和工作机会、受限制的居住机会等，而这主要是因为社会的障碍，即社会优势群体享有更多权利和更高的社会地位，他们放大残障群体等弱势群体的不足，通过社会歧视阻碍残障群体的社会参与并形成恶性循环。具体在中国语境下，国内众多学者对我国残障者社会融合现状进行了深入调研，发现当前残障者社会融合面临下列挑战：在医疗层面，社会对残障问题的解决方法主要是通过医疗卫生服务、社会福利和慈善救助等项目对残障者进行关心、保护和帮助，通过治疗与康复尽力帮助残障者重建身体功能，以使他们适应"正常的"社会机制。社会本着人道的考虑，将残障者作为福利与慈善的对象，通过救济与施舍使残障者的生活状况有所改善。社会公共设施与服务都是为满足非残障者的需求而设计的，残障者要么通过自身的努力适应社会的要求，要么被安置到单设的机构或者接受替代性服务，并不会改变设施或调整服务以适应残障者。① 在基础设施层面，道路和建筑物设计上存在的通达障碍使得残障者无法独立走出家庭、步入社区，信息沟通上存在的交流障碍使得残障者无法参与社会生活。在经济层面，残障者家庭与普通家庭收入差距大。以浙江省绍兴市为例，2013 年该市城镇残障者家庭人均年收入只占城镇居民人均收入 58.3%；农村残障者人均收入只占农村人均纯收入的 65.5%；残障者家庭人均住房使用面积也少于城乡社会人均住房使用面积。② 困难的原因主要在于残障的开支和家庭就业不充分，给残障者家庭造成沉重的经济负担。从就业层面来看，残障者普遍受到就业上的歧视，相比健康人群，残障者更难找到工作。③ 从教育层面来看，残障者文化水平偏低，普通教育对残障者的教育方式落后，而教育是残障者融入社会的根本保证。总体而言，我国目前面临着残障者社会融合的诸多困境。尽管中央与地方政府出台的相关政策法规有效保护了残障者的权益，但是由于诸多复杂因素的影响，残障者的社会融入状况仍然不容乐观。

信息通信技术等新媒体技术的发展特别是其信息技术赋能的潜力，将数码

① 李志明，徐悦. 树立新型残疾人观，促进残疾人社会参与和融合 [J]. 社会保障研究，2010（1）：105 – 108.

② 罗新阳. 从排斥到融合：残疾人社会融入路径研究：基于对浙江省绍兴市 1 845 份问卷的分析 [J]. 中共南京市委党校学报，2014（6）：72 – 80.

③ 潘利营. 一项基于社会工作增权理论的研究：对南京市某福利机构中智障人士生活状况的分析 [J]. 社会工作（理论版），2009（12）：9 – 12.

结　语

•••　•••

融合、数码排斥、社会融合和社会排斥等问题有机勾连起来，这可能带来怎样新的社会融合或社会排斥的问题，将成为残障群体研究的重要发展方向。实际上，随着信息通信技术等新媒体技术的发展，数字社会已成为残障者社会融入日益重要的一个方面。[①] 在此背景下，越来越多的研究力图了解信息通信技术等新媒体技术与残障之间的关系，特别是探讨数字包容如何为残障者应对社会排斥提供巨大希望[②]，认为信息通信技术等新媒体技术有潜力使残障者克服障碍问题，可以帮助残障者更好地融入社会，残障者能够在更具包容性的社会中充分体验公民身份。[③]

在这样的学术脉络下，本书整体上对数字社会融合抱有良好的期待，但也同样对可能出现的进一步的数字排斥保持警惕。[④] 这是因为，面对更广泛的社会经济不平等和障碍[⑤]，信息通信技术等新媒体技术的发展和赋权并不必然赞同于解放的自动来源，它们甚至可能成为社会排斥的新领域[⑥]。因此，这始终是一个进行中的、未尽的研究，需要我们持续关注和探索；既怀抱希望，也保持警惕。

---

①　ALPER M, GOGGIN G. Digital technology and rights in the lives of children with disabilities [J]. New media & society, 2017, 19 (5): 726 – 740; RITCHIE H, BLANK P. The promise of the Internet for disability: a study of on-line services and web site accessibility at centers for independent living [J]. Behavioral sciences & the law, 2003, 21 (1): 5 – 26.

②　GOGGIN G, NEWELL C. Digital disability: the social construction of disability in new media [M]. Washington DC: Rowman & Littlefield, 2003.

③　FOLEY A, FERRI B A. Technology for people, not disabilities: ensuring access and inclusion [J]. Journal of research in special educational needs, 2012, 12 (4): 192 – 200.

④　ADAM A, KREPS D. Disability and discourses of web accessibility [J]. Information, communication & society, 2009, 12 (7): 1041 – 1058; ELLCESSOR E. Restricted access: media, disability, and the politics of participation (Vol. 6) [M]. New York: NYU Press, 2016; VINCENTE M R, LÓPEZ A J. A multidimensional analysis of the disability digital divide: some evidence for Internet use [J]. The information society, 2010, 26 (1): 48 – 64.

⑤　ADAM A, KREPS D. Disability and discourses of web accessibility [J]. Information, communication & society, 2009, 12 (7): 1041 – 1058.

⑥　GOGGIN, G, NEWELL C. Digital disability: the social construction of disability in new media [M]. Washington DC: Rowman & Littlefield, 2003; DOBRANSKY K, HARGITTAI E. The disability divide in internet access and use [J]. Information, communication & society, 2006, 9 (3): 313 – 334.

三、研究的星星之火

面对这样一项持续的学术工作，我们选择集体努力，而且期待后续接力。本书由笔者与研究生共同合作完成。笔者从未强制、要求或者鼓励研究生选择数码残障研究作为其毕业论文选题，相反，当她们表现出这方面的意向时，笔者总一再提醒她们选择这一选题的难度，甚至是相较其他选题额外的困难。

首先，数码残障研究、信息无障碍研究或者无障碍传播等残障与新媒体相关研究目前在国内传播学界并非"显学"或者主流的研究方向。这一方面意味着选择这个选题是有一定风险的，不容易受到学科内部的承认，往往需要作更多的"合法性"解释，另一方面也预示着选择这一选题是较少有中文的前人研究可以参考学习的，需要付出更多时间精力和努力"啃"英文文献。

其次，由于笔者要求学生在研究生阶段要打好基础，特别是要对实证研究方法有系统的训练，这给各项研究都带来了巨大的挑战。这是因为，针对不同残障类别、程度残障者的研究往往有不同的现实困难；而且许多残障者分散于全国各地特别是农村偏远地区，日常生活公共空间等也并不常见。

再次，对于还没有踏出社会、没有太多社会经历阅历的学生而言，与残障者顺畅的深度访谈还是有一定挑战的。虽然笔者基本会给她们作基本的背景讲述，即如何在平等、尊重的基础上对残障者进行访谈，但在实际实践中她们还是会碰到各种各样的问题。当然，这也是她们宝贵的学习机会。

最后，残障研究对校园里的学生而言，也是一种心理挑战和成长。尽管我们坚持社会模型的理论视角，坚信中国残障者的生存生活质量已经得到了显著的提升，但毋庸置疑的是，许多残障者还是相对的弱势群体，他们的生命故事非常动人，但有时却也异常沉重，对学生而言甚至是不能承受之重，有学生甚至反映研究久了自己也"emo"（情绪低落、抑郁）了。

以上种种现实问题，不一而足，无不是重重挑战和困难。这也是为什么尽管国际残障研究一直有"nothing about us without us"的原则，即要求尽量多地吸纳残障人士参与到残障研究之中，尽量让残障人士发出自己的声音①，但是

---

① CHARLTON J. Nothing about us without us ［M］. London：University of California Press，1998.

现实研究中有残障本身的限制以及其他种种局限，导致这一原则在实际研究中很难被很好地践行，这可能也是我们系统检索数据库的话会发现残障研究相对较少的一个重要现实原因。

因此，在这个现实意义上，尽管学生们的研究可能是不成熟的，却是真实和真诚的。特别是由于本书最终是以论文集的形式形成研究成果，不可避免地存在许多不足和需要完善与改进的地方，尤其是在研究的深度和系统性上，是有很大的提升空间的，但是，笔者仍然对她们勇敢的努力和尝试表示敬意。笔者并不把这本书当作一个成熟的作品，而更愿意看作一颗颗种子，是未来各种研究可能的可能。

星星之火，未来可期。

参考文献

一、英文文献

1. ADAM A, KREPS D. Disability and discourses of web accessibility [J]. Information, communication & society, 2009, 12 (7).

2. ADKINS B, SUMMERVILLE J, KNOX M, et al. Digital technologies and musical participation for people with intellectual disabilities [J]. New media & society, 15 (4).

3. ALBRECHT G L, SEELMAN K D, BURY M. Handbook of disability studies [M]. London: Sage, 2001.

4. ALPER M, GOGGIN G. Digital technology and rights in the lives of children with disabilities [J]. New media & society, 2017, 19 (5).

5. BALANDIN S, MOLKA-DANIELSEN J. Teachers' perceptions of virtual worlds as a medium for social inclusion for adults with intellectual disability [J]. Disability and rehabilitation, 2015, 37 (17).

6. BARLOTT T, APLIN T, CATCHPOLE E, et al. Connectedness and ICT: opening the door to possibilities for people with intellectual disabilities [J]. Journal of intellectual disabilities, 2020, 24 (4).

7. BOWKER N, TUFFIN K. Disability discourses for online identities [J]. Disability & society, 2002, 17 (3).

8. BROWN G, PICKERILL J. Space for emotion in the spaces of activism [J]. Emotion, space and society, 2009, 2 (1).

9. BULK L Y, EASTERBROOK A, ROBERTS E, et al. "We are not anything alike": marginalization of health professionals with disabilities [J]. Disability & society, 2017, 32 (5).

10. CAMPBELL A, UREN M. "The invisibles..." disability in China in the 21st century [J]. International journal of special education, 2011, 26 (1).

11. CAMPBELL M. Disabilities and sexual expression: a review of the literature [J]. Sociology compass, 2017, 11 (9).

12. CARMEN Y. Sex and stigma: the impact of structural violence on people with disabilities in Taiwan [J]. China journal of social work, 2019, 12 (2).

13. CARROLL A B, SHABANA K M. The business case for corporate social responsibility: a review of concepts, research and practice [J]. International journal of management reviews, 2010, 12 (1).

14. CASTELLS M. The power of identity [M]. Malden, MA: Blackwell, 1997.

15. CATON S, CHAPMAN M. The use of social media and people with intellectual disability: a systematic review and thematic analysis [J]. Journal of intellectual & developmental disability, 2016, 41 (2).

16. CHARLTON J. Nothing about us without us [M]. London: University of California Press, 1998.

17. CHEN S. Corporate responsibilities in internet-enabled social networks [J]. Journal of business ethics, 2009, 90 (4 supplement).

18. CLEMENTS L, READ J. Disabled people and the right to life [M]. London and New York: Routledge, 2008.

19. COCQ C, LJUSLINDER K. Self-representations on social media. Reproducing and challenging discourses on disability [J]. Alter, 2020, 14 (2).

20. CONEJO M A. Disabled women and transnational feminisms: shifting boundaries and frontiers [J]. Disability & society, 2011, 26 (5).

21. COTE A C, MEJEUR C. Gamers, gender, and cruel optimism: the limits of social identity constructs in The Guild [J]. Feminist media studies, 2018, 18 (6).

22. DARCY S, MAXWELL H, GREEN J. Disability citizenship and independence through mobile technology? A study exploring adoption and use of a mobile technology platform [J]. Disability & society, 2016, 31 (4).

23. DAVIS F. Deviance disavowal: the management of strained interaction by the visibly handicapped [J]. Social problems, 1961, 9 (2).

24. DAVIS L J. Enforcing normalcy: disability, deafness, and the body [M]. New York: Verso Books, 1995.

25. DAVIS M, BOLDING G, HART G, et al. Reflecting on the experience of interviewing online: perspectives from the Internet and HIV study in London [J]. AIDS care, 2004, 16 (8).

26. ELLCESSOR E. Bridging disability divides: a critical history of web content accessibility through 2001 [J]. Information, communication & society, 2010, 13 (3).

27. ELLCESSOR E. Cyborg hoaxes: disability, deception, and critical studies of digital media [J]. New media & society, 2017, 19 (11).

28. ELLCESSOR E. Restricted access: media, disability, and the politics of participation [M]. New York: New York University Press, 2016.

29. ELLIS K, KENT M. Disability and new media [M]. New York: Routledge, 2010.

30. ENQUIST B, EDVARDSSON B, SEBHATU S P. Corporate social responsibility for charity or for service business? [J]. Asian journal on quality, 2008, 9 (1).

31. ESMAIL S, DARRY K, WALTER A, et al. Attitudes and perceptions towards disability and sexuality [J]. Disability and rehabilitation, 2010, 32 (14).

32. ESTELLE T. Ouch!: an examination of the self-representation of disabled people on the Internet [J]. Journal of computer-mediated communication, 2006, 11 (2).

33. FEELY M. Disability studies after the ontological turn: a return to the material world and material bodies without a return to essentialism [J]. Disability & society, 2016, 31 (7).

34. FINKELSTEIN V. The commonality of disability [M] //SWAIN J, FINKELSTEIN V, FRENCH S, et al. (eds) Disabling barriers—enabling environments. London: Sage, 1993.

35. FLYNN S. Engaging with materialism and material reality: critical disability studies and economic recession [J]. Disability & society, 2017, 32 (2).

36. FOLEY A, FERRI B A. Technology for people, not disabilities: ensuring access and inclusion [J]. Journal of research in special educational needs, 2012, 12 (4).

37. FULCHER G. Integrate and mainstream? Comparative issues in the politics of these policies [M] //BARTON L. (ed) Integration: myth or reality. London: Falmer, 1989.

38. FURNER J. Recovering the social interpretation of disability [J]. Disability & society, 2020, 35 (10).

39. FURR J B, CARREIRO A, MCARTHUR J A. Strategic approaches to disability disclosure on social media [J]. Disability & society, 2016, 31 (10).

40. GALVIN R. A genealogy of the disabled identity in relation to work and sexuality [J]. Disability & society, 2006, 21 (5).

41. GAVIN J, REES-EVANS D, DUCKETT A, et al. The attractiveness, trustworthiness and desirability of autistic males' online dating profiles [J]. Computers in human behavior, 2019, 98.

42. GOGGIN G, NEWELL C. An end to disabling policies? Toward enlightened universal service [J]. The information society, 2000, 16 (2).

43. GOGGIN G, NEWELL C. Digital disability: the social construction of disability in new media [M]. Washington DC: Rowman & Littlefield, 2003.

44. GOGGIN G, NEWELL C. Disability, identity, and interdependence: ICTs and new social forms. Special issue [J]. Information, communication & society, 2006, 9 (3).

45. GUO B, BRICOUT J C, HUANG J. A common open space or a digital divide? A social model perspective on the online disability community in China [J]. Disability & society, 2005, 20 (1).

46. GUTIERREZ L M. Beyond coping: an empowerment perspective on stressful life events [J]. Journal of sociology & social welfare, 1994 (3).

47. HARDEY M. The formation of social rules for digital interactions [J]. Information, communication & society, 2008, 11 (8).

48. HEBBLEWHITE G, HUTCHINSON N, GALVIN K. Adults with intellectual disabilities' lived experiences of wellbeing and the internet: a descriptive phenomenological study [J]. Disability & society, 2022, 37 (4).

49. HUFFAKER D, CALVERT C. Gender, identity and language use in teenage blogs [J]. Journal of computer-mediated communication, 2005, 10 (2).

50. HUGHES B, PATERSON K. The social model of disability and the disappearing body: towards a sociology of impairment [J]. Disability & society, 1997, 12 (3).

51. HUNT P. Stigma: the experience of disability [M]. London: Geoffrey Chapman, 1966.

52. HUTCHINSON K, ROBERTS C, DALY M. Identity, impairment and disablement: exploring the social processes impacting identity change in adults living with acquired neurological impairments [J]. Disability & society, 2018, 33 (2).

53. JAY M. Downcast eyes: the denigration of vision in twentieth century French thought [M]. Berkeley: University of California Press, 1994.

54. JENARO C, FLORES N, CRUZ M, et al. Internet and cell phone usage patterns among young adults with intellectual disabilities [J]. Journal of applied research in intellectual disabilities, 2017, 31 (2).

55. JENKS A. Crip theory and the disabled identity: why disability politics needs impairment [J]. Disability & society, 2019, 34 (3).

56. JIN X, GUO Q, FELDMAN M W. Marriage squeeze and intergenerational support in contemporary rural China: evidence from X county of Anhui province [J]. The international journal of aging and human development, 2015, 80 (2).

57. JOLLEY E, LYNCH P, VIRENDRAKUMAR B, et al. Education and social inclusion of people with disabilities in five countries in West Africa: a literature review [J]. Disability and rehabilitation, 2018, 40 (22).

58. KIM E J, SKINNER T, PARISH S L. A study on intersectional discrimination in employment against disabled women in the UKs [J]. Disability & society, 2019, 35 (5).

59. KIMA M M, WILLIAMSA B C. Lived employment experiences of college students and graduates with physical disabilities in the United States [J]. Disability & society, 2012, 27 (6).

60. LAMICHHANEA K. Employment situation and life changes for people with disabilities: evidence from Nepal [J]. Disability & society, 2012, 27 (4).

61. LEVITT J M. Developing a model of disability that focuses on the actions of disabled people [J]. Disability & society, 2017, 32 (5).

62. LEVITT J M. Exploring how the social model of disability can be re-invigorated: in response to Mike Oliver [J]. Disability & society, 2017, 32 (4).

63. LEVITT J M. Integrating models of disability: a reply to Shakespeare and Watson [J]. Disability & society, 1997, 12 (2).

64. LEWTHWAITE S, JAMES A. Accessible at last?: what do new European digital accessibility laws mean for disabled people in the UK? [J]. Disability & society, 2020, 35 (8).

65. LIDDIARD K. The work of disabled identities in intimate relationships [J]. Disability & society, 2014, 29 (1).

66. LIGHT R. Enduring economic exclusion: disabled people, income and work [J]. Disability & society, 2000, 16 (4).

67. LIN Z, YANG L, ZHANG Z. To include, or not to include, that is the question: disability digital inclusion and exclusion in China [J]. New media & society, 2018, 20 (12).

68. LIN Z, YANG L. Individual and collective empowerment: women's voices in the #MeToo movement in China [J]. Asian journal of women's studies, 2019, 25 (1).

69. LIN Z, YANG L. A digital promised land? Digital landscape as a heterotopia for disabled people in China [J]. Information, communication & society, 2020, 23 (8).

70. LIN Z, YANG L. Denial of disability discrimination by disabled people in China [J]. Disability & society, 2018, 33 (5).

71. LIN Z, YANG L. The power to see: visualizing invisible disabilities in China [J]. Visual communication, 2021, 20 (1).

72. LIN Z, ZHANG Z, YANG L. Self as enterprise: digital disability practices of entrepreneurship and employment in the wave of "Internet + disability" in China [J]. Information, communication & society, 2019, 22 (4).

73. MACDONALD S J, CLAYTON J. Back to the future, disability and the digital divide [J]. Disability & society, 2013, 28 (5).

74. MCRUER R. Crip theory: cultural signs of queerness and disability [J]. Scandinavian journal of disability research, 2006, 10 (1).

75. MERCER G. Emancipatory disability research [M] //BARNES C, OLIVER M, BARTON L. (eds) Disability studies today [M]. Cambridge: Polity Press, 2002.

76. MOSER I. Disability and the promises of technology: technology, subjectivity and embodiment within an order of the normal [J]. Information, communication & society, 2006, 9 (3).

77. NELSON J A. The media role in building the disability community [J]. Journal of mass media ethics, 2000, 15 (3).

78. OLIVER M, BARNES C. Current issues all we are saying is give disabled researchers a chance [J]. Disability & society, 1997, 12 (5).

79. OLIVER M, BARNES C. Disability studies, disabled people and the struggle for inclusion [J]. British journal of sociology of education, 2010, 31 (5).

80. OLIVER M, BARNES C. The new politics of disablement [M]. New York: Palgrave Macmillan, 2012.

81. OLIVER M. The social model of disability: thirty years on [J]. Disability & society, 2013, 28 (7).

82. OLIVER M. Understanding disability: from theory to practice [M]. Basingstoke: Macmillan Press, 1996.

83. PAPADIMITRIOU C. "It was hard but you did it": the co-production of "work" in a clinical setting among spinal cord injured adults and their physical therapists [J]. Disability and rehabilitation, 2008, 30 (5).

84. PATERSON K, HUGHES B. Disability studies and phenomenology: the carnal politics of everyday life [J]. Disability & society, 1999, 14.

85. PAYNE D A, HICKEY H, NELSON A. Physically disabled women and sexual identity: a photo voice study [J]. Disability & society, 2016, 31 (8).

86. PERKINS D D, ZIMMERMAN M A. Empowerment theory, research, and application [J]. American journal of community psychology, 1995, 23 (5).

87. PETERS C, BRADBARD D A. Web accessibility: an introduction and implications for a corporate social responsibility marketing strategy [J]. Journal of Internet commerce, 2007, 6 (4).

88. QU Y, WATSON N. Gathering in a cyber world: Internet use of Chinese disabled people and the emergence of disability constituencies [J]. Disability & society, 2019, 34 (7 - 8).

89. QU Y. Is the internet the game changer? Disabled people and digital work in China [J]. Disability & society, 2020, 37 (5).

90. RAMACHANDRAN V. Strategic corporate social responsibility: a "dynamic capabilities" perspective [J]. Corporate social responsibility and environmental management, 2010, 18 (5).

91. RAO D B. Education for all: issues & trends [M]. New Delhi: APH Publishing, 2008.

92. RASMUSSEN M L. "Cruel optimism" and contemporary Australian critical theory in educational research [J]. Educational philosophy and theory, 2015, 47 (2).

93. RUNSWICK-COLE K A, GOODLEY D. Disability, austerity and cruel optimism in big society: resistance and "the disability commons" [J]. Canadian journal of disability studies, 2015 (4).

94. RUSTAD M, KASSAH K A. Learning disability and work inclusion: on the experiences, aspirations and empowerment of sheltered employment workers in Norway [J]. Disability & society, 2020, 36 (3).

95. SALTES N. Disability, identity and disclosure in the online dating environment [J]. Disability & society, 2013, 28 (1).

96. SAXTON M, HOWE F. With wings: an anthology of literature by women with disabilities [M]. London: Virago Press, 1988.

97. SCHOLZ F, YALCIN B, PRIESTLEY M. Internet access for disabled people: understanding socio-relational factors in Europe [J]. Cyberpsychology: journal of psychosocial research on cyberpspace, 2017, 11 (1).

98. SCHUR L, KRUSE D, BLANCK P. Corporate culture and the employment of persons with disabilities [J]. Behavioral sciences & the law, 2005, 23 (1).

99. SERVON L J. Bridging the digital divide: technology, community and public policy [M]. Malden, MA: Blackwell Publishing, 2008.

100. SHAKESPEARE T. Disability rights and wrongs revisited ［M］. London: Routledge, 2013.

101. SHAKESPEARE T. The social model of disability ［J］. The disability studies reader, 2006 (2).

102. SHELDON A. Personal and perplexing: feminist disability politics evaluated ［J］. Disability & society, 1999, 14 (5).

103. SIMINSKI P. Patterns of disability and norms of participation through the life course: empirical support for a social model of disability ［J］. Disability & society, 2003, 18 (6).

104. SÖDERSTRÖM S. Offline social ties and online use of computers: a study of disabled youth and their use of ICT advances ［J］. New media & society, 2009, 11 (5).

105. SOFFER M, KOREH M, RIMMERMAN A. Politics of geographic exclusion: deinstitutionalization, hegemony and persons with intellectual disability in Israel ［J］. Disability & society, 2017, 32 (8).

106. SOLVANG P. The amputee body desired: beauty destabilized? Disability re-valued? ［J］. Sexuality and disability, 2007, 25 (2).

107. SOMERS R. The narrative construction of identity: A relational and network approach ［J］. Theory and society, 1994, 23.

108. STAPLES J. Doing disability through charity and philanthropy in contemporary South India ［J］. Contributions to Indian sociology, 2018, 52 (2).

109. SVANEL V E. An observation study of power practices and participation in group homes for people with intellectual disability ［J］. Disability & society, 2020, 35 (9).

110. SWAIN J, FRENCH S, CAMERON C. Controversial issues in a disabling society ［M］. New York: McGraw-Hill Education, 2003.

111. SYMEONIDOU S. A critical consideration of current values on the education of disabled children ［J］. International journal of inclusive education, 2002, 6 (3).

112. TALEPOROS G, MCCABE M P. The impact of sexual esteem, body esteem, and sexual satisfaction on psychological well-being in people with physical disability ［J］. Sexuality and disability, 2002, 20 (3).

113. TAUB D E, MCLORG P A, BARTNICK A K. Physical and social barriers to social relationships: voices of rural disabled women in the USA ［J］. Disability & society, 2009, 24 （2）.

114. THOMSON R G. Extraordinary bodies: figuring physical disability in American culture and literature ［M］. New York: Columbia University Press, 2017.

115. THOREAU E. Ouch!: an examination of the self-representation of disabled people on the Internet ［J］. Journal of computer-mediated communication, 2006, 11 （2）.

116. VICENTE M R, LÓPEZ A J. A multidimensional analysis of the disability digital divide: some evidence for Internet use ［J］. The information society, 2010, 26 （1）.

117. WATERMEYER B. Towards a contextual psychology of disablism ［M］. London: Routledge, 2012.

二、中文文献

1. 鲍雨, 黄盈盈. 从偏差到"体现": 对"残障"意义的社会学理解 ［J］. 北京社会科学, 2015 （5）.

2. 鲍雨. 身体麻烦: 对脊髓损伤者日常生活中残障经验的考察 ［J］. 社会学评论, 2017, 5 （3）.

3. 蔡润芳. "积极受众"的价值生产: 论传播政治经济学"受众观"与 Web 2.0 "受众劳动论"之争 ［J］. 国际新闻界, 2018, 40 （3）.

4. 曾繁旭. 环保 NGO 的议题建构与公共表达: 以自然之友建构"保护藏羚羊"议题为个案 ［J］. 国际新闻界, 2007 （10）.

5. 曾桂林. 从"慈善"到"公益": 近代中国公益观念的变迁 ［J］. 文化纵横, 2018 （1）.

6. 曾坚朋. "网恋": 虚拟分离与现实回归 ［J］. 人文杂志, 2002 （6）.

7. 曾坚朋. 虚拟与现实: 对"网恋"现象的理论分析 ［J］. 中国青年研究, 2002 （6）.

8. 曾林浩, 曾振华. 场景融合与身份混杂: 媒介情境理论下微信朋友圈的使用 ［J］. 编辑学刊, 2019 （1）.

9. 陈为雷，毕宪顺. 中外慈善事业比较研究［M］. 北京：中国政法大学出版社，2019.

10. 成伯清. 从同情到尊敬：中国政治文化与公共情感的变迁［J］. 探索与争鸣，2011（9）.

11. 谷李. 情不自禁的资本主义：理解"霸道总裁"［J］. 国际新闻界，2019，41（5）.

12. 郭小安，刘明瑶. 媒介动员视角下"表演式抗争"的发生与剧目：以"中青报门口访民集体喝农药事件"为例［J］. 现代传播，2016，38（5）.

13. 郭小安，王木君. 网络民粹事件中的情感动员策略及效果：基于2002—2015年191个网络事件的内容分析［J］. 新闻界，2016（7）.

14. 胡婕婷. 众筹仪式何以可能？："99公益日"个体捐赠行为的社会学分析［J］. 社会发展研究，2018，5（1）.

15. 黄盈盈. 性/别、身体与故事社会学［M］. 北京：社会科学文献出版社，2018.

16. 黄月琴. "弱者"与新媒介赋权研究：基于关系维度的述评［J］. 新闻记者，2015（7）.

17. 黄月琴. 新媒介技术视野下的传播与赋权研究［J］. 湖北大学学报（哲学社会科学版），2016，43（6）.

18. 焦若水，李国权. 残疾人就业：互联网时代的机遇与挑战［J］. 残疾人研究，2019（4）.

19. 李东晓，熊梦琪. "可及"之后：新媒体的无障碍传播研究与反思［J］. 浙江学刊，2017（6）.

20. 李志明，徐悦. 树立新型残疾人观，促进残疾人社会参与和融合［J］. 社会保障研究，2010（1）.

21. 梁幸枝，骆风. 当代青年家庭婚姻爱情价值观的变迁：基于广州调查的分析与思考［J］. 青年探索，2010（4）.

22. 廖慧卿，岳经纶. 工作场所无障碍环境、融合就业与残障者就业政策：三类用人单位的比较研究［J］. 公共行政评论，2015，8（4）.

23. 廖慧卿，岳经纶. 就业模式、工作场所特征与残障者就业偏好：来自Z市福利企业的经验研究［J］. 中山大学学报（社会科学版），2015，55（6）.

24. 林敏华. 对公益组织互联网传播能力的实证研究：以广州本土公益组织为例 [J]. 青年研究, 2014 (1).

25. 刘绩宏. 克服第三人效应的消极影响：慈善类公益节目对公众利他行为引导误区的分析与化解 [J]. 新闻界, 2014 (20).

26. 刘琼莲. 慈善共治视域下发展我国残疾人慈善服务研究 [J]. 中国矿业大学学报（社会科学版）, 2018, 20 (4).

27. 马贵侠, 谢栋, 潘琳. 草根公益组织互联网传播能力评估指标体系实证分析 [J]. 中国青年研究, 2015 (9).

28. 潘琳. 中国草根公益组织互联网使用与传播实证分析：基于数字鸿沟视角 [J]. 中国青年研究, 2017 (10).

29. 钱霖亮. 去孤儿院"观光"：消费弱者的慈善旅游 [J]. 文化纵横, 2015 (4).

30. 苏宏元, 方园. 微粒社会下新型网络社群关系的形成与维系 [J]. 当代传播, 2021 (4).

31. 王斌. 自我与职业的双重生产：基于网络主播的数字化表演劳动实践 [J]. 中国青年研究, 2020 (5).

32. 王倩楠. 情感共同体：明星"人设"现象背后青年重建社群的尝试 [J]. 中国青年研究, 2018 (8).

33. 吴飞. 共情传播的理论基础与实践路径探索 [J]. 新闻与传播研究, 2019, 26 (5).

34. 吴银涛. 社会转型期青年网恋行为的缘起、发生及结果研究 [J]. 青年研究, 2009 (4).

35. 肖红军. 平台化履责：企业社会责任实践新范式 [J]. 经济管理, 2017, 39 (3).

36. 肖珺. 跨文化虚拟共同体：连接、信任与认同 [J]. 学术研究, 2016 (11).

37. 谢进川. 试论传播学中的增权研究 [J]. 国际新闻界, 2008 (4).

38. 闫洪丰, 胡毅, 黄峥, 等. 成年残疾人心理健康现状评估与分析 [J]. 残疾人研究, 2013 (4).

39. 严三九. 融合生态、价值共创与深度赋能：未来媒体发展的核心逻辑 [J]. 新闻与传播研究, 2019, 26 (6).

40. 杨宝. 治理式吸纳：社会管理创新中政社互动研究 [J]. 经济社会体制比较，2014（4）.

41. 杨国斌. 连线力：中国网民在行动 [M]. 桂林：广西师范大学出版社，2013.

42. 杨星星，郭东颖. 与网络空间共存：新媒体与视障学生互动研究 [J]. 当代传播，2019（6）.

43. 杨洋，周泽红. 新媒体环境下网络动员双重机制探究 [J]. 出版科学，2018，26（4）.

44. 袁光锋. 感受他人的"痛苦"："底层"痛苦、公共表达与"同情"的政治 [J]. 传播与社会学刊，2017（40）.

45. 张恒山，钟瑛. 网络事件动员的多重机制与管理路径：以政府舆情类网络事件为研究视角 [J]. 新疆社会科学，2019（4）.

46. 张杰. 通过陌生性去沟通：陌生人与移动网时代的网络身份/认同：基于"个体化社会"的视角 [J]. 国际新闻界，2016（1）.

47. 张丽华. 阈限性情境：经由直播媒介的身体实践与关系变迁 [J]. 新闻记者，2021（3）.

48. 赵如. 企业慈善行为动机历史演进研究 [J]. 社会科学研究，2012（4）.

49. 赵晓芳. 从残疾人就业看企业社会责任 [J]. 长春理工大学学报（社会科学版），2009，22（3）.

50. 赵英. 针对残障人士的信息无障碍影响因素研究 [J]. 四川大学学报（哲学社会科学版），2018（5）.

51. 赵勇帅，邓猛，汪斯斯. 西方残障身份发展理论述评及本土化思考 [J]. 残疾人研究，2020（1）.

52. 周勇，何天平. "自主"的情境：直播与社会互动关系建构的当代再现 [J]. 国际新闻界，2018，40（12）.

53. 朱力，龙永红. 我国现代慈善资源的动员机制 [J]. 南京社会科学，2012（1）.